ANNIE BESANT: DIE URALTE WEISHEIT

ANNIE BESANT

URALTE WEISHEIT

F. HIRTHAMMER VERLAG

Die Rechte der englischen Ausgabe liegen bei
The Theosophical Publishing House, Adyar, Indien.

Dieser Auflage liegen die Ausgaben 1957 bis 1980 des ADYAR Verlags, Graz, zugrunde.

ISBN 3-921288-95-9

Balanstraße 17, D-8000 München 80

INHALTSVERZEICHNIS

VORWORT

Dieses Buch soll dem allgemeinen Leserkreise einen Überblick über die Lehren der Theosophie geben, einfach genug, um auch für den Neuling verständlich zu sein, und doch so ausführlich, daß es eine hinreichende Grundlage für das weitere Studium bietet. Die Verfasserin hofft, daß es als Einführung in die tiefgründigen Schriften von H. P. Blavatsky verwendbar ist und deren Studium erleichtern wird.

Wer auch nur ein wenig von der uralten Weisheit kennen gelernt hat, weiß, wieviel Frieden, Freude und Kraft ihre Lehren in sein Leben gebracht haben. Daß dieses Buch wenigstens einige dazu bringen möge, ihre Lehren ernstlich zu studieren und ihren Wert selbst zu erproben, ist das Gebet, mit dem die Verfasserin es in die Welt hinaussendet.

August 1897

Annie Besant

EINLEITUNG

DIE ALLEN RELIGIONEN ZUGRUNDE LIEGENDE EINHEIT

Richtiges Denken ist die Voraussetzung für richtiges Verhalten, und eine richtige Weltanschauung die Voraussetzung für richtige Lebensführung. Beides zugleich — eine angemessene Philosophie und eine allumfassende Religion und Ethik — bietet die Göttliche Weisheit der Welt dar, gleichgültig, ob wir sie mit dem alten Sanskrit-Namen „Brahma Vidya“ oder mit dem neueren griechischen Wort „Theosophie“ bezeichnen. Ein Verehrer der heiligen Schriften des Christentums hat einmal gesagt, diese enthielten seichte Stellen, in denen ein Kind waten könne, aber auch Tiefen, in denen selbst ein Riese schwimmen müsse. Etwas Ähnliches ließe sich auch von der Theosophie sagen, denn einige ihrer Lehren sind so einfach und leicht anwendbar, daß jeder Mensch von durchschnittlicher Intelligenz sie verstehen und befolgen kann, während andere so erhaben und tiefsinnig sind, daß selbst ein hervorragender Denker erschöpft von der Bemühung ablassen muß, sie voll zu erfassen.

Das vorliegende Werk unternimmt den Versuch, die Theosophie so klar und einfach darzustellen, daß der Leser erkennt, wie ihre allgemeinen Grundwahrheiten ein geschlossenes Bild des Universums aufbauen. Einzelheiten enthält es nur so viele, als zum Verständnis der Beziehungen erforderlich sind, in denen diese Wahrheiten zueinander stehen. Ein Elementar-Lehrbuch kann nicht dieselbe Fülle von Kenntnissen vermitteln, die sich aus tiefgründigeren Werken gewinnen läßt, doch soll es dem Leser klare grundlegende Begriffe von seinem Gegenstand vermitteln, zu denen zwar später durch weiteres Studium noch viel hinzugefügt werden muß, die aber nur wenig enthalten, was später nicht mehr gebraucht wird. Es bleibt so dem Leser überlassen, die Umrisse, welche ihm dieses Buch gibt, durch die Einzelheiten seines späteren Studiums zu ergänzen.

Es ist eine allgemein anerkannte Tatsache, daß die großen Religionen der Welt viele religiöse, ethische und philosophische Vorstellungen gemeinsam haben. Während diese Tatsache selbst allgemein zugegeben wird, gehen die Meinungen über ihre Erklärung jedoch weit auseinander.

Die einen behaupten, die Religionen seien auf dem durch die Phantasie beackerten Boden menschlicher Unwissenheit gewachsen und allmählich aus den rohen Formen des Animismus und Fetischismus ausgebildet worden. Ihre Ähnlichkeit untereinander wird auf allgemeine Naturerscheinungen zurückgeführt, die unvollständig beobachtet und phantastisch erklärt worden seien; Sonnen- und Sternenanbetung bilden dabei den allgemein angewandten Erklärungsschlüssel für eine Schule, Phallus-Verehrung ebenso allgemein für eine andere. Furcht, Begierde, Unwissenheit und Wunderglaube hätten den Naturmenschen zur Personifizierung der Naturgewalten geführt, und die Priesterschaft habe mit seinen Ängsten und Hoffnungen, mit den verschwommenen Vorstellungen seiner Phantasie und seinen verwirrten Fragen ihr Spiel getrieben. So seien Mythen zu Heiligen Schriften geworden, und Symbole zu Tatsachen, und da ihre Ausgangspunkte überall die gleichen gewesen seien, sei die Ähnlichkeit ihrer Ergebnisse eine unweigerliche Folgeerscheinung. So lehren die Doktoren der „vergleichenden Mythologie", und der einfache Mensch verstummt unter der Flut ihrer Beweise, ohne jedoch überzeugt zu sein; er kann zwar die Ähnlichkeiten nicht leugnen, aber ein unbestimmtes Gefühl sagt ihm: sollen die teuersten Hoffnungen und die erhabensten Vorstellungen des Menschen wirklich nichts anderes sein als der Ausfluß der Phantasien von Wilden und von im Dunkeln tappender Unwissenheit? Sollen die großen Führer der Menschheit, die Märtyrer und Helden der Völker für einen bloßen Wahn gelebt, gewirkt und gelitten haben, für bloße Personifikationen astronomischer Tatsachen und verkleidete Obszönitäten von Barbaren gestorben sein?

Die zweite Erklärung der gemeinsamen Lehren in den Religionen der Welt behauptet, daß es ein Urwissen gibt, welches von einer Bruderschaft großer geistiger Lehrer gehütet wird. Diese Lehrer sind selbst die Früchte vergangener Entwicklungszyklen, sie haben der Menschheit unseres Planeten in deren Kindeszeitalter als Lehrer und Führer gedient und den einzelnen Rassen und Völkern der Reihe nach die Grundwahrheiten in einer Form dargeboten, die den Eigenheiten der einzelnen Empfänger am besten angepaßt war. Nach dieser Anschauung sind die Gründer der großen Religionen Mitglieder dieser einen Bruderschaft; sie wurden in ihrer Sendung von vielen anderen Mitgliedern niedereren Grades unterstützt, von Eingeweihten und Schülern verschiedener Stufen, jedoch ebenfalls hervorragend an geistiger Einsicht, an philosophischer Erkenntnis und in der Lauterkeit ihrer ethischen Weisheit. Diese alle leiteten die jugendlichen Völker, gaben ihnen ihre Verfassungen und ihre Gesetze, herrschten über sie als Könige, belehrten sie als Philosophen und übernahmen als Priester ihre religiöse Führung. Alle Völker des Altertums blickten auf solche machtvolle Männer, Halbgötter und Heroen zurück, die in der Literatur, in der Architektur und in der Gesetzgebung ihre Spuren hinterlassen hatten.

Daß solche Menschen gelebt haben, dürfte schwer zu leugnen sein angesichts der weltumspannenden Überlieferungen, der noch vorhandenen Schriftdenkmäler und der heute größtenteils zu Ruinen gewordenen prähistorischen Bauten, nicht zu reden von anderen Zeugnissen, die der Unwissende nicht anerkennen würde. Die heiligen Bücher des Ostens sind der beste Beweis für die Größe ihrer Verfasser, denn wer ist in späteren Zeiten oder in der Gegenwart auch nur annähernd herangekommen an die geistige Erhabenheit ihrer religiösen Gedanken, an den intellektuellen Glanz ihrer Philosophie, und an die umfassende Größe und Reinheit ihrer Ethik? Und wenn wir finden, daß diese Bücher Lehren über Gott, den Menschen und das Weltall enthalten, die bei aller äußerlichen Verschiedenheit in ihrem Wesen dieselben sind, erscheint es nicht unvernünftig, sie auf eine zentrale Urlehre zurückzuführen. Dieser Urlehre geben wir den Namen „Göttliche Weisheit", oder mit dem griechischen Worte ausgedrückt: THEOSOPHIE.

Als Ursprung und Grundlage aller Religionen kann sie nicht der Widersacher irgendeiner von ihnen sein. Sie ist in Wirklichkeit ihr Reiniger, indem sie die wertvolle innere Bedeutung von vielem enthüllt, was in seiner äußeren Form durch aus Unwissenheit vorgenommene Entstellungen und abergläubische Hinzufügungen sinnlos geworden ist. Die Theosophie erkennt aber und verteidigt in jeder Religion sich selbst und sucht in jeder ihre verborgene Weisheit zu entschleiern. Kein Mensch braucht, wenn er Theosoph wird, deshalb aufhören, Christ, Buddhist oder Hindu zu sein; er wird dadurch nur eine tiefere Einsicht in seinen eigenen Glauben, einen festeren Halt an seinen geistigen Wahrheiten und ein umfassenderes Verständnis für seine geheiligten Lehren gewinnen. So wie die Theosophie in vergangenen Zeiten Religionen zum Entstehen gebracht hat, rechtfertigt und verteidigt sie diese in unserer modernen Zeit. Sie ist der Felsblock, aus dem sie alle gehauen sind, die Öffnung der Tiefe, aus der sie alle ans Tageslicht gebracht worden sind. Sie rechtfertigt vor dem Richterstuhl intellektueller Kritik das tiefste Sehnen und Regen des Menschenherzens; sie verleiht den menschlichen Hoffnungen Berechtigung; sie gibt uns unseren Glauben an Gott veredelt wieder zurück.

Die Richtigkeit dieser Behauptung wird immer offensichtlicher, wenn wir die verschiedenen heiligen Schriften der Welt durchforschen, und schon eine kleine Auswahl aus der Fülle des zur Verfügung stehenden Materials genügt, die Tatsache festzustellen und den Forscher bei seinem Suchen nach weiteren Beweisen zu leiten.

Die geistigen Grundwahrheiten der Religion können wie folgt zusammengefaßt werden:

1. Allem zugrunde liegt EIN ewiges, unendliches, unerkennbares, wirkliches SEIN.

2. Aus DIESEM tritt der geoffenbarte Gott hervor, sich aus der Einheit zur Zweiheit und aus der Zweiheit zur Dreiheit entfaltend.

3. Aus der geoffenbarten Dreiheit treten viele bewußte geistige Wesenheiten hervor, welche die Lenker der Ordnung des Kosmos sind.

4. Der Mensch ist eine Spiegelung des geoffenbarten Gottes und darum dem Grunde seines Wesens nach eine Dreifaltigkeit; sein inneres, wirkliches Selbst ist ewig und eins mit dem Selbst des Weltalls.

5. Die Entwicklung des Menschen erfolgt durch wiederholte Verkörperungen, in die er durch sein Begehren hineingezogen wird und aus denen er sich durch Wissen und Opfer befreien kann, wodurch das Göttliche, das in ihm immer schon keimhaft verborgen war, zu voller Wirksamkeit entfaltet wird.

*

China, dessen Kultur jetzt erstarrt ist, war in alter Zeit von den Turaniern bewohnt, der vierten Unterabteilung der großen vierten Rasse, welche den verschollenen Kontinent Atlantis bewohnt und ihre Zweige über die ganze Welt ausgebreitet hatte. Die Mongolen, die letzte Unterabteilung dieser Rasse, verstärkten später wieder die Bevölkerung Chinas, so daß wir dort Überlieferungen aus uralten Zeiten vorfinden, die noch weiter zurückreichen als die Niederlassung der fünften oder arischen Rasse in Indien. Im „Ching Chang Ching", dem „Grundwerk der Reinheit" haben wir das Bruchstück einer alten Schrift von einzigartiger Schönheit vor uns, die jenen Geist der Ruhe und des Friedens atmet, der so kennzeichnend für die „Ur-Lehre" ist. In den einleitenden Bemerkungen zu seiner Übersetzung dieser Schrift führt Legge[1] aus, daß die Abhandlung

> „Ko Yüan (oder Hsüan) zugeschrieben wird, einem Daoisten[2] der Wu-Dynastie (222—227 n. Chr.), von dem die Überlieferung sagt, daß

---

[1] „The Sacred Books of the East", Band XI.

[2] Die ältere in früheren Werken gebräuchliche Schreibweise lautete „Tao" und „Taoisten".

er die Stufe der Unsterblichkeit erlangt haben soll, und der allgemein als solcher bezeichnet wird. Er wird als Wundertäter dargestellt und soll dabei unmäßig und sehr absonderlich in seiner Lebensweise gewesen sein. Nach einem Schiffbruch soll er einmal mit trockenen Kleidern aus dem Wasser aufgetaucht und frei auf dessen Oberfläche einhergegangen sein. Schließlich fuhr er am hellichten Tage in den Himmel auf. Alle diese Berichte können aber mit Sicherheit als Erdichtungen späterer Zeit beiseitegelassen werden."

Solche Geschichten werden wiederholt von Eingeweihten verschiedener Grade erzählt und müssen durchaus nicht unbedingt „Erdichtungen" sein, aber von größerem Interesse für uns sind Ko Yüans eigene Bemerkungen zu seinem Buch:

„Als ich das wahre Dao erlangte, hatte ich dieses Ching (Buch) zehntausendmal hergesagt. Es ist dies das, was die Geister des Himmels zu tun pflegen, was aber den Forschern der niederen Welt noch nicht kundgetan worden war. Ich empfing es vom göttlichen Herrscher des östlichen Hwa; dieser erhielt es vom göttlichen Herrscher des goldenen Tores; dieser wieder empfing es von der königlichen Mutter des Westens."

Nun war „göttlicher Herrscher des goldenen Tores" der Titel, der von dem Eingeweihten geführt wurde, der das Reich der Tolteken auf Atlantis beherrschte. Seine Erwähnung läßt darauf schließen, daß das „Grundwerk der Reinheit" aus Atlantis nach China gebracht wurde, als sich die Turanier von den Tolteken trennten. Dafür spricht auch der Inhalt der kurzen Abhandlung, welche sich mit Dao befaßt, mit welchem Ausdrucke in der alten turanischen und mongolischen Religion die Eine Wirklichkeit bezeichnet wurde. Wir lesen da:

„Das große Dao hat keine körperliche Gestalt, aber es erschuf und erhält Himmel und Erde. Das große Dao hat keinerlei Begehren, aber es verursacht den Kreislauf von Sonne und Mond in ihrer Bahn. Das große Dao hat keinen Namen, aber es bewirkt das Wachstum und das Bestehen aller Dinge." (I, 1)

Dies bezieht sich auf den geoffenbarten Gott als Einheit, aber darauf folgt die Zweiheit:

„Das Dao nun (zeigt sich in zwei Formen) als das Klare und Trübe, und es hat (die zwei Zustände der) Bewegung und Ruhe. Der Himmel ist klar und die Erde ist trübe; der Himmel bewegt sich und die Erde ist in Ruhe. Das Männliche ist klar und das Weibliche ist trübe; das Männliche bewegt sich und das Weibliche ist ruhig. Das Ursprüngliche (die Klarheit) stieg herab und die (trübe) Ausströmung ergoß sich nach außen, und so wurden alle Dinge geschaffen." (I, 2)

Diese Stelle ist besonders interessant wegen der Anspielung auf die aktive und die rezeptive Seite der Natur, der Unterscheidung zwischen dem Geist als dem schöpferischen, zeugenden Prinzip, und dem Stoff als dem ernährenden, erhaltenden Prinzip, die uns aus späteren Schriften so vertraut ist.

Im „Dao De Ging“ kommt die Lehre über das Unoffenbare und das Offenbare sehr deutlich zum Ausdruck:

„Das Dao, das beschritten werden kann, ist nicht das ewige, unwandelbare Dao. Der Name, der genannt werden kann, ist nicht der ewige, unwandelbare Name. Als Namenloses ist es der Ursprung von Himmel und Erde, benannt ist es die Mutter aller Dinge... Es ist unter diesen beiden Aspekten in Wahrheit dasselbe, doch wenn die Entwicklung einsetzt, erhält es die verschiedenen Namen. Alles zusammen nennen wir das Geheimnis.“ (I, 1, 2, 4,)

Kenner der Kabbalah werden sich erinnern, daß einer der göttlichen Namen „das verborgene Geheimnis“ lautet. Weiter lesen wir im Dao De Ging:

„Es gab etwas unbegreiflich Vollkommenes, das vor Himmel und Erde ins Dasein trat. Wie ruhig war es in seiner Gestaltlosigkeit, für sich allein und keinem Wandel unterworfen! Es reichte überallhin, ohne Gefahr (sich zu erschöpfen). Ich kenne seinen Namen nicht und bezeichne es als Dao. Mich mühend, es näher zu beschreiben, nenne ich es das Große. Groß fließt es dahin (in ununterbrochenem Strom). Dahinflutend reicht es in die Ferne. Aus der Ferne kehrt es zurück.“ (XXV, 1—3)

Es ist von großem Interesse, hier die Vorstellung von dem Ausströmen und der Wiederkehr des Einen Lebens zu finden, die uns aus der Hindu-Literatur so vertraut ist. Vertraut klingt auch die Stelle:

„Alle Dinge unter dem Himmel entstanden aus ihm (dem Dao) als dem Seienden (und Benannten); dieses Sein aber entstand aus ihm als dem Nicht-Seienden (und Namenlosen).“ (XL, 2)

Damit ein Weltall entstehen kann, muß das Unoffenbare das Eine hervorbringen, aus dem sich dann die Zweiheit und Dreiheit entfaltet:

„Das Dao erzeugte das Eine; das Eine erzeugte die Zwei; die Zwei erzeugten die Drei; die Drei erzeugten alle Dinge. Alle Dinge lassen die Dunkelheit (aus der sie gekommen sind) hinter sich und schreiten vorwärts, um die Helle zu umarmen (in die sie emporgetaucht sind); sie werden in Harmonie gehalten durch den Atem der Leere.“ (XLII, 1)

„Atem des Raumes“ würde eine glücklichere Übersetzung sein. Da alles aus ihm hervorgegangen ist, ist er in allem gegenwärtig:

„Das große Dao ist alldurchdringend. Es kann zur Rechten und zur Linken gefunden werden... Es umhüllt alle Dinge wie mit einem Gewand und maßt sich nicht an, ihr Herr zu sein... Es kann unter den kleinsten Dingen genannt werden. Alle Dinge kehren zurück (zu ihrem Ursprung und verschwinden) und wissen nicht, daß es das Dao ist, welches dieses ihr Tun lenkt.“ (XXXIV, 1, 2)

Dschuang-dse (4. Jahrhundert v. Chr.) erwähnt in seiner Darlegung der alten Lehren die geistigen Wahrheiten, die aus dem Dao hervorgehen:

„Das Dao hat Wurzel und Grund (seines Seins) in sich selbst. Seit eh und je, bevor Himmel und Erde waren, bestand gewißlich schon das Dao. Aus ihm kam das geheimnisvolle Dasein der Geister, aus ihm das geheimnisvolle Dasein Gottes.“ (Buch VI, Teil I, Kapitel VI, 7)

Es folgt darauf eine Anzahl von Namen dieser Wesenheiten; es ist aber so wohlbekannt, daß derartige Wesen in der chinesischen Religion eine bedeutende Rolle spielen, daß wir die Zitate über dieselben nicht zu vermehren brauchen.

Wie Legge ausführt, betrachtet der Daoismus den Menschen als eine Dreieinigkeit, in welcher er den Geist, die Vernunft[3] und den Körper unterscheidet. Diese Einteilung kommt klar im „Grundwerk der Reinheit“ zum Ausdruck, in der Lehre, daß der Mensch sich von seinem Begehren lösen muß, wenn er die Vereinigung mit dem Einen erreichen will:

„Der Geist des Menschen liebt die Reinheit, aber seine Vernunft trübt sie. Die Vernunft des Menschen liebt die Ruhe, aber seine Begierden stören sie. Wenn er seine Begierden immer fortjagen könnte, würde sein Denken von selbst zur Ruhe kommen. Der Mensch läutere sein Denken, dann wird sein Geist von selbst klar und rein. — Der Grund, warum die Menschen dies nicht erreichen, ist, daß sie ihr Denken noch nicht geläutert und ihre Begierden noch nicht abgelegt haben. Wenn jemand fähig ist, seine Begierden abzutun, und er blickt dann in sich, in sein Denken, dann ist dieses nicht mehr das Seine; wenn er hinausblickt auf seinen Körper, so ist er nicht mehr der Seine; und wenn er weiter hinaus blickt auf äußere Dinge, so sind sie Dinge, mit denen er nichts zu tun hat.“ (I, 3, 4)

Dann, nachdem die Stufen des Vorganges, sich nach innen zu kehren, angeführt wurden, die zum „Zustande vollkommener Unbewegtheit“ führen, wird gefragt:

„Wie kann in diesem Zustand der Ruhe, unabhängig vom Raume, irgend ein Wunsch aufsteigen? Wenn aber kein Wunsch mehr aufsteigt, dann ist da wahre Stille und Ruhe. Diese wahre (Stille) wird zu einer bleibenden Eigenschaft, sie reagiert auf die äußeren Dinge (ohne zu irren); wahrlich, diese wahre und beständige Eigenschaft beherrscht die Natur. In solch beständigem Reagieren und gleichzeitigem Stillesein liegt die bleibende Klarheit und Ruhe. Wer diese absolute Klarheit und Reinheit besitzt, geht allmählich in (die Erleuchtung des) wahren Dao ein.“ (I, 5)

Die eingeschobenen Worte „die Erleuchtung des“ verdunkeln

---

[3] Der deutschen Sprache fehlt ein prägnantes Wort, um jenen Begriff auszudrücken, welcher das eigentliche, denkende Ich des Menschen kennzeichnet, das in der griechischen Philosophie mit dem Worte „νοῦς“ und in der indischen Philosophie mit dem Worte „Manas“ bezeichnet wird, und im englischen Original dieses Buches in der Regel mit dem Worte „mind“ übersetzt wird; wir müssen es, je nach dem Zusammenhang, bald mit „Seele“, bald mit „Vernunft“, „Verstand“ oder „Denken“ ausdrücken.

eher den Sinn des Satzes, als daß sie ihn erhellen, denn „in Dao eingehen“ entspricht der Gesamtvorstellung und den Lehren anderer religiöser Schriften.

Auf das Ablegen des Begehrens wird im Daoismus großes Gewicht gelegt; ein Kommentator des „Grundwerks der Reinheit“ bemerkt, daß das Verstehen des Dao absolute Reinheit zur Voraussetzung habe, und sagt:

> „Die Erlangung dieser absoluten Reinheit hängt gänzlich vom Ablegen des Begehrens ab, das ist die unmittelbare praktische Lehre der Abhandlung.“

Im Dao De Ging heißt es:

> „Im Nichtanhangen entsteht die Schau des Urgrundes allen Seins, im Ich-Anhangen die Begrenztheit räumlicher Wahrnehmung.“ (I, 3)

Die Wiederverkörperung scheint in der chinesischen Religion nicht so deutlich gelehrt worden zu sein, wie man dies erwarten könnte, obgleich es Stellen gibt, aus denen hervorzugehen scheint, daß die Vorstellung von der Wiedergeburt grundsätzlich anerkannt war und daß man glaubte, jede Wesenheit durchliefe sowohl tierische als auch menschliche Geburten. So finden wir bei Dschuangdse die seltsame, aber sinnreiche Erzählung von dem Sterbenden, zu dem sein Freund spricht:

> „Wahrlich, groß ist der Schöpfer! Was wird er jetzt aus dir machen? Wohin wird er dich schicken? Wird er dich zur Leber einer Ratte oder zum Flügel eines Insektes machen?“ Szelai antwortete: „Wohin immer ein Vater einen Sohn zu gehen heißt, nach Osten, Westen, Süden oder Norden, er folgt ohne Zögern dem Befehl ... Es lebt hier ein tüchtiger Metallgießer, der sein Metall in den Schmelztiegel wirft. Wenn das Metall nun (in dem Tiegel) aufspringen und sagen würde: ‚Ich muß zu einem (Schwert wie) Moysh gemacht werden‘, dann würde der Metallgießer dies sicher als unpassend betrachten. Ebenso wäre es, wenn eine Form, die im Mutterschoß gebildet wird, sagen würde: ‚Ich muß ein Mann werden, ich muß ein Mann werden‘; der Schöpfer würde dies sicherlich als Unrecht betrachten. Wenn wir einmal begriffen haben, daß Himmel und Erde ein großer Schmelztiegel sind und daß der Schöpfer ein großer Gußmeister ist, können wir uns da vorstellen, daß wir irgendwohin geschickt werden, wo es nicht recht für uns wäre, daß wir hingelangen? Wir werden geboren, gleichsam aus einem ruhigen Schlummer, und wir sterben zu einem sanften Erwachen.“ (Buch VI, Teil I, Kap. VI)

*

Wenn wir uns der fünften, der arischen Rasse zuwenden, so finden wir in ihrer ältesten und größten Religion, der b r a h m a n i s c h e n, dieselben Lehren geoffenbart. Das ewige Sein wird in der Chandogyupanishad als „das EINE ohne ein ZWEITES“ verkündet. Es heißt dort:

„ES wollte: ich will mich vervielfältigen um des Weltalls willen.“ (VI, II, I, 3)

Der höchste LOGOS, Brahman, ist dreifältig: Sein, Bewußtsein, Seligkeit. Es heißt darüber:

„Aus DIESEM entstehen Leben, Denkfähigkeit und alle Sinne, Äther, Luft, Feuer, Wasser und Erde, auf die sich alles gründet.“ (Mundakupanishad 11, 3)

Nirgends findet sich eine großartigere Darstellung des Göttlichen als in den Hinduschriften, doch sind diese so allgemein bekannt geworden, daß kurze Zitate hinreichen werden. Die folgenden Beispiele mögen als Proben ihres Reichtums an Kleinoden dienen:

„Offenbar, nahe und doch verborgen webend, in der großen Wohnstatt, in der alles geborgen ist, was lebt und atmet und die Augen schließt: erkenne DIESES als das zu Verehrende, Sein und Nichtsein zugleich, jenseits der Erkenntnis aller Geschöpfe. Strahlend, feiner als jenes Feine, in das die Welten und ihre Bewohner gefügt sind, DIESES ist das unvergängliche Brahman, DIESES auch ist Leben, Wort und Geist... In der goldenen höchsten Hülle ist das unbefleckte ungeteilte Brahman; dies ist das reine Licht aller Lichter, erkannt von jenen, die das Selbst erkannt haben... Dieses den Tod nicht kennende Brahman ist gleichzeitig auf allen Seiten — vorne, hinten, rechts und links, unten, oben, alles durchdringend; dieses Brahman ist wirklich das All. Dies ist das Beste.“ (Mundakupanishad II, II, I, 2, 9, II)

„Jenseits des Weltalls, und doch der eine Atem des ganzen Alls, Brahman, das Höchste, das Große, verborgen in den Körpern aller Wesen, der Herr, den zu erkennen (für die Menschen) Unsterblichkeit bedeutet. Ich kenne diesen mächtigen Geist, die strahlende Sonne jenseits der Dunkelheit... Ich kenne IHN, den Unvergänglichen, den Uralten, die Seele von allem, allgegenwärtig durch sein Wesen, den die Brahmankenner den Ungeborenen nennen, den Ewigen.“ (Shvetashvatarupanishad III, 7, 8, 21)

„Wenn es keine Dunkelheit gibt, weder Tag noch Nacht, weder Sein noch Nichtsein, da ist noch Shiva allein. DIES, das Unzerstörbare, ist das durch Savitri anzubetende, von DIESEM ging die Uralte Weisheit aus. Weder oben, noch unten, noch in der Mitte kann ER begriffen werden. Noch gibt es irgend etwas, das IHM verglichen werden könnte, dessen Name unendliche Herrlichkeit ist. Dem Blick entzieht sich seine Gestalt, niemand vermag mit dem Auge IHN zu erschauen. Jene aber, die ihn mit dem Herzen und mit der Seele schauen, IHN, der im Herzen wohnt, jene werden unsterblich.“ (Ebenda IV, 18—20)

Daß der Mensch in seinem inneren Selbst eins mit dem Selbst des Universums ist — „DAS bin ich“ — ist eine Vorstellung, die das ganze indische Denken so völlig beherrscht, daß der Mensch oft als „die göttliche Stadt Brahmans“[4], als „die Stadt der neun Tore“[5] be-

---

[4] Mundakupanishad II, II, 7.
[5] Shvetashvatarupanishad III, 14.

zeichnet wird, oder daß gesagt wird, in seiner Herzkammer wohne die Gottheit[6].

„Auf eine Art kann gesehen werden (das Wesen), das unbeweisbar ist, ewig, makellos, höher als der Äther, ungeboren, die große, ewige Seele... Diese große ungeborene Seele ist dieselbe wie jene, die als denkende (Seele) in allen lebendigen Geschöpfen wohnt, dieselbe wie jene, die als Äther im Herzen wohnt[7]; in ihm schlummert sie. Sie ist der große Eroberer, sie ist der Herrscher, der unumschränkte Herr über alle Dinge; sie wird nicht größer durch gute Werke, sie wird nicht geringer durch böse Taten. Sie ist der Herrscher über alle Dinge, der unumschränkte Herr aller Wesen, der Erhalter aller Wesen, sie ist die Brücke, sie ist die Stütze der Welten, auf daß sie nicht zusammenstürzen." (Brihadaranyakupanishad IV, IV, 20, 22)

Wenn Gott als Entfalter des Universums betrachtet wird, kommt sein dreifältiger Charakter als Shiva, Vishnu und Brahma sehr klar zum Ausdruck, ebenso in dem Vergleich, daß Vishnu unter den Gewässern schläft, aus ihm ein Lotos entsprießt und in dieser Lotosblüte Brahma ist. Auch der Mensch ist dreifältig und in der Mundakupanishad wird das Selbst als vom physischen Körper, vom feinstofflichen Körper und vom Mentalkörper begrenzt beschrieben, über die es sich dann zu dem Einen „ohne Zweiheit" erhebt. Aus der Trimurti (der Dreifaltigkeit) gehen viele Götter hervor, die mit der Verwaltung des Weltalls befaßt sind, und zu ihnen wird in der Brihadaranyakupanishad gesagt:

„Betet IHN an, ihr Götter, IHN, nach dessen Willen sich das Jahr in kreisenden Tagen erfüllt, IHN, das Licht der Lichter, das unsterbliche Leben." (IV, IV, 16)

Es wird kaum nötig sein, besonders zu erwähnen, daß der Brahmanismus auch die Lehre von der Wiederverkörperung enthält, denn seine ganze Lebensphilosophie kreist um diese Wanderung der Seele durch wiederholte Geburten und Tode, und es könnte kein einziges Buch gefunden werden, in dem diese Lehre nicht als erwiesen angesehen wäre. Was den Menschen an dieses Rad der Veränderungen kettet, ist das Begehren. Durch Erkenntnis, Frömmigkeit und Vernichtung des Begehrens muß der Mensch daher seine Befreiung suchen. Sobald die Seele Gott erkennt, ist sie befreit[8]. Der durch Erkenntnis geläuterte Intellekt erschaut ihn[9]. Wissen mit Frömmigkeit vereinigt findet den Thron Brahmans[10]. Wer das Brah-

---

[6] Ebenda II.
[7] Der „Äther im Herzen" ist ein mystischer Ausdruck, mit dem der EINE bezeichnet wird, von dem es heißt, daß er darin wohne.
[8] Shvetashvatarupanishad I, 8.
[9] Mundakupanishad III, I, 8.
[10] Ebenda III, II, 4.

man erkennt, wird selbst Brahman[11]. Wenn das Begehren endet, wird der Sterbliche unsterblich und erlangt Brahman[12].

*

Der B u d d h i s m u s stimmt in seiner nördlichen Form völlig mit dem altüberkommenen Glauben überein, während er im Süden die Vorstellung von der Dreifaltigkeit des LOGOS, und von dem EINEN SEIN, aus dem sie hervorgegangen ist, fallen gelassen zu haben scheint. Der Logos in seiner dreifachen Offenbarung ist[13]: der erste Logos, Amitabha, das grenzenlose Licht; der zweite Logos, Avalokiteshvara oder Padmapani (Chenresi); der dritte Logos, Mandjusri, die „Offenbarung der schöpferischen Weisheit, Brahma entsprechend"[14]. Der chinesische Buddhismus kennt offenbar die Vorstellung von einem primären Sein jenseits des Logos nicht, während der nepalesische Buddhismus den Adi-Buddha kennt, aus dem Amitabha entspringt. Padmapani wird von Eitel als Manifestation der gütigen Vorsehung, und somit teilweise Shiva entsprechend angesehen; aber da er jener Aspekt der buddhistischen Dreifaltigkeit ist, welcher Inkarnationen in die Welt ausstrahlt, scheint er doch mehr dem Vishnu-Prinzip zu entsprechen, mit dem er auch dadurch verwandt ist, daß er ebenfalls den Lotus trägt (Feuer und Wasser, oder Geist und Stoff, als die ursprünglichen Grundbestandteile des Weltalls).

Wiederverkörperung und Karma sind so durchaus die Grundlagen des Buddhismus, daß es kaum der Mühe wert erscheint, dies besonders zu betonen, es sei denn, um den Weg der Befreiung zu erwähnen und darauf hinzuweisen, daß Buddha, da er ein Hindu war und vor Hindus predigte, die brahmanischen Lehren in seinen Ansprachen als selbstverständliche Tatsachen betrachtete. Er war ein Reiniger und Reformator der Religion seines Landes und nicht ein Bilderstürmer, er kämpfte gegen das Beiwerk der Unwissenheit, nicht gegen die Grundwahrheiten der Uralten Weisheit:

> „Jene, die den Pfad des Gesetzes wandeln, der ihnen richtig gelehrt worden ist, erreichen das andere Ufer des großen Meeres von Geburt und Tod, das schwierig zu überqueren ist." (Udanavarga XXIX, 37)

Begehren bindet den Menschen, und er muß sich von ihm losmachen:

> „Es ist schwer, Befreiung zu erlangen für Einen, der von den Banden des Begehrens gefesselt ist, sagt der Gesegnete. Die Stand-

---

[11] Ebenda III, II, 9.
[12] Kathupanishad VI, 14.
[13] Nach der Lehre des nördlichen Buddhismus. D. Ü.
[14] Eitel, Chinesisches Sanskrit-Wörterbuch.

haften, denen die Wonnen der Begierden nichts bedeuten, schütteln sie ab und enteilen bald (in das Nirvana)... Die Menschheit hat keine dauernden Begierden; sie sind vergänglich, wenn man sie erfährt. Befreit euch darum von dem, was keine Dauer hat, und bleibt nicht wohnen in dem Hause des Todes!" (Ebenda II, 6, 8)

„Wer sein Begehren nach (weltlichen) Gütern überwunden hat, wer alle Sündhaftigkeit, die Fesseln des fleischlichen Auges, besiegt hat, wer das Begehren an der Wurzel zerstört hat, ihn erkläre ich für einen Brahmanen." (Ebenda XXXIII, 68)

Und ein Brahmane ist ein Mensch, „der in seinem letzten Körper wohnt"[15], und der gekennzeichnet wird als ein Mensch,

„der seine früheren Wohnungen (Existenzen) kennt, der Himmel und Hölle wahrnimmt, der Muni, der den Weg gefunden hat, dem Geborenwerden ein Ende zu setzen." (Ebenda XXXIII, 56)

*

In den exoterischen Schriften der H e b r ä e r tritt der Gedanke der Dreifaltigkeit nicht stark hervor, wohl aber die Dualität; der Gott, von dem in diesen Schriften gesprochen wird, ist offenbar der Logos, nicht das Unoffenbare.

„Ich bin der Herr, und außer mir ist Keiner. Ich bilde das Licht und schaffe die Dunkelheit; ich mache den Frieden und schaffe das Übel; ich bin der Herr, der dies alles tut." (Isaias 47, 11)

Bei Philo tritt die Lehre vom Logos sehr deutlich hervor, desgleichen im vierten Evangelium:

„Im Anfange war das Wort (der Logos), und das Wort war bei Gott, und Gott war das Wort... alle Dinge sind durch dasselbe gemacht, und ohne es ist nichts gemacht, was gemacht ist." (Johannes 1, 3)

In der Kabbalah wird die Lehre von dem Einen, den Dreien, den Sieben und den Vielen offen verkündet:

„Das Älteste unter dem Alten, das Unbekannteste unter dem Unbekannten, hat eine Form und hat auch wieder keine Form. Es hat eine Form, durch welche das Universum erhalten wird. Es hat keine Form, da es nicht eingeschlossen werden kann. Als es zum ersten Male diese Form annahm (Kether, die Krone, den ersten Logos), da ließ es zu, daß neun Lichter von ihr ausgingen (die Weisheit und die Stimme, die mit Kether die Dreiheit bilden, und dann die sieben niederen Sephirot)... Es ist das Älteste unter dem Alten, das Geheimnis der Geheimnisse, das Unbekannteste unter dem Unbekannten. Es hat eine Form, die zu ihm gehört, da es uns ja durch sie erscheint, als der über allem stehende Uralte, als der Älteste der Alten, als das was unter allem Unbekannten das Unbekannteste ist. Aber auch unter der Form, unter der es sich uns kundtut, bleibt es doch das Unbekannte. (Isaac Myer, „Qabbalah", „Zohar", Seite 274/275)

---

[15] Udanavarga XXXIII, 41.

Myer weist darauf hin, daß diese „Form“ jedoch nicht „das Älteste von allem Alten“ ist, denn dies ist das Ain Soph.

Weiter lesen wir:

> „Drei Lichter sind im obersten Heiligtum, die sich zu Einem vereinigen; sie bilden die Grundlage der Thorah und diese eröffnet allen die Pforte... komm und sieh! Das Geheimnis des Wortes. Da sind drei Grade, jeder besteht für sich und doch sind alle eins, zu einer Einheit verknüpft und nicht getrennt voneinander... Die Drei gehen aus dem Einen hervor, das Eine besteht in den Dreien, es ist die Kraft zwischen den Zweien; die Zwei ernähren das Eine, das Eine gibt Nahrung nach vielen Richtungen, so ist alles eins.“ (Ebenda, Seite 373, 375, 376)

Es ist bekannt, daß die Hebräer an eine Vielzahl von Göttern glaubten — „Wer gleicht Dir, o Herr, unter den Göttern[16]?“ — und an unzählbare Scharen von untergeordneten dienenden Geistern, an die „Söhne Gottes“, die „Engel des Herrn“, die „zehn himmlischen Heerscharen“.

Über den Anfang des Universums lehrt der Zohar:

> „Im Anfange war der Wille des Königs; dieser Wille ging allem Dasein voraus, das durch seine Ausstrahlung entstand. Dieser Wille umriß und prägte die Formen aller Dinge, die aus dem Verborgenen in sichtbare Erscheinung treten sollten, in dem blendenden, höchsten Licht des Quadranten (der heiligen Tetraktys).“ (Myer's „Qabbalah“, Seite 194/195)

Nichts kann existieren, dem die Gottheit nicht innewohnte. Bezüglich der Wiederverkörperung wird gelehrt, daß die Seele schon in der göttlichen Vorstellung vorhanden ist, ehe sie zur Erde kommt. Wenn die Seele sich während ihrer Prüfungszeit ganz rein erhält, bleibt sie vor Wiedergeburt bewahrt, doch scheint dies nur als eine theoretische Möglichkeit aufgefaßt worden zu sein, denn es heißt:

> „Alle Seelen sind dem Kreislauf unterworfen (metempsychosis, a'leen o'gilgoolah), allein die Menschen kennen das Wirken des Heiligen nicht: gesegnet sei ES! Sie wissen nichts über die Art und Weise, in welcher sie seit eh und je geleitet worden sind, schon bevor sie in diese Welt kamen, und nachdem sie diese Welt verlassen hatten.“ (Ebenda, Seite 198)

Spuren dieses Glaubens finden sich sowohl in den hebräischen, als auch in den christlichen exoterischen Schriften, zum Beispiel in dem Glauben, daß Elias wiederkommen werde, und später, daß er in Johannes dem Täufer tatsächlich wiedergekehrt sei.

*

Wenn wir uns nun Ägypten zuwenden, so finden wir dort schon seit grauester Vorzeit dessen berühmte Dreifaltigkeit von Ra,

[16] Exodus 15, 11.

Osiris-Isis als dem zweifältigen zweiten Logos, und Horus. Man wird sich der großen Hymne an Amun-Ra erinnern:

„Die Götter beugen sich vor Deiner Majestät, indem sie die Seelen zu DEM erheben, das sie erschafft... und sie sprechen zu Dir: Friede sei allen Emanationen aus dem unbewußten Vater der bewußten Väter der Götter... Du Schöpfer der Wesen, wir beten die Seelen an, die Dir entströmen. Du erzeugst uns, o Du Unbekanntes, und wir grüßen Dich, indem wir jede Gott-Seele verehren, die von Dir herabsteigt und in uns lebt."

Die „bewußten Väter der Götter" sind die Logoi, der „unbewußte Vater" ist das EINE SEIN, nicht, weil es geringer wäre als das beschränkte Ding, das wir Bewußtsein nennen, sondern weil es unendlich viel mehr ist als dieses.

In den Fragmenten des „Buches der Toten" können wir die ägyptischen Vorstellungen von der Wiederverkörperung der menschlichen Seele, von ihrer Pilgerfahrt zum Logos und ihrer schließlichen Vereinigung mit ihm studieren. Der berühmte Papyrus des „in Frieden triumphierenden Schriftgelehrten Ani" erinnert in vielen Punkten an die heiligen Schriften anderer Glaubensbekenntnisse: seine Reise durch die Unterwelt, seine Erwartung, wieder in seinen alten Körper eintreten zu können (das war die Form, welche die Wiederverkörperungslehre bei den Ägyptern angenommen hatte), und sein Einswerden mit dem Logos:

„Es sprach Osiris zu Ani: Ich bin der große Eine, der Sohn des großen Einen; ich bin Feuer, der Sohn des Feuers... ich habe meine Gebeine zusammengefügt, ich habe mich ganz und unversehrt gemacht; ich bin wieder jung geworden. Ich bin Osiris, der Herr der Ewigkeit." (XLIII, I, 4)

In Pierrets Besprechung des Totenbuches finden wir die folgende bezeichnende Stelle:

„Ich bin der Träger geheimnisvoller Namen, der für sich Wohnungen für Millionen von Jahren bereitet." (Seite 22) „Herz, das von meiner Mutter zu mir kommt, du mein Herz, das zu meinem irdischen Leben nötig ist... Herz, das von meiner Mutter zu mir kommt, du Herz, das zu meiner Verwandlung nötig ist." (Seite 113, 114)

*

In der Lehre Zoroasters finden wir die Vorstellung von dem Einen Sein unter dem Bilde eines grenzenlosen Raumes, aus welchem der Logos, der Schöpfer Auharmazd, hervorgeht:

„Höchst erhaben in Allwissenheit und Güte und unvergleichlich an Herrlichkeit: die Region des Lichtes ist Auharmazds Wohnstätte." (Sacred Books of the East V, 3, 4, V, 2 „The Bundahist")

Ihm wird im Yasna, der Hauptliturgie der Religion Zarathustras, zuerst gehuldigt:

„Ich beginne und ich (werde) vollenden (mein Yasna [meine Andacht]) zu Ahura Mazda, dem Schöpfer, dem Strahlenden und Glorreichen, dem Größten und Besten, dem Schönsten (?) (für unsere Vorstellung), dem Sichersten und Weisesten, zu IHM, dessen Körper am vollendetsten ist, der seine Ziele vermöge seiner gerechten Ordnung unfehlbar erreicht, zu IHM, der unsere Seele zum Rechten lenkt, der seine freudespendende Gnade in alle Weiten strömen läßt, zu IHM, der uns geschaffen und gestaltet, der uns ernährt und beschirmt hat, der der freigebigste und gütigste Geist ist.“ (Sacred Books of the East, XXXI, Seite 195, 196)

Der Anbetende bringt dann den Ameshaspends und anderen Göttern seine Huldigung dar, doch der höchste geoffenbarte Gott, der Logos, wird hier nicht als dreifältig dargestellt. Ebenso wie bei den Hebräern bestand auch hier im exoterischen Glauben die Neigung, diese Grundwahrheit aus den Augen zu verlieren. Glücklicherweise können wir noch Spuren der ursprünglichen Lehre finden, obwohl sie in späteren Zeiten aus dem Volksglauben verschwand. Dr. Haug berichtet in seinen „Essays über die Parsen“ (Band V von Trübner's Orientalischer Reihe), daß Ahuramazda — auch Auharmazd oder Hormazd — als die höchste Wesenheit galt und daß aus ihm hervorgingen

„zwei uranfängliche Ursachen, die, obwohl verschieden, sich vereinten und sowohl die Welt des Stofflichen als auch die des Geistigen hervorbrachten.“ (Seite 303)

Sie wurden die Zwillinge genannt und man erachtete sie als überall gegenwärtig, in Ahuramazda ebenso wie im Menschen. Die eine bringt die Wirklichkeit hervor, die andere die Unwirklichkeit, und diese beiden sind es, die im späteren Zoroastrismus zu den einander bekämpfenden Geistern des Guten und des Bösen wurden. In den älteren Lehren stellten sie offenbar den zweiten Logos dar, dessen charakteristisches Merkmal die Dualität ist.

Das „Gute“ und das „Böse“ sind nichts anderes als Licht und Dunkelheit, Geist und Materie, die „Ur-Zwillinge“ des Weltalls — die Zwei aus dem Einen.

In seiner Kritik über die späteren Ansichten bemerkt Dr. Haug:

„Dies ist die ursprüngliche Anschauung des Zoroastertums über die zwei schöpferischen Geister, die nur die zwei Seiten des göttlichen Wesens bilden. Im Laufe der Zeit aber wurde diese Lehre des großen Religionsstifters infolge von Mißverständnissen und falschen Auslegungen verändert und verdorben. Spentomainyush (der „gute Geist“) wurde für einen Namen Ahuramazdas selbst gehalten und Angromainyush (der „böse Geist“) wurde dann dadurch, daß er von Ahuramazda vollständig geschieden wurde, als der Widersacher von Ahuramazda betrachtet; so entstand der Dualismus von Gott und Teufel.“ (Seite 205)

Dr. Haugs Ansicht scheint eine Stütze in der „Gatha Ahunavaiti“ zu finden, die Zoroaster (Zarathustra) zusammen mit anderen Gathas von „den Erzengeln“ gegeben worden war:

„Im Anfange war ein Zwillingspaar, zwei Geister, von denen jeder eine besondere Tätigkeit entfaltete; diese sind das Gute und das Böse ... Und diese zwei Geister schufen vereint das Erste (die stofflichen Dinge), der eine die Wirklichkeit, der andere die Unwirklichkeit ... Um diesem Leben beizustehen (es zu vermehren), kam Armaiti, die gute klare Weisheit, mit ihrem Reichtum, sie, die Unvergängliche, schuf die materielle Welt ... Alle vollkommenen Dinge sind in der herrlichen Wohnstatt des guten Denkens angesammelt, die Weisen und Rechtschaffenen, die als die besten Wesenheiten bekannt sind." (Yasna XXX, 3, 4, 7, 10)

Hier sind die drei Logoi erkenntlich: Ahuramazda, der erste Logos, das höchste Leben; in ihm und aus ihm die „Zwillinge", der zweite Logos; und dann Armaiti, der Geist, der Schöpfer des Weltalls, der dritte Logos[17]. Erst später erscheint Mithra, und seine Gestalt verdunkelt im exoterischen Glauben etwas die ursprüngliche Wahrheit. Von ihm wird gesagt:

„Er, den Ahura Mazda eingesetzt hat, um diese ganze bewegliche Welt zu erhalten und zu überwachen; er, der niemals schlafend, wachsam Mazdas Schöpfung hütet." (Sacred Books of the East, Bd. XVIII, „Mihir Yast" XXVII, 103)

Er war ein untergeordneter Gott, das Licht des Himmels, während Varuna der Himmel selbst war, also eine der großen herrschenden geistigen Wesenheiten. Die höchsten dieser herrschenden Wesenheiten waren die sechs Ameshaspends, angeführt von Vohuman, dem guten Gedanken Ahuramazdas:

„Sie sind mit der Obhut über die ganze Schöpfung betraut." (Sacred Books of the East, Bd. V, Seite 10, Anmerkung)

Die Wiederverkörperung scheint in den Büchern, die bis jetzt übersetzt worden sind, nicht gelehrt worden zu sein. Auch den modernen Parsen ist der Glaube daran fremd. Wohl aber finden wir die Vorstellung, daß der Geist im Menschen ein Funke ist, der zur Flamme angefacht und mit dem höchsten Feuer vereinigt werden muß, und diese Vorstellung bedingt eine Entwicklung, in der Wiedergeburt eine Notwendigkeit ist. Auch kann die Lehre Zoroasters nicht früher verstanden werden, ehe wir die Kenntnis der Chaldäischen Orakel und verwandter Schriften wieder erlangen, denn dort liegt der eigentliche Ursprung dieser Lehre.

*

Wenn wir uns weiter westwärts nach Griechenland wenden, stoßen wir auf das Orphische System, das von G. R. S. Mead in

---

[17] Armaiti war zuerst die Weisheit und die Göttin der Weisheit. Später wurde sie als Schöpferin mit der Erde identifiziert und als Göttin der Erde verehrt.

seinem Werk „Orpheus" mit so außerordentlicher Gelehrsamkeit behandelt worden ist. Hier war der dem EINEN SEIN gegebene Name die „unaussprechliche dreimal unbekannte Dunkelheit".

„Nach der Theologie des Orpheus gehen alle Dinge von einem unermeßlichen Prinzip aus, dem wir infolge der Unzulänglichkeit und Armut unseres Begriffsvermögens einen Namen geben, obwohl es völlig unaussprechlich und nach der ehrfürchtigen Ausdrucksweise der Ägypter eine dreimal unbekannte Dunkelheit ist, bei deren Betrachtung sich alles Wissen als Unwissenheit erweist." (Thomas Taylor, zitiert in „Orpheus", Seite 93)

Aus dieser Dunkelheit kommt die „Ur-Dreiheit": das universelle Gute, die universelle Seele und das universelle Denken, also wiederum die Dreiheit der Logoi. Über diese schreibt G. R. S. Mead:

„Die erste Dreiheit, die dem Intellekt offenbar werden kann, ist bloß ein Widerschein, der an Stelle des Unoffenbaren tritt, und seine Hypostasen sind: a) das Gute, das überwesenhaft ist; b) die Seele (Weltseele), ein sich selbst bewegendes Sein, und c) der Intellekt (oder Geist), ein unteilbares, unbewegbares Sein." (Ebenda, Seite 94)

Auf diese erste Dreiheit folgt eine Reihe von immer weiter herabsteigenden Dreiheiten, welche die charakteristischen Merkmale der ersten Dreiheit in abnehmendem Glanze besitzen, bis man zum Menschen gelangt, der

„Inhalt und Substanz des Universums potentiell in sich trägt ... ‚Götter und Menschen sind von einer und derselben Rasse' (nach Pindar, der ein Pythagoräer war, zitiert bei Clemens, Stromata V, 709) ... In diesem Sinne wurde der Mensch als der Mikrokosmos oder die kleine Welt bezeichnet, zum Unterschied vom Makrokosmos, der großen Welt." (Orpheus, Seite 271)

Der Mensch besitzt den Nous, d. i. den wahren Intellekt, den Logos, d. i. den rationalen Wesensteil, und den Alogos, d. i. den irrationalen Wesensteil. Die beiden letzteren bilden wieder eine Dreiheit und führen so zu der spezielleren Siebenteilung. Man nahm auch an, daß der Mensch drei Bewußtseinsträger habe, den physischen Körper, den feinstofflichen Körper und den lichtförmigen Körper oder Augoeides,

„d. i. der ‚Kausalkörper', das karmische Gewand der Seele, in welchem ihr Schicksal, oder richtiger gesagt, in welchem alle Saatkörner vergangener Verursachungen aufgespeichert sind. Dies ist die ‚Faden-Seele', wie sie manchmal genannt wird, jener Körper, welcher von einer Inkarnation zur anderen übergeht." (Ebenda, Seite 284)

Bezüglich der Wiederverkörperung heißt es:

„Ebenso wie die Mysterienschüler aller Länder glaubten auch die Orphiker an die Wiederverkörperung." (Ebenda, Seite 292)

Mead führt eine Menge Beweise hiefür an und zeigt, daß die Wiederverkörperung von Plato, Empedokles, Pythagoras und anderen gelehrt wurde. Nur durch Tugend konnte der Mensch sich von dem Lebensrad freimachen.

Taylor zitiert in seinen Anmerkungen zu seiner Auswahl von Werken des Plotinus eine Äußerung des Damscius über die Lehren Platos von dem Einen jenseits des Einen, dem unoffenbaren Sein:

„Vielleicht führt uns Plato wirklich ohne Worte über das Eine als Mittler zu dem Unaussprechlichen jenseits des Einen, das jetzt Gegenstand der Erörterung ist; und zwar tut er dies durch Weglassung des Einen, in derselben Weise, wie er durch Wegnahme anderer Dinge zu dem Einen hinführt. ... Das, was jenseits des Einen ist, muß in vollkommener Stille verehrt werden ... Das Eine, fürwahr, will sein, durch sich selbst, aber ohne Zweites; das Unbekannte jenseits des Einen aber ist völlig unfaßbar; es ist uns, so müssen wir bekennen, weder bekannt noch unbekannt, sondern ist in eine Über-Unerkennbarkeit gehüllt. Daher wird durch seine Nähe zu ihm auch das Eine verdunkelt; denn um dem unermeßlichen Prinzip nahe zu sein, wenn dieser Ausdruck erlaubt ist, bleibt es gleichsam im Allerheiligsten des wahrhaften mystischen Schweigens ... Das Erste steht über dem Einen und allen anderen Dingen, weil es einfacher ist als alle diese.“ (Seite 341—343)

Die pythagoräische, platonische und neuplatonische Schule hat so viele Berührungspunkte mit den Gedanken der Hindus und Buddhisten, daß die Abstammung aller dieser aus einer gemeinsamen Quelle offensichtlich ist. R. Garbe stellt in seinem Werke über die Samkhya-Philosophie (III., Seite 85—105) viele dieser Punkte heraus; wir können seine Darlegungen etwa folgendermaßen zusammenfassen:

Das Auffallendste ist die Ähnlichkeit — oder richtiger gesagt die völlige Übereinstimmung — der Upanishaden und der eleatischen Schule hinsichtlich der Lehre von dem Einen und Einzigen. Die Lehre des Xenophanes von der Einheit Gottes und des Kosmos und von der Unveränderlichkeit des Einen, und noch mehr jene des Parmenides, welcher der Ansicht war, daß wirkliches Sein nur dem ungeborenen, unzerstörbaren und allgegenwärtigen Einen zugeschrieben werden kann, während alles Mannigfaltige und der Veränderung Unterworfene nur Erscheinung ist, und weiter, daß Sein und Denken dasselbe sind — diese Lehren sind mit dem wesentlichen Inhalt der Upanishaden und der aus ihnen hervorgegangenen Vedanta-Philosophie vollkommen identisch.

Aber auch schon in früherer Zeit zeigt sich eine erstaunliche Übereinstimmung zwischen der Anschauung des Thales, daß alles Existierende aus dem Wasser entstanden sei, und der Lehre der Veden, daß das Universum aus den Wassern emporgestiegen ist. Später nahm Anaximander als Grundlage (ἀρχή) aller Dinge eine ewige, unendliche und unbestimmte Substanz an, aus welcher alle bestimmten Substanzen hervorgehen und in die sie wieder zurückkehren — eine Anschauung, die mit jener übereinstimmt, welche dem Sankhya zugrundeliegt, nämlich der Lehre von der Prakriti, aus der sich die ganze stoffliche Seite des Weltalls entfaltet hat. Auch der berühmte Ausspruch Heraklits „παντα ρετ“ („alles fließt“) bringt die der Sankhya-Philosophie eigentümliche Anschauung zum Ausdruck, daß alle Dinge unter der unaufhörlichen Einwirkung der drei Gunas ständigem Wechsel unterworfen sind. Empedokles wieder entwickelte in bezug auf die Seelenwanderung und die Entwicklungslehre Theorien, die jenen des Sankhya im wesentlichen gleich sind, und seine Lehre, daß nichts ins Dasein treten kann, was nicht bereits existiert, stimmt noch enger mit den Sankhya-Lehren überein.

Auch Anaxagoras und Demokrit zeigen einige solche Übereinstimmungen. Dies gilt besonders von den Anschauungen Demokrits über das Wesen und die Stellung der Götter, und dasselbe gilt bemerkenswerterweise in der Lehre Epikurs gerade von einigen eigenartigen Einzelheiten. Die meisten und engsten Übereinstimmungen finden wir jedoch in den Lehren und der Art der Beweisführung bei Pythagoras, was wohl darauf zurückzuführen ist, daß Pythagoras, wie die Überlieferung berichtet, selbst Indien besucht und seine Philosophie dort empfangen hat.

In späteren Jahrhunderten finden wir, daß bestimmte Gedanken des Sankhya und des Buddhismus im gnostischen Denken eine hervorragende Rolle spielen. Dies zeigt deutlich die folgende Stelle von Lassen, die von Garbe auf Seite 97 zitiert wird:

> „Der Buddhismus kennt im allgemeinen einen klaren Unterschied zwischen Geist und Licht und betrachtet das letztere nicht als immateriell; es findet sich aber im Buddhismus eine Anschauung über das Licht, die jener der Gnostiker nahe verwandt ist. Darnach ist das Licht die Offenbarung des Geistes im Stoff; der so in Licht gekleidete Geist tritt in Beziehung zur Materie, in der das Licht vermindert und schließlich ganz verdunkelt werden kann, in welchem Falle der Geist schließlich in völlige Bewußtlosigkeit versinkt. Von der höchsten geistigen Wesenheit heißt es, daß sie weder Licht noch Nicht-Licht, weder Dunkelheit noch Nicht-Dunkelheit ist, da alle diese Ausdrücke Beziehungen des Geistes zum Lichte bezeichnen, der aber anfänglich in Wirklichkeit frei von einer solchen Verbindung war; erst später schloß ihn das Licht ein und vermittelte seine Verbindung mit dem Stofflichen. Daraus folgt, daß die buddhistische Anschauung dem höchsten Geist die Kraft zuschreibt, aus sich selbst Licht zu erzeugen, und daß auch in dieser Hinsicht zwischen dem Buddhismus und der Gnosis Übereinstimmung besteht.“

Garbe führt noch aus, daß in bezug auf die hier erwähnten Punkte die Übereinstimmung zwischen Gnosis und Sankhya noch bedeutend enger ist als die Übereinstimmung zwischen Gnosis und Buddhismus; denn während diese Anschauungen über die Beziehungen zwischen Licht und Geist den späteren Perioden des Buddhismus angehören, aber nicht seine Grundlehre bilden und ihm auch nicht besonders eigentümlich sind, lehrt der Sankhya klar und eindeutig, daß Geist Licht *ist*. Noch später ist der Einfluß der Sankhya-Auffassungen in den Schriften der Neu-Platoniker sehr deutlich bemerkbar, und wenn auch die Lehre vom Logos, dem Wort, nicht gerade dem Sankhya entstammt, so zeigt sie doch sogar in ihren Einzelheiten, daß sie von Indien übernommen wurde, wo die Lehre von Vach, dem göttlichen Worte, eine so hervorragende Rolle im brahmanischen Lehrsystem spielt.

*

Wenn wir uns nun zur *christlichen* Religion wenden, deren Entstehung mit jener der gnostischen und neuplatonischen Systeme zeitlich zusammenfällt, so werden wir es nicht schwer finden, die Mehrzahl der Grundlehren, mit denen wir nun schon so vertraut geworden sind, auch in ihr wieder zu erkennen. Der dreifache Logos erscheint hier als die Dreifaltigkeit: der erste Logos, die Quelle alles Lebens, ist der Vater; der seiner Natur nach zweifältige zweite Logos ist der Sohn, der Gott-Mensch; der dritte Logos, der schöpferische Intellekt, ist der Heilige Geist, dessen Schweben über den Wassern des Chaos die Welten entstehen ließ. Darauf folgen „die sieben Geister Gottes“[18] und die Scharen der Erzengel und Engel. Von dem EINEN SEIN, von dem alles kommt und in das alles zurückkehrt, wird nur angedeutet, daß seine Natur sich jeder Forschung entzieht; doch verkünden die großen Gelehrten der katholischen Kirche stets die Unergründlichkeit der Gottheit, die unbegreiflich, unendlich und deshalb notwendigerweise eins und unteilbar ist.

Der Mensch ist „nach dem Ebenbilde Gottes“[19] geschaffen und deshalb ebenfalls seinem Wesen nach dreifältig — Geist, Seele und Leib[20]; er ist eine „Wohnstatt Gottes“[21], der „Tempel Gottes“[22], der „Tempel des Heiligen Geistes“[23] — Ausdrücke, welche genau den Hinduauffassungen entsprechen.

Die Lehre von der Wiedergeburt wird im „Neuen Testament“ mehr stillschweigend als gegeben angenommen, denn ausdrücklich gelehrt. So erklärt Jesus von Johannes dem Täufer, daß dieser Elias sei, „der wiederkommen sollte“[24], wobei er auf die Worte

---

[18] Offenbarung Joh. 4, 5.
[19] Genesis 1, 26, 27.
[20] 1. Thessal. 5, 23.
[21] Eph. 2, 22.
[22] 1. Kor. 3, 16.
[23] 1. Kor. 6, 19.
[24] Matth. 11, 14.

Malachis anspielt, „ich will euch Elias, den Propheten, senden"[25]; und als er gefragt wird, wie es damit stehe, daß Elias doch vor dem Messias kommen solle, antwortet er: „Elias ist schon gekommen und sie erkannten ihn nicht[26]." Wir finden auch, daß die Jünger die Wiederverkörperung als erwiesen annahmen, sonst hätten sie an Jesus nicht die Frage richten können, ob angeborene Blindheit eine Strafe für die eigenen Sünden eines Menschen sei; und auch Jesus wies bei dieser Gelegenheit in seiner Antwort die grundsätzliche Möglichkeit einer vorgeburtlichen Sünde nicht zurück, sondern schloß sie nur als Ursache der Blindheit im gegebenen Fall aus[27]. Der bemerkenswerte Satz in der Offenbarung Johannis 3, 12, daß „er, der überwindet, eine Säule im Tempel meines Gottes werden und diesen nicht mehr verlassen soll" ist als ein Symbol der Befreiung von der Wiedergeburt aufgefaßt worden. Aus den Schriften einiger Kirchenväter können viele Stellen angeführt werden, die darauf hindeuten, daß der Glaube an die Wiederverkörperung ihnen geläufig war. Manche behaupten zwar, daß nur die Präexistenz der Seele gelehrt worden sei, doch es scheint mir, daß diese Ansicht nicht durch Beweise gestützt ist.

*

Die Übereinstimmung der einzelnen Religionen in den moralischen Lehren ist nicht weniger auffallend als die Übereinstimmung in ihren Vorstellungen vom Universum und von den Erfahrungen jener, welche sich aus dem Gefängnis des Körpers heraus in die Freiheit der höheren Sphären erhoben haben. Es ist klar, daß die Gesamtheit dieser uralten Lehren sich seit jeher in den Händen bestimmter Hüter befand, die Schulen hatten, in denen sie lehrten, und Schüler, die ihre Lehren studierten. Die Gleichartigkeit dieser Schulen und ihrer Lehren tritt klar hervor, wenn wir die moralischen Lehren untersuchen, die Forderungen, welche an die Schüler gestellt wurden, und die mentalen und geistigen Stufen, auf welche sie erhoben wurden.

Eine scharfe Einteilung der verschiedenen Schülertypen enthält der Dao De Ging:

> „Hört ein Schüler hoher Art vom Dao,
> so müht er sich, darin zu wandeln.
> Hört ein Schüler minderer Art vom Dao,
> so wird er es bald erlangen, bald wieder verlieren.
> Hört ein unweiser Schüler vom Dao,
> so verlacht er es." (XLI, 1)

---

[25] Mal. 4, 5.
[26] Matth. 17, 12.
[27] Joh. 9, 1—13.

In dem gleichen Buche lesen wir auch:

„Der Weise setzt seine Persönlichkeit hintan,
und seine Persönlichkeit kommt doch voran.
Er behandelt seine Persönlichkeit, als wäre sie ein Fremder,
und sie bleibt doch erhalten.
Ist es nicht darum, weil er keine persönlichen Ziele hat,
daß er solche Ziele erreicht?" (VII, 2)

„Er stellt sich nicht selbst zur Schau
und darum strahlt er.
Er ist frei von Anmaßung,
darum wird er erhöht.
Er rühmt sich nicht selbst,
darum werden seine Verdienste anerkannt.
Er ist nicht überheblich,
darum erlangt er eine überragende Stellung.
Da er so frei von aller Streitsucht ist,
gibt es niemand in der Welt, der mit ihm streiten könnte."
(XXII, 2 ff.)

„Es gibt keine größere Schuld,
als den Ehrgeiz zu billigen.
Es gibt kein größeres Unglück,
als mit seinem Los nicht zufrieden zu sein.
Es gibt keinen größeren Fehler,
als den Wunsch, wohlhabend zu werden." (XLVI, 2)

„Zu dem, der gut (zu mir) ist, bin ich gut,
zu dem, der nicht gut (zu mir) ist, bin ich auch gut.
So werden alle gut.
Dem, der (mir) treu ist, bin ich treu,
dem, der (mir) nicht treu ist, bin ich auch treu.
So werden alle treu." (XLIX, 1)

„Wer in sich die Fülle (des Dao) hat,
gleicht einem neugeborenen Kinde:
giftige Insekten stechen ihn nicht,
reißende Tiere fallen ihn nicht an,
Raubvögel stoßen nicht nach ihm." (LV, 1)

„Drei kostbare Dinge habe ich, die ich schätze und festhalte:
das erste ist Sanftmut,
das zweite ist Genügsamkeit,
das dritte ist Bescheidenheit.

Die Sanftmut ist sicher, auch im Kampfe zu siegen
und ihren Platz zu behaupten.
Wer sanftmütig ist, den wird der Himmel retten,
denn eben durch seine Sanftmut wird er ihn schützen." (LXVII, 2, 4)

Bei den Hindus gab es Schüler, die ausgewählt und einer besonderen Unterweisung würdig befunden wurden. Ihnen vermittelte der Guru die geheimen Lehren, während die allgemeinen Regeln für richtigen Lebenswandel aus den Vorschriften Manus, den Upanishaden, der Mahabharata und aus vielen anderen Abhandlungen entnommen werden konnten:

„Er möge reden, was wahr ist; er möge reden, was angenehm ist; er möge keine unangenehme Wahrheit und keine angenehme Unwahrheit äußern; das ist das ewige Gesetz." (Manu IV, 138)

„Keinem Wesen Schmerz bereitend, soll er allmählich geistige Verdienste ansammeln." (IV, 238)

„Für jenen zweimal Geborenen, der auch nicht die geringste Gefahr für irgend ein Geschöpf verursacht hat, wird selbst keine Gefahr von irgendwelcher Seite drohen, nachdem er von seinem Körper befreit ist." (VI, 40)

„Er möge harte Worte geduldig ertragen, er möge niemanden beleidigen, er möge um dieses (vergänglichen) Körpers willen niemandes Feind werden. Einem zornigen Menschen möge er nicht mit Zorn begegnen; er möge segnen, wenn man ihm flucht." (VI, 47, 48)

„Befreit von Leidenschaft, Furcht und Zorn, an MICH denkend, in MIR seine Zuflucht nehmend, geläutert im Feuer der Weisheit, sind viele in MEIN Wesen eingegangen." (Bhagavad Gita IV, 10)

„Höchste Freude wird jenem Yogi zuteil, dessen Manas friedvoll und dessen Leidenschafts-Natur zur Ruhe gebracht ist, der sündlos ist und von der Natur Brahmans." (VI, 27)

„Wer keinem Wesen übel will, freundlich ist und mitleidsvoll, ohne Vorliebe und Selbstsucht, gleichmütig in Freude und Leid, zum Vergeben bereit, stets zufrieden und harmonisch, selbstbeherrscht und entschlossen ist, wer, Manas und Buddhi auf mich gerichtet, sich MIR ergibt, der ist MIR lieb." (XII, 13, 14)

Wenn wir uns B u d d h a zuwenden, so finden wir, daß er mit seinen Arhats beisammen weilte und diesen allein seine geheimen Lehren mitteilte. Öffentlich aber wurde gelehrt:

„Der Weise schafft sich durch Ernst, Tugend und Lauterkeit eine Insel, die keiner Flut erreichbar ist." (Udanavarga IV, 5)

„Der Weise hält hienieden fest an Glaube und Weisheit, sie sind seine größten Schätze; alle anderen Reichtümer wirft er fort." (X, 9)

„Wer jenen übel will, die von Übelwollen erfüllt sind, kann nie rein werden; wer aber kein Übelwollen kennt, befriedet jene, die hassen; da der Haß der Menschheit nur Elend bringt, kennt der Weise keinen Haß." (XIII, 12)

„Überwinde den Zorn dadurch, daß du dich nicht erzürnst; überwinde Böses durch Gutes; überwinde den Geiz durch Freigebigkeit; überwinde Falschheiten durch Wahrhaftigkeit." (XX, 18)

Die Anhänger Z o r o a s t e r s wurden gelehrt, Ahuramazda zu preisen, und ferner:

„Was am schönsten, was lauter, unsterblich und leuchtend ist, das alles ist gut. Den guten Geist ehren wir, das gute Reich ehren wir, das gute Gesetz und die gute Weisheit." (Yasna XXXVII, 12)

„Möge in diese Wohnstatt Zufriedenheit und Segen kommen, Arglosigkeit und die Weisheit der Reinen." (Yasna LIX)

„Reinheit ist das höchste Gut. Glück, Glückseligkeit wird ihm, nämlich dem in der Reinheit Reinsten." (Ashem-Vohu)

„Alle guten Worte, Gedanken und Werke geschehen vermöge der Erkenntnis. Alle bösen Gedanken, Worte und Werke geschehen aus Mangel an Erkenntnis." (Mispa Kumata)

(Auszüge aus dem Avesta aus der Sammlung „Ancient Iranian and Zorostrian Morals" von Dhunjibhoy Jamsetji Medhora.)

Die Hebräer hatten ihre „Prophetenschulen" und ihre Kabbalah, in den exoterischen Werken aber finden wir die allgemein anerkannten ethischen Lehren:

„Wer wird erklimmen den Berg des Herrn, und wer wird stehen auf seiner heiligen Stätte? Er, der reine Hände hat und ein lauteres Herz, der seine Seele nicht an Eitelkeiten gewandt hat und der keinen falschen Schwur getan." (24. Psalm, V. 3, 4)

„Was verlangt der Herr anderes von dir, als daß du rechtschaffen handelst, Barmherzigkeit übst und demütig wandelst vor deinem Gott?" (Micha VI, 8)

„Wahrhaftiger Mund besteht ewiglich; aber die lügenhafte Zunge besteht nicht lange." (Sprüche XII, 19)

„Ist nicht dies das Fasten, das ich erwählt habe: zu lösen, die zu Unrecht gebunden sind, ledig zu lassen, die mit Bürden beschwert sind, freizugeben die Unterdrückten, und wegzureißen jedes Joch? Ist es nicht, daß du dein Brot brichst mit den Hungrigen, daß du in dein Haus führst, die elend sind und ausgestoßen, und so du einen nackt siehst, daß du ihn kleidest, und daß du dich nicht entziehest denen, die von deinem Fleische sind?" (Jesaias XVIII, 6, 7)

Auch der Lehrer der Christenheit hatte für seine Schüler geheime Vorschriften[28] und er trug ihnen auf:

„Ihr sollt das Heiligtum nicht den Hunden geben, und eure Perlen sollt ihr nicht vor die Säue werfen." (Matth. 7, 6)

Was die öffentlichen Lehren anlangt, genügt es, auf die Seligpreisungen in der Bergpredigt zu verweisen und auf die folgenden Lehren:

„Ich aber sage euch: liebet eure Feinde; segnet, die euch fluchen; tut wohl denen, die euch hassen; bittet für die, so euch beleidigen und verfolgen ... Darum sollt ihr vollkommen sein, gleichwie euer Vater im Himmel vollkommen ist." (Matth. 5, Vers. 44, 48)

„Wer sein Leben findet, der wird es verlieren; und wer sein Leben verliert um meinetwillen, der wird es finden." (Matth. 10, 39)

„Wer sich selbst erniedrigt wie dieses Kind, der ist der Größte im Himmelreich." (Matth. 18, 4)

„Die Frucht des Geistes aber ist Liebe, Freude, Friede, Geduld, Freundlichkeit, Güte, Glaube, Sanftmut und Mäßigkeit. Wider solche ist kein Gesetz." (Gal. 5, Vers. 22, 23)

„Lasset uns einander lieben; denn die Liebe ist von Gott, und wer liebt, der ist aus Gott geboren und kennt Gott." (1. Joh. 4, 7)

Die Schule des Pythagoras und die Schulen der Neu-Platoniker hielten die Überlieferung in Griechenland aufrecht, und wir wissen, daß Pythagoras einiges von seinem Wissen in Indien lernte, während Plato in den Schulen Ägyptens studierte und eingeweiht wurde. Über die griechischen Schulen sind wir besser unterrichtet als über die anderen. Die Pythagoräer hatten sowohl angelobte

---

[28] Matth. 13, Vers 10—17.

Schüler als auch einen öffentlichen Unterricht. Die Schüler des inneren Kreises durchliefen in fünf Jahren drei Grade (Näheres darüber ist in G. R. S. Mead's „Orpheus" auf Seite 263 ff. nachzulesen). Die äußere Schulung beschreibt Mead folgendermaßen:

„Wir müssen uns zuerst völlig Gott hingeben. Wenn ein Mensch betet, so soll er niemals um irgendeine besondere Gunst bitten, in der vollen Überzeugung, daß ihm das gegeben wird, was recht und passend ist, wie es der Weisheit Gottes entspricht, nicht aber der Gegenstand unserer eigenen selbstischen Wünsche. (Diod. Sic. IX, 41) Durch Tugend allein kann der Mensch zur Glückseligkeit gelangen, und dies ist das ausschließliche Vorrecht eines vernünftigen Wesens. (Hippodamus, „De Felicitate" II, aus Orelli, „Opusc. Graecor. Sent. et Moral., II, 284) Aus sich selbst, seiner eigenen Natur nach, ist der Mensch weder gut noch glücklich, aber er kann es werden durch die wahre Lehre (μαθήσιος καί προνοίας ποτιδίεται). (Hippodamus, ebenda) Die heiligste Pflicht ist kindliche Liebe. ‚Gott überschüttet jenen mit seinen Segnungen, der den Urheber seiner Tage hochachtet', sagt Pampelus. (De parentibus, Orelli, op. cit. II, 345) Undankbarkeit gegen seine Eltern ist das schwärzeste aller Verbrechen, schreibt Perictione (ebenda, Seite 350), die als die Mutter Platos angesehen wird. Die Reinheit und das Zartgefühl aller pythagoräischen Schriften ist bemerkenswert. (Oelian, Hist. Var. XIV, 9) In allem, was Keuschheit und Ehe anlangt, sind ihre Grundsätze von äußerster Reinheit. Stets empfiehlt der große Lehrer Keuschheit und Mäßigkeit, doch gibt er gleichzeitig die Weisung, daß Verheiratete erst Eltern werden sollten, bevor sie in absoluter Keuschheit zu leben beginnen, damit Kinder unter Verhältnissen geboren werden, die günstig sind für die Fortsetzung des heiligen Lebens und für die Weitervererbung der geheiligten Wissenschaft. (Jamblichus, „Vit. Pythag.", und Hierocl., ap. Stob. „Serm." XLV, 14) Dies ist außerordentlich interessant, denn es ist genau die gleiche Vorschrift, welche in dem Manava Dharma Shastra, dem großen indischen Gesetzbuch niedergelegt ist... Ehebruch wurde auf das strengste verurteilt (Jamb., ebenda). Außerdem war die rücksichtsvollste Behandlung der Frau durch den Ehemann vorgeschrieben, denn hatte er sie nicht ‚angesichts der Götter' zur Gefährtin genommen? (Vgl. Lascaulx, „Zur Geschichte der Ehe bei den Griechen" in den Memoiren der kgl. bayrischen Akademie VII, 107 ff.) Die Ehe war nicht eine tierische Vereinigung, sondern geistiges Band. Die Frau sollte darum ihrerseits ihren Mann mehr lieben als sich selbst, und in allen Dingen ergeben und gehorsam sein. Es ist bemerkenswert, daß die edelsten Frauengestalten, die das alte Griechenland besitzt, in der Schule des Pythagoras ausgebildet wurden, und dasselbe gilt auch von den Männern. Die Schriftsteller des Altertums sind sich darüber einig, daß es dieser Schule gelungen war, Menschen hervorzubringen, welche höchste Beispiele ohnegleichen waren, nicht nur an edelster Züchtigkeit und Gefühlsreichtum, sondern auch an Einfachheit der Sitten, an Zartgefühl und Ernsthaftigkeit des Strebens. Dies wird sogar von christlichen Autoren zugegeben (vgl. Justin. XX, 4)... Unter den Mitgliedern der Schule leitete das Ideal der Gerechtigkeit alle Handlungen, gleichzeitig befleißigten sie sich in ihren Beziehungen untereinander strengster Duldsamkeit und größten Mitgefühls. Denn Gerechtigkeit ist die Grundlage aller Tugenden, wie Polus (ap. Stob., „Serm." VIII., ed. Schow., Seite 232) lehrt. Gerechtigkeit ist es, die den Frieden und den Gleichmut der Seele aufrecht hält; sie ist die Mutter der Ordnung in jeglicher Gemeinschaft, sie erhält die Eintracht zwischen Mann und Frau, und die Zuneigung zwischen Herrn und Diener. — Das gegebene Wort eines Pythagoräers war für ihn unbedingt bindend. — Endlich wurde noch gelehrt, daß der Mensch so leben sollte, daß er jederzeit bereit sei zu sterben." (Hippolytus, „Philos." VI) — („Orpheus", Seite 263—267)

Interessant ist die Behandlung der Tugenden bei den Neu-Platonikern, und die Unterscheidung, die sie zwischen Sittlichkeit und geistiger Entwicklung machen, was Plotinus folgendermaßen ausdrückt: „Das Bestreben soll nicht dahin gehen, ohne Sünde zu sein, sondern ein Gott zu sein[29]!" Die unterste Stufe war das Sündloswerden durch die Erwerbung der „bürgerlichen Tugenden", welche den Menschen vollendet in seiner Lebensführung machten, indem die Vernunft die Beherrschung und Erziehung der irrationalen Natur übernahm (die physischen und ethischen Tugenden standen unter diesen). Über den bürgerlichen Tugenden standen die kathartischen Tugenden, die der Vernunft allein zugehörten und die Seele von den Fesseln der Geschlechtlichkeit befreiten, dann die theoretischen Tugenden, welche die Seele zur Fühlungnahme mit Wesen emporhoben, die höher waren als sie selbst, und schließlich die paradigmatischen Tugenden, welche ihr eine Erkenntnis des wahren Seins vermittelten.

„Daher ist jener, welcher gemäß den praktischen Tugenden wirkt, ein ehrenwerter Mensch, wer dagegen den kathartischen Tugenden gemäß wirkt, ein dämonischer Mensch oder guter Dämon[30]. Wer den intellektuellen Tugenden gemäß wirkt, ist ein Gott. Wer aber den paradigmatischen Tugenden gemäß wirkt, ist der Vater der Götter." (Abhandlung über intellektuelle Klugheit, Seite 325—332)

Die Schüler wurden gelehrt, mit Hilfe verschiedener Übungen aus dem Körper zu entweichen und sich in höhere Bereiche zu erheben. Wie ein Grashalm aus seiner Hülle gezogen wird, so sollte der innere Mensch sich selbst aus seinem körperlichen Gehäuse ziehen[31]. Der „Körper des Lichtes" oder der „strahlende Körper" der Hindus entspricht dem „lichtförmigen Körper" der Neu-Platoniker, und in diesen erhebt sich der Mensch, um das Selbst zu finden:

„Es ist nicht faßbar für das Auge, das Wort und andere Sinne; auch nicht durch Askese und religiöse Riten ist es zu erreichen; ein-

[29] Taylor, „Select Works of Plotinus", ed. 1895, Seite 11.
[30] Eine gute geistige Wesenheit, ähnlich dem „daimon" des Sokrates.
[31] Katupanishad, VI, 17.

zig und allein durch abgeklärte Weisheit, durch das reine innere Wesen vermag man das unteilbare Eine in der Meditation zu schauen. Dieses verborgene Selbst muß die Seele erkennen, in der das fünffache Leben schlummert. Die Seele aller Geschöpfe ist durchdrungen von diesem Leben; in ihr offenbart sich, sobald sie geläutert ist, das Selbst." (Mundakupanishad III, II, 8, 9)

Dann allein kann der Mensch in jene Region eingehen, in der es keine Trennung gibt, in der „die Sphären nicht mehr vorhanden sind". G. R. S. Mead zitiert in seiner Einleitung zu Taylors „Plotinus" die von diesem gegebene Beschreibung einer Sphäre, welche offenbar dem Turya der Hindus entspricht:

„Sie sehen in gleicher Weise alle Dinge, nicht jene, in denen Werden ist, sondern jene, in denen Sein ist. Und sie nehmen sich selbst in anderen gewahr. Denn alle Dinge sind dort durchsichtig, nichts ist dunkel und fest; alles liegt für jeden auch von innen und durch und durch offen. Denn das Licht trifft hier überall auf Licht, da jedes einzelne Ding in sich alle Dinge enthält, und alle Dinge wieder in jedem anderen Ding erkennt, so daß alle Dinge überall sind und alles alles ist. Und die Herrlichkeit dort ist grenzenlos, und alles ist dort groß, da dort selbst das Kleine groß ist. Auch die Sonne, die dort ist, ist zugleich alle Sterne, und jeder Stern wiederum ist die Sonne und alle übrigen Sterne. In jedem Ding ist jedoch eine bestimmte Eigenschaft vorherrschend, gleichzeitig sind aber alle Dinge in jedem einzelnen sichtbar. Auch die Bewegung ist dort reine Bewegung, denn sie wird nicht durch einen Bewegenden, der von ihr verschieden ist, verzerrt." (S. LXXIII)

Diese Beschreibung ist zwar ein Fehlschlag, weil die Region, um die es sich hier handelt, mit menschlichen Worten überhaupt nicht beschrieben werden kann, aber es ist eine Beschreibung, die nur von jemandem verfaßt worden sein kann, dessen Augen geöffnet worden waren.

*

Mit dem Nachweis der zwischen den einzelnen Religionen bestehenden Ähnlichkeiten ließe sich leicht ein ganzer Band füllen, doch müssen die vorstehend gegebenen unvollständigen Hinweise als Einleitung zum Studium der Theosophie genügen, die eine neuere und vollständigere Darstellung der uralten Wahrheiten ist, als sie der Welt je zuteil geworden ist. Alle diese Ähnlichkeiten weisen auf eine gemeinsame Quelle hin, und das ist die Bruderschaft der Weißen Loge, die Hierarchie der Adepten, welche die Entwicklung der Menschheit überwachen und leiten und welche diese Wahrheiten unversehrt bewahrt haben. Von Zeit zu Zeit, wenn es notwendig ist, bringen sie diese Wahrheiten den Menschen neuerlich zu Gehör. Von anderen Welten, aus früheren Menschheitsentwicklungen sind sie gekommen, um unserer Erde zu helfen. Sie sind das Ergebnis eines Entwicklungsprozesses, jenem ähnlich, der sich eben an uns vollzieht, und der verständlicher werden wird, als er jetzt erscheint, wenn wir die vorliegende Studie abgeschlossen haben werden. Diese Adepten haben uns diese Hilfe gewährt, verstärkt durch die Blüte unserer eigenen Menschheit, von den ältesten Zeiten an bis zum heutigen Tage, und noch immer unterweisen sie eifrige Schüler, zeigen ihnen den Pfad und lenken ihre Schritte. Noch immer kann jeder zu ihnen gelangen, der sie sucht und der in seiner Hand die Opferflamme der Liebe und Hingabe trägt, des selbstlosen Sehnens nach Wissen, um damit dienen zu können. Immer noch führen sie ihre uralte Schulung durch, immer noch enthüllen sie die uralten Mysterien. Die beiden Säulen ihrer Logenpforte sind Liebe und Weisheit, und durch ihr schmales Tor können nur diejenigen eintreten, von deren Schultern die Lasten der Begierde und der Selbstsucht abgefallen sind.

Eine schwere Aufgabe liegt vor uns. Mit der physischen Ebene beginnend, werden wir uns langsam emporarbeiten. Doch wird uns vielleicht ein kurzer Überblick aus der Vogelperspektive über den großen Weg der Entwicklung und über ihr Ziel hilfreich sein, ehe wir uns dem Einzelstudium der uns umgebenden Welt zuwenden:

Ehe ein Weltsystem ins Dasein tritt, trägt ein LOGOS das Ganze als Idee in seinem Geiste — alle Kräfte, alle Formen, all das, was durch einen entsprechenden Werdegang im objektiven Leben in Erscheinung treten soll. ER zeichnet den Umkreis der Offenbarung, innerhalb dessen er seine Kräfte entfalten will, und beschränkt sich damit selbst, um das Leben seines Universums zu werden. Beobachten wir weiter, so sehen wir, wie Schichten fortschreitender Dichtigkeit erscheinen, bis sich sieben gewaltige Regionen gebildet haben und in diesen Kraftzentren erscheinen, Wirbel von Materie, die sich voneinander trennen, bis wir endlich, wenn die Vorgänge der Absonderung und Verdichtung, soweit sie uns hier interessieren, vorüber sind, eine zentrale Sonne sehen, das physische Symbol des LOGOS, und sieben große Planetenketten, deren jede aus sieben Weltkugeln besteht. Senken wir den Blick zu der Kette herab, zu welcher unser Planet gehört, so sehen wir Lebenswellen über sie wogen, welche die Naturreiche bilden — die drei Elementalreiche, das Mineralreich, das Pflanzenreich, das Tierreich und das Menschenreich. Schränken wir unser Blickfeld noch weiter ein und betrachten wir nur unsere Erde und ihre Umgebung, so können wir die menschliche Entwicklung beobachten und sehen, wie der Mensch durch eine lange Reihe von aufeinanderfolgenden Lebensperioden Selbstbewußtsein entwickelt. Fassen wir schließlich einen einzelnen Menschen ins Auge, so können wir sein Wachstum verfolgen und sehen, daß jede einzelne Lebensperiode aus drei Teilen besteht, daß jede durch ein unbeugsames Gesetz mit allen ihr vorangehenden Perioden verbunden ist, deren Ergebnisse sie erntet, und auch mit allen ihr folgenden, deren Ernten sie sät. Wir sehen, daß der Mensch dadurch emporzuklimmen vermag, denn jede Lebensperiode bereichert seine Erfahrungen, jede läßt ihn wachsen an Lauterkeit, Frömmigkeit, Verstandeskraft und Nützlichkeit, bis er endlich dort steht, wo SIE stehen, die jetzt seine Lehrer sind, und er alsdann seinen jüngeren Brüdern gegenüber alles das abzutragen vermag, was er JENEN schuldet.

1. KAPITEL

DIE PHYSISCHE EBENE

Wir haben vorhin gesehen, daß die Quelle, welcher ein Universum entspringt, ein geoffenbartes göttliches Wesen ist, welchem in der gegenwärtigen Ausdrucksform der altehrwürdigen Weisheit der Name Logos, das „Wort“ gegeben worden ist. Der Name ist zwar der griechischen Philosophie entnommen, er drückt aber die zugrundeliegende alte Vorstellung in vollkommener Weise aus: es ist das Wort, welches aus der Stille hervorbricht, die Stimme, der Klang, welcher die Welten ins Dasein ruft.

Als nächstes müssen wir nun die Entwicklung von Geist und Stoff untersuchen, um etwas von der Natur des Materials zu verstehen, mit dem wir es auf der physischen Ebene, in der physischen Welt, zu tun haben. Denn auf den im Geist-Stoff der physischen Welt eingehüllten, in ihn gebannten inneren Kräften beruht die Möglichkeit der Entwicklung. Der ganze Vorgang ist ein Entfalten, das von innen ausgeht und von außen durch mit Verstand begabte Wesenheiten unterstützt wird; diese Wesenheiten können die Entwicklung verzögern oder beschleunigen, aber sie können den Rahmen der den Stoffen innewohnenden Fähigkeiten nicht überschreiten. Eine wenigstens allgemeine Vorstellung von dem „Werden“ der Welt auf seinen frühesten Stufen ist darum notwendig, wenn auch jeder Versuch, hiebei auf genaue Einzelheiten einzugehen, uns weit über die Grenzen hinausführen würde, die dieser bloß einführenden Abhandlung gesetzt sind. Wir müssen uns darum mit einer ganz flüchtigen Skizze begnügen.

Hervortretend aus den Tiefen des Einen Seins, aus dem EINEN, das über allen Gedanken und Worten ist, wird ein Logos dadurch, daß er sich selbst eine Umgrenzung gibt und dem Bereich seines Wesens selbst freiwillig Schranken auferlegt, zum geoffenbarten Gott. Indem er so die Sphäre seiner Tätigkeit begrenzt, zieht er den Umkreis seines Universums. Innerhalb dieses Bereiches wird das Universum geboren, entwickelt es sich und stirbt. Es lebt, webt und hat sein Dasein in seinem Logos. Der Stoff, aus dem es besteht, ist SEINE Ausstrahlung; seine Kräfte und Energien sind Ströme SEINES Lebens; ER wohnt jedem Atom inne, alles durchdringend, alles erhaltend und alles entfaltend. ER ist des Weltalls Anfang und Ende, seine Ursache und sein Ziel, sein Mittelpunkt und sein Umfang; ER ist das sichere Fundament, auf welchem es erbaut ist; ER ist der umschließende Raum, in dem es atmet. ER ist in allem und alles ist in IHM. Das lehren uns die Hüter der altehrwürdigen Weisheit über den Anfang der geoffenbarten Welten.

Aus derselben Quelle kommt uns die Überlieferung über die Selbstentfaltung des Logos zu einer dreifältigen Form: der Erste Logos, die Wurzel alles Seins; aus ihm der Zweite Logos, der die beiden Aspekte von Leben und Form offenbart, die Urzweiheit, welche die beiden Pole der Natur entstehen läßt, zwischen denen das Gewebe des Universums gewoben werden soll: Leben und Form, Geist und Stoff, Positives und Negatives, Wirkendes und Empfangendes, Vater und Mutter der Welten. Dann der Dritte Logos, der All-Geist, in dem alles seinem Urbilde nach existiert, der Ursprung der Wesenheiten, der Urquell gestaltender Energien, die Schatzkammer, in welcher alle urbildlichen Formen aufbewahrt sind, die im Laufe der Entwicklung des Universums in niedrigeren Stoffzuständen zur Entstehung und Entfaltung gebracht werden sollen. Es sind dies die aus vergangenen Universen herübergebrachten Früchte, welche dem gegenwärtigen Universum als Samen dienen.

Der in irgendeinem Universum in Erscheinung getretene Geist und Stoff ist endlich in seiner Ausdehnung und von vorübergehender Dauer. Die Wurzeln von Geist und Stoff aber sind ewig. Von einem sehr tiefgründigen Forscher ist einmal gesagt worden, die Wurzel des Stoffes[1] erscheine dem Logos wie ein Schleier, der über das Eine Sein, das höchste Brahman[2] — um den alten Namen zu gebrauchen — geworfen ist.

Dieses „Schleiers" bedient sich der Logos, um in Erscheinung zu treten, indem er ihn für die Schaffung der selbstauferlegten Begrenzung benützt, welche eine Tätigkeit möglich macht. Aus ihm bildet er den Stoff seines Universums, dessen beseelendes, leitendes und beherrschendes Leben er selbst ist[3].

Davon, was auf den beiden höchsten Ebenen des Universums, der siebenten und der sechsten, vor sich geht, können wir uns nur ganz

---

[1] Im Sanskrit: Mulaprakiti.
[2] Parabrahman.
[3] Deshalb wird er in einigen der heiligen Schriften des Ostens der „Herr der Maya" genannt, wobei Maya oder Täuschung das Formprinzip bedeutet. Die Formen werden wegen ihrer flüchtigen Natur und ihrer fortgesetzten Wandlungen als täuschend angesehen, während das durch den Schleier der Formen sich ausdrückende Leben als das Wirkliche betrachtet wird.

unklare Vorstellungen machen. Die Kraft des Logos, eine Wirbelbewegung von unvorstellbarer Geschwindigkeit, „bohrt Löcher in den Raum“, in diese Wurzel des Stoffes, und ein solcher Wirbel von Leben, eingeschlossen in ein Häutchen von Wurzelmaterie, ist das Uratom des Universums. Diese Uratome und ihre Zusammenballungen bilden, über das ganze Universum zerstreut, die verschiedenen Unterabteilungen des Geist-Stoffes der höchsten oder siebenten Ebene. Die sechste Ebene wird von einem Teil der zahllosen Myriaden dieser Uratome gebildet, der in den dichtesten Zusammenballungen seiner eigenen Ebene eine Wirbelbewegung erzeugt; die zu diesem Teil gehörenden Uratome werden, eingeschlossen in Spiralen der dichtesten Verbindungen der siebenten Ebene des Geist-Stoffes, zu den feinsten Einheiten — den Atomen — der sechsten Ebene. Diese Atome der sechsten Ebene und ihre zahllosen Verbindungen bilden die Unterabteilungen des Geist-Stoffes der sechsten Ebene. Atome der sechsten Ebene bringen dann wieder ihrerseits in den dichtesten Zusammenballungen ihrer eigenen Ebene Wirbel hervor und werden, von diesen Anhäufungen als begrenzenden Wällen umgeben, zu den feinsten Einheiten — den Atomen — des Geist-Stoffes der fünften Ebene. Diese Atome der fünften Ebene und ihre Verbindungen bilden ihrerseits wieder die Unterabteilungen des Geist-Stoffes der fünften Ebene.

Dieser Vorgang wiederholt sich nacheinander bei der Bildung des Geist-Stoffes der vierten, dritten, zweiten und ersten Ebene.

Das sind die sieben großen Regionen des Universums, soweit es sich um ihre materiellen Bestandteile handelt. Eine klarere Vorstellung von ihnen werden wir auf dem Wege der Analogie gewinnen, sobald wir die verschiedenen Spielarten des Geist-Stoffes unserer eigenen physischen Ebene verstehen gelernt haben[4, 5].

Der Ausdruck „Geist-Stoff“ wird in diesem Buch mit bestimmter Absicht verwendet. Er zeigt die Tatsache an, daß es etwas wie „tote“ Materie überhaupt nicht gibt; aller Stoff ist lebendig, selbst die

---

[4] Der Leser wird vielleicht klarer sehen, wenn er sich die Atome der fünften Ebene als Atma denkt, jene der vierten Ebene als Atma, gehüllt in Buddhi-Materie, jene der dritten Ebene als Atma, gehüllt in Buddhi- und Manas-Materie, jene der zweiten als Atma in Buddhi-, Manas- und Kama-Materie, und jene der untersten Ebene als Atma, gehüllt in Buddhi-, Manas-, Kama- und Sthula-Materie; nur die äußerste Materie ist jedesmal aktiv, aber die inneren Arten sind vorhanden, wenn auch latent, und sind bereit, auf dem nach aufwärts führenden Entwicklungsbogen in Tätigkeit zu treten.

[5] Die in der Anmerkung 4 verwendeten Sanskritbezeichnungen werden in den folgenden Kapiteln näher erklärt; man vergleiche insbesondere die Aufstellung in Kapitel VI, Seite 135. D. Ü.

kleinsten Teilchen sind Leben. Die Wissenschaft hat recht mit ihrer Behauptung: „Keine Kraft ohne Stoff, kein Stoff ohne Kraft". Diese beiden sind während der ganzen Lebensperiode eines Universums in unlösbarer Ehe miteinander verbunden und niemand kann sie auseinanderreißen. Materie ist Form, und es gibt keine Form, die nicht Ausdruck eines Lebens wäre; Geist ist Leben, und es gibt kein Leben, das nicht durch eine Form begrenzt wäre. Sogar der Logos, der erhabene Herr des Universums, hat während der Dauer seiner Offenbarung eine Form, eben dieses sein Universum; und so geht es herab bis zum Atom.

Diese Involution des Lebens des Logos, das ist sein Herabtauchen als die jedes Teilchen beseelende Kraft, und seine stufenweise Einhüllung in den Geist-Stoff jeder einzelnen Ebene sind die beiden Tatsachen, welche die Entwicklung sichern. Sie bewirken, daß die Bausteine jeder Ebene alle Möglichkeiten der Form und Kraft sämtlicher höherer Ebenen neben jenen ihrer eigenen Ebene in einem verdeckten, latenten Zustande in sich tragen, und verleihen auch den allerniedrigsten Stoffteilchen jene verborgenen Anlagen, welche sie, sobald sie zu wirkenden Kräften geworden sind, befähigen, in die Formen der höchsten Wesen einzugehen. In der Tat, man könnte die Entwicklung treffend mit einem einzigen Satze definieren: sie ist die Entfaltung schlummernder Anlagen zu wirkenden Kräften.

Die zweite große Entwicklungswoge, die Entwicklung der Formen, sowie die dritte große Woge, die Entwicklung des Selbstbewußtseins, werden später behandelt werden. Es sind dies die drei Entwicklungsströme, die man auf der Erde im Zusammenhang mit der Menschheit unterscheiden kann: die Herstellung des Materials, der Aufbau des Hauses und das Wachstum des Bewohners dieses Hauses — oder, wie oben beschrieben, die Entwicklung des Geist-Stoffes, die Entwicklung der Formen und die Entwicklung des Selbstbewußtseins. Wer diesen Gedanken fassen und festhalten kann, wird in ihm einen hilfreichen Führer durch das Labyrinth der Tatsachen gewinnen.

*

Wir können uns jetzt einer eingehenderen Untersuchung der physischen Ebene zuwenden, zu welcher unsere Welt und unsere Körper gehören.

Wenn wir die Stoffe dieser Ebene untersuchen, so fällt uns deren ungeheure Mannigfaltigkeit auf, die zahllosen Verschiedenheiten der Dinge um uns, der Minerale, Pflanzen und Tiere, die alle in ihrem Aufbau verschieden sind. Der Stoff, aus dem sie bestehen, ist hart oder weich, durchsichtig oder undurchsichtig, spröde oder biegsam, bitter oder süß, erfreulich oder ekelerregend, farbig oder farblos. Aus dieser Wirrnis ragen drei Unterteilungen des Stoffes als grundlegende Einteilung hervor: nämlich Stoff in festem, flüssigem und gasförmigem Zustand. Weitere Untersuchungen zeigen, daß diese festen Stoffe, Flüssigkeiten und Gase aus Verbindungen viel einfacherer Stoffe bestehen, die von den Chemikern „Elemente“ genannt werden, und daß diese Elemente sowohl in festem, als auch in flüssigem oder gasförmigem Zustand vorkommen können, ohne ihre Natur zu ändern. So ist z. B. das chemische Atom Sauerstoff ein Bestandteil des Holzes. Es bildet in Verbindung mit anderen Elementen die feste Holzfaser, es ist ferner zusammen mit einem anderen Element, mit dem es eine flüssige Verbindung, genannt Wasser, eingeht, im Saft des Holzes enthalten, und schließlich existiert es in ihm auch für sich allein als Gas. In allen diesen drei Zuständen aber ist und bleibt es Sauerstoff. Ferner kann reiner Sauerstoff aus dem gasförmigen in den flüssigen Zustand versetzt werden sowie aus dem flüssigen in den festen, und trotzdem bleibt er immer reiner Sauerstoff. Dasselbe gilt für andere Elemente. Wir erhalten auf diese Weise drei Unterabteilungen oder Zustände der physischen Materie, die wir als fest, flüssig und gasförmig bezeichnen.

Forschen wir weiter, so entdecken wir einen vierten Zustand, den ätherischen, und eine genauere Untersuchung enthüllt uns, daß dieser Äther in vier Zuständen vorkommt, die ebenso bestimmt voneinander unterscheidbar sind, wie der feste, flüssige und gasförmige Zustand. Nehmen wir wieder Sauerstoff als Beispiel: Wie er aus dem gasförmigen in den flüssigen und in den festen Zustand herabgeführt werden kann, so kann er auch aus dem gasförmigen Zustand in die vier höheren ätherischen Zustände hinaufgehoben werden, deren höchster aus den physischen Grundatomen besteht; wenn diese sich auflösen, wird die Materie aus der physischen Ebene vollständig herausgehoben und in die nächsthöhere Ebene hinübergeführt[6]. Das physische Grundatom weist bei allen chemischen Elementen die gleiche Struktur auf, und die Verschiedenheit der „Elemente“ beruht bloß auf der verschiedenen Art, in der sich die Grundatome miteinander verbinden.

Demnach ist die siebente Unterabteilung des physischen Geist-Stoffes aus gleichartigen Einzelatomen zusammengesetzt; die sechste besteht aus einfachen, ungleichartigen Verbindungen dieser Atome, wobei jede dieser Verbindungen sich als selbständige Einheit verhält; die fünfte Unterabteilung besteht aus zusammengesetzteren

[6] In die astrale Ebene (Anm. d. Ü.).

Verbindungen und die vierte aus noch komplizierter aufgebauten; in jedem Falle aber wirken diese Atomverbindungen als unabhängige Einheiten. Die dritte Unterabteilung besteht aus noch komplizierteren Verbindungen, die von den Chemikern als in gasförmigem Zustande befindliche Atome von „Elementen“ bezeichnet werden. In dieser Unterabteilung haben viele dieser Verbindungen besondere Benennungen erhalten, wie Sauerstoff, Wasserstoff, Stickstoff, Chlor usw., und jede neu entdeckte Verbindung erhält ihren eigenen Namen. Die zweite Unterabteilung besteht aus Verbindungen in flüssigem Zustande, manche davon werden als Elemente betrachtet, wie z. B. Brom, manche als Verbindungen von Elementen, wie Wasser oder Alkohol. Die erste Unterabteilung besteht aus allen festen Stoffen, von denen wieder etliche als Elemente bezeichnet werden, wie Jod, Gold, Blei usw., die anderen als Verbindungen von solchen, wie Holz, Stein, Kreide usw.

Die physische Ebene kann dem Forscher als Beispiel dienen, und er kann sich danach in analoger Weise eine Vorstellung von den Unterabteilungen des Geist-Stoffes in den anderen Ebenen machen.

Wenn der Theosoph von einer „Ebene“ spricht, so versteht er darunter eine Region, die von Geist-Stoff erfüllt ist, dessen Verbindungen sich alle aus einer bestimmten, besonderen Art von Atomen gebildet haben. Diese Atome wieder sind Einheiten, die gleich organisiert sind; ihr Leben ist das Leben des Logos, das je nach der Ebene, zu der sie gehören, in weniger oder mehr Hüllen gekleidet ist, und ihre Form besteht aus der untersten (nach der physischen Analogie also der „festen“) Unterabteilung des Stoffes der nächsthöheren Ebene. Eine Ebene ist demnach sowohl eine Abteilung der Natur, als auch ein metaphysischer Begriff.

Wir haben bisher die Ergebnisse der Entwicklung des Geist-Stoffes in unserer physischen Welt verfolgt — in unserer Abteilung, der ersten oder untersten Ebene unseres Sonnensystems. Durch ungezählte Zeitalter hindurch ist der Prozeß der Bildung von Stoffen vor sich gegangen, der Strom der Entwicklung des Geist-Stoffes, und in den Stoffarten unserer Erde sehen wir sein gegenwärtiges Ergebnis. Wenn wir nun mit dem Studium der Bewohner der physischen Ebene beginnen, kommen wir zur Entwicklung der Formen, d. h. zum Aufbau von Organismen aus diesen Stoffen.

*

Als die Entwicklung der Stoffe genügend weit vorgeschritten war, gab die vom Logos ausgehende zweite große Lebenswoge den Anstoß zur Entwicklung der Formen, und ER wurde die bildende und ordnende Kraft[7] seines Universums, wobei zahllose Scharen von Wesenheiten, Bildner[8] genannt, an dem Aufbau der Formen aus den Verbindungen des Geist-Stoffes teilnahmen. Das in jeder einzelnen Form wohnende Leben des Logos ist ihre leitende Zentralenergie.

Dieses Bilden von Formen auf den höheren Ebenen näher zu untersuchen, ist in diesem Rahmen unmöglich; es muß genügen, zu sagen, daß alle Formen im Denken des Logos als Ideen vorhanden sind, und daß diese in der zweiten Lebenswoge nach außen projiziert wurden, um den Bildnern als Modelle zu dienen. Auf der dritten und zweiten Ebene sind die ersten Verbindungen des Geist-Stoffes dazu bestimmt, ihm die Fähigkeit zu geben, Formen anzunehmen, die so aufgebaut sind, daß sie als Einheiten zu wirken vermögen, um allmählich immer mehr Beständigkeit in organischer[9] Form zu erreichen. Dieser Prozeß ging auf der dritten und zweiten Ebene in den sogenannten Elementalreichen vor sich. Die in diesen Elementalreichen gebildeten Stoffverbindungen werden gewöhnlich „Elementalessenz" genannt — eine Substanz, die durch Anhäufung von Teilchen zu Formen gestaltet wird, welche während einer gewissen Zeit bestehen und dann wieder zerfallen. Das ausgeströmte Leben[10] entwickelte sich durch diese Elementalreiche hindurch und erreichte zur vorbestimmten Zeit die physische Ebene, wo es damit begann, die verschiedenen Ätherarten zusammenzuziehen und in

---

[7] Als Atma-Buddhi, unteilbar im Wirken, und daher „Monade" genannt; in allen Formen ist Atma-Buddhi das lenkende Leben. — (Hinsichtlich des Ausdruckes „Monade" muß hier allerdings bemerkt werden, daß diese Bezeichnung in späteren theosophischen Werken stets auf die aus der Ausgießung der dritten großen Lebenswoge des Logos hervorgegangene „menschliche Monade" beschränkt wird, also auf jene göttlichen Geistesfunken, die sich als Atma-Buddhi-Manas, als menschliche Egos manifestieren. — Annie Besant hat daher in einem Anhang zur zweiten Auflage des vorliegenden Buches die Anweisung gegeben, das Wort „Monade" an allen Stellen, an denen es in anderem Sinne gebraucht wird, durch die Bezeichnung „zweite Lebenswoge", „Leben des Zweiten Logos" oder ähnliche Bezeichnungen zu ersetzen. Diese Anweisung wird auch in der vorliegenden Übersetzung befolgt und jeweils nur durch Anmerkungen auf den ursprünglichen Originaltext hingewiesen. — D. Ü.)

[8] Einige von diesen sind hohe geistige Wesenheiten, doch gilt der Name auch für die am Baue mitwirkenden Naturgeister; dieser Gegenstand wird näher im Kapitel XII behandelt.

[9] „Organisch" ist hier nicht in dem Sinne gebraucht, in welchem es die Biologie im Gegensatz zum „Anorganischen" verwendet. Vom okkulten Standpunkt aus betrachtet, sind auch die Minerale organische Formen. D. Ü.

[10] Im Original: „die Monade".

hauchartigen Gestalten festzuhalten, in denen die Lebensströme hin und her flossen und in die dann dichtere Stoffe eingebaut wurden, wodurch sich die ersten Minerale bildeten. In diesen treten, wie aus jedem Lehrbuch der Kristallographie zu ersehen ist, wunderschön in zahlenmäßiger und geometrischer Ordnung die Linien hervor, nach denen die Formen aufgebaut sind. Daraus kann eine Fülle von Beweisen gezogen werden, daß auch in allen Mineralen Leben am Werke ist, wenn auch sehr „eingekerkert und gefesselt". Die Ermüdungserscheinungen, denen Metalle unterworfen sind, bilden einen weiteren Beweis dafür, daß sie lebende Wesen sind. Doch mag hier der Hinweis genügen, daß die okkulte Lehre sie als Lebewesen betrachtet, weil sie die oben beschriebenen Vorgänge kennt, durch welche das Leben in sie eingehüllt wurde.

Nachdem in vielen Mineralen große Formbeständigkeit erreicht worden war, arbeitete das sich entfaltende Leben[11] im Pflanzenreich größere Geschmeidigkeit der Formen aus, bei dennoch dauerhaftem Aufbau. Diese Merkmale fanden in der Tierwelt einen noch ausgeglicheneren Ausdruck und erreichen den Höhepunkt der Ausgewogenheit im Menschen, dessen physischer Körper zwar aus Bestandteilen von schwankendstem Gleichgewicht besteht, was ihm große Anpassungsfähigkeit verleiht, der aber durch eine verbindende Zentralkraft fest zusammengehalten wird, die auch unter den wechselndsten Verhältnissen einer allgemeinen Auflösung Widerstand leistet.

Der physische Körper des Menschen hat zwei Hauptteile: den dichten Körper, der aus Bestandteilen aufgebaut ist, die den drei dichteren Schichten der physischen Ebene angehören, also aus festen, flüssigen und gasförmigen Stoffen bestehen, und den ätherischen Doppelgänger (Ätherkörper), der, violett-grau oder blaugrau gefärbt, den dichten Körper durchdringt und aus Stoff besteht, der aus den vier feineren Schichten der physischen Ebene stammt. Ganz allgemein betrachtet, besteht die Aufgabe des physischen Körpers darin, mit der physischen Welt in Berührung zu treten und die Nachrichten über diese Berührungen nach innen weiterzuleiten, damit das den Körper bewohnende bewußte Wesen aus denselben Erkenntnisse gewinnen kann. Sein ätherischer Teil hat außerdem die Aufgabe, als Mittler zu dienen, der die von der Sonne ausgestrahlten Lebensströme zur Benützung für die dichteren Teilchen umwandelt. Die Sonne ist die große Quelle der magnetischen, elektrischen und vitalen Kräfte unseres Systems, und sie sendet diese Ströme lebensspendender Energie im Überfluß aus. Sie wer-

---

[11] Im Original: „die sich entfaltende Monade".

den von den ätherischen Körpern aller Minerale, Pflanzen, Tiere und Menschen aufgenommen und von ihnen in die verschiedenen Arten von Lebensenergie umgewandelt, welche jedes einzelne Wesen benötigt[12]. Die ätherischen Doppelkörper ziehen die Sonnenkräfte in sich ein, assimilieren sie und verteilen sie über ihre physischen Gegenstücke.

Man hat beobachtet, daß bei kräftiger Gesundheit viel mehr Lebenskraft assimiliert wird, als der physische Körper zu seiner eigenen Erhaltung braucht, und daß der Überfluß ausgestrahlt und von Schwächeren aufgenommen und verwendet wird. Das, was man technisch die „Gesundheitsaura" nennt, ist derjenige Teil des Ätherkörpers, der an der ganzen Oberfläche einige Zentimeter über den dichtphysischen Körper hinausragt und nach allen Seiten strahlende Linien aussendet, ähnlich den Radien einer Kugel. Diese Linien hängen gleichsam welk herab, wenn die Lebenskraft unter das für die Gesundheit nötige Maß absinkt; bei Wiedererstarkung des Organismus nehmen sie ihren strahlenden Charakter wieder an. Solche durch seinen eigenen Ätherkörper umgewandelte Lebensenergie ist es, was der Heilmagnetiseur zur Stärkung von Schwachen und zur Heilung von Kranken ausstrahlt, wozu er allerdings auch oft Ströme noch feinerer Art beimischt. Daher stellt sich bei einem Heilmagnetiseur, der seine Arbeit übermäßig ausdehnt, Mangel an Lebenskraft und Erschöpfung ein.

*

Der Körper des Menschen ist von feinerem oder gröberem Gefüge, je nach dem Material, das er der physischen Ebene zu seiner Zusammensetzung entnimmt. Jede Unterabteilung der Materie bietet feineres und gröberes Material; man vergleiche den Körper eines Schlächters mit dem eines feingebildeten geistigen Arbeiters. Beide Körper enthalten feste Bestandteile, aber sie sind von sehr verschiedener Qualität.

Wir wissen ferner, daß ein grober Körper verfeinert und ein feiner vergröbert werden kann. Der Körper verändert sich ständig; jedes seiner Teilchen ist ein Leben für sich und diese Lebenseinheiten kommen und gehen. Sie werden von Körpern angezogen, die mit ihnen in Einklang schwingen, und abgestoßen von solchen, die mit ihnen in Mißklang sind. Alle Dinge leben in rhythmischen Schwingungen, alle suchen das Harmonische und werden von Disso-

---

[12] Diese so angeeignete Lebensenergie wird „Prana" genannt und ist der Lebensodem jedes Geschöpfes; Prana ist somit bloß ein Name für das universelle Leben, sobald es von einem Einzelwesen aufgenommen wird und dessen Sonderleben erhält.

nanzen abgestoßen. Ein reiner Körper weist grobe Teilchen zurück, weil ihre Schwingungszahlen zu den seinen nicht passen; hingegen zieht ein derber Körper sie an, weil sie im Gleichklang mit seinen eigenen Teilchen schwingen. Wenn daher ein Körper seinen Schwingungsrhythmus ändert· so stößt er nach und nach die Bestandteile aus, die sich diesem neuen Rhythmus nicht anpassen können, und füllt ihre Plätze dadurch aus, daß er aus der umgebenden Natur andere Teilchen anzieht, deren Schwingungen ihm entsprechen. Die Natur hat Stoffe in allen denkbaren Schwingungsarten vorrätig, und jeder Körper wählt daraus fortgesetzt die ihm entsprechenden aus.

In den Anfangsperioden der Bildung des menschlichen Körpers bewirkte diese Auswahl die göttliche Lebenswoge[13]; seit der Mensch aber ein selbstbewußtes Wesen geworden ist, ist er selbst Herr seiner Wohnstatt. Durch seine Gedanken schlägt er den Grundton seiner Musik an und erzeugt jene Rhythmen, welche die mächtigsten Faktoren sind, durch welche die im physischen und in den anderen Körpern dauernd vor sich gehenden Veränderungen beeinflußt werden. Mit wachsendem Wissen lernt er, seinen Körper mit reiner Nahrung aufzubauen und auf diese Weise leichter stimmbar zu machen. Er lernt es, nach dem Grundsatz der Läuterung zu leben: „Reine Nahrung, reines Gemüt und dauerndes Gedenken Gottes". Als das höchste auf der physischen Ebene lebende Geschöpf ist er auf dieser gewissermaßen der Statthalter Gottes und, soweit seine Kräfte reichen, für ihren Frieden, ihre Ordnung und ihre gute Verwaltung verantwortlich. Diesen Pflichten kann er nur genügen, wenn er die oben erwähnten drei Erfordernisse beachtet.

*

Der physische Körper, der so aus Elementen zusammengesetzt ist, die allen Unterabteilungen der physischen Ebene entnommen sind, ist darum geeignet, Eindrücke jeder Art von ihr zu empfangen und auf sie zu antworten. Seine ersten Berührungen mit dieser Ebene sind von einfachster und derbster Art: in dem Maße, als das Leben im Körper auf die von außen kommenden Anreize erzittert, indem es seine Moleküle in entsprechende Schwingungen versetzt, entwickelt sich auf der ganzen Oberfläche des Körpers der Tastsinn, die Wahrnehmung von etwas Äußerem, das ihn berührt. Der Wert des Körpers als zukünftiger Mittler einer bewußten Wesenheit auf der physischen Ebene nimmt zu, sobald besondere Sinnesorgane zum Empfang besonderer Schwingungsarten entwickelt werden. Auf je mehr Eindrücke er reagieren kann, umso brauch-

[13] Im Original: „die Monade der Form".

barer wird er, denn nur jene Eindrücke, auf die er antworten kann, erreichen das Bewußtsein. Sogar heute noch gibt es zahllose Schwingungen in der Natur um uns, die uns nicht zur Kenntnis gelangen können, weil unser physischer Körper unfähig ist, sie aufzunehmen und mitzuschwingen. Unvorstellbare Schönheiten, erlesene Klänge, hauchzarte Regungen berühren die Mauern unseres Gefängnisses und entschwinden wieder, ohne daß wir ihrer gewahr werden. Noch ist der vollkommene Körper nicht entwickelt, der auf jede Regung der Natur anklingt, wie die Äolsharfe auf den Zephir.

Die Schwingungen, die der Körper aufzunehmen fähig ist, überträgt er auf physische Zentren, die zu seinem sehr komplizierten Nervensystem gehören. Die Ätherschwingungen, welche alle Schwingungen der dichteren physischen Bestandteile begleiten, werden in ähnlicher Weise vom Ätherkörper aufgenommen und seinen entsprechenden Zentren vermittelt. Die meisten Schwingungen der dichten Materie werden in chemische Energie, Wärme und andere Arten physischer Energie umgewandelt, während die Ätherschwingungen elektrische und magnetische Wirkungen hervorrufen und sich auf den Astralkörper fortpflanzen, von wo aus sie, wie wir später sehen werden, den Intellekt erreichen. Auf diese Weise gelangen Berichte über die äußere Welt zu dem im Körper thronenden bewußten Wesen, zum Herrn des Körpers, wie es manchmal genannt wird. In dem Maße, in dem diese Kanäle der Berichterstattung entwickelt und benützt werden, wächst das bewußte Wesen mit Hilfe des Materiales, welches durch sie seinem Denken geliefert wird. Doch ist der Mensch heute noch so wenig entwickelt, daß nicht einmal sein Ätherkörper harmonisch genug ausgebildet ist, um ihm Eindrücke, die er unabhängig von seinem dichteren Kameraden empfängt, regelmäßig übermitteln beziehungsweise seinem Gehirn einprägen zu können. Wenn ihm dies gelegentlich glückt, so haben wir die niederste Form des Hellsehens vor uns, das Schauen der ätherischen Gegenstücke physischer Gegenstände und das Wahrnehmen von Dingen, die als dichtestes Kleid ätherische Körper tragen.

Der Mensch wohnt, wie wir sehen werden, in verschiedenen Hüllen, physischen, astralen und mentalen, und es ist wichtig zu wissen und in Erinnerung zu behalten, daß mit Rücksicht darauf, daß wir uns von unten aufwärts entwickeln, das niederste dieser Werkzeuge, das dichtphysische, das erste ist, welches vom Bewußtsein beherrscht und der Vernunft unterworfen wird. Das physische Gehirn ist das Werkzeug des Bewußtseins im Wachzustand auf der physischen Ebene, und in ihm arbeitet beim unentwickelten Menschen das Bewußtsein wirksamer als in jedem anderen seiner Werkzeuge. Die entwickelbaren Anlagen des physischen Körpers sind geringer als jene der feineren Hüllen, seine im gegenwärtigen Zeitpunkt tatsächlich wirksamen Kräfte aber sind größer. Der Mensch lernt sich als „Ich" zuerst in seinem physischen Körper kennen, ehe er sich in anderen Bereichen findet. Zu beachten ist, daß er auch dann, wenn er höher entwickelt ist, hier unten nur so viel von sich zeigen kann, als der physische Organismus zuläßt, denn das Bewußtsein kann auf der physischen Ebene nur so viel von sich offenbaren, als der physische Körper auszudrücken vermag.

Der dichte und der ätherische Körper sind während des Erdenlebens nicht getrennt; sie wirken normalerweise gemeinsam, wie die tieferen und höheren Saiten eines Instrumentes, wenn ein Akkord angeschlagen wird, aber sie haben auch ihre getrennten, wenngleich aufeinander abgestimmten Tätigkeitsbereiche. Bei schwacher Gesundheit oder nervöser Erregung kann der Ätherkörper weitgehend aus seinem dichten Gegenstück herausgetrieben werden; das letztere ist dann in einem Zustande starker Benommenheit oder gar der Bewußtlosigkeit, je nachdem, ob mehr oder weniger Ätherstoff aus ihm herausgezogen wird. Anästhetische Mittel drängen den größten Teil des Ätherkörpers aus dem dichtphysischen Körper heraus, sodaß das Bewußtsein den dichten Körper nicht beeinflussen und auch von ihm nicht erregt werden kann, weil die Verbindungsbrücke abgebrochen ist. Bei den abnorm veranlagten Personen, die Medien genannt werden, tritt eine solche Lösung des dichtphysischen Körpers vom ätherischen Doppelgänger sehr leicht ein und der letztere liefert, wenn er ausgetreten ist, den größten Teil der physikalischen Grundlagen für „Materialisationen".

Wenn das Bewußtsein den physischen Körper, den es während des Wachzustandes benützt, im Schlafe verläßt, bleiben der dichte und der ätherische Körper beisammen, sie betätigen sich aber im physischen Traumleben bis zu einem gewissen Grade unabhängig voneinander. Eindrücke, die im Wachzustand empfangen wurden, werden von den beiden Körpern automatisch reproduziert, und sowohl das physische als auch das ätherische Gehirn wird mit zusammenhanglosen bruchstückartigen Bildern erfüllt; die Schwingungen verdrängen einander gleichsam wechselseitig und verursachen groteske Kombinationen. Von außen kommende Schwingungen beeinflussen ebenfalls beide Gehirne, und Gedankenverbindungen, die während des Wachzustandes oft benützt werden, werden durch Strömungen ähnlicher Natur in der Astralwelt leicht wieder in Gang gesetzt. Die Lauterkeit oder Unlauterkeit der Gedanken, die im Wachzustande gebildet werden, beherrscht weitgehend auch die Bilder, die im Traume aufsteigen, gleichgültig ob sie eigenen Impulsen entstammen oder durch äußere Einflüsse entstehen.

Beim sogenannten Tode wird der Ätherkörper durch das entweichende Bewußtsein von seinem dichten Gegenstück getrennt; das magnetische Band, das sie während des Erdenlebens verbunden hat, wird entzweigerissen, und für die Dauer einiger Stunden bleibt das Bewußtsein in das ätherische Gewand gehüllt. In diesem erscheint es zuweilen Menschen, mit denen es enge verbunden ist, als wolkige Gestalt, nur sehr dumpf bewußt und stumm — ein Gespenst. Nachdem die bewußte Wesenheit das Äthergewand verlassen hat, kann es auch über dem Grabe schwebend gesehen werden, in dem sein dichteres Gegenstück ruht. Mit der Zeit löst es sich langsam auf.

Wenn die Zeit für die Wiederverkörperung herannaht, wird der Ätherkörper vor dem dichten Körper geschaffen; der letztere bildet sich dann in seiner vorgeburtlichen Entwicklung genau nach dem ätherischen Modell. Man kann sagen, daß durch diese beiden Körper die Grenzen festgelegt sind, innerhalb welcher die bewußte Wesenheit während ihres Erdenlebens zu leben und zu wirken haben wird; dieser Gegenstand wird im Kapitel IX über „Karma“ ausführlicher erläutert werden.

II. KAPITEL

DIE ASTRALEBENE

Die Astralebene ist die der physischen Ebene nächstliegende Region des Universums, wenn das Wort „nächstliegend“ in diesem Zusammenhange überhaupt gebraucht werden darf. Das Leben ist auf dieser Ebene aktiver als auf der physischen und die Formen sind leichter bildsam. Der Geist-Stoff dieser Ebene ist feiner und stärker von Leben durchdrungen, als irgendeine Art desselben auf der physischen Ebene. Denn das physische Grundatom, der Baustein des feinsten physischen Äthers, besitzt, wie wir gesehen haben, als kugelförmige Hülle zahllose Zusammenballungen der gröbsten Astralmaterie.

Das Wort „nächstliegend“ ist allerdings deshalb ungeeignet, weil es die Vorstellung erweckt, daß die Ebenen des Universums in konzentrischen Ringen angeordnet seien, von denen der eine endet, wo der nächste anfängt, während es sich in Wirklichkeit um konzentrische Sphären handelt, die einander durchdringen und die nicht räumlich, sondern nur durch ihre verschiedene Beschaffenheit von einander getrennt sind. Wie die Luft das Wasser, wie der Äther den dichtesten physischen Körper durchdringt, so durchdringt die astrale Materie alles Physische. Die astrale Welt ist über uns, unter uns, umgibt uns von allen Seiten und durchdringt uns. Wir leben und bewegen uns in ihr, aber sie ist für uns ungreifbar, unsichtbar, unhörbar, unwahrnehmbar, weil uns das Gefängnis des physischen Körpers von ihr abschließt, weil die physischen Teilchen zu grob sind, um von Astralmaterie in Schwingung versetzt werden zu können.

In diesem Kapitel werden wir die Astralebene vom allgemeinen Gesichtspunkt aus betrachten, die besonderen Bedingungen des Lebens auf dieser Ebene aber, welche die menschlichen Wesenheiten umgeben, die sie auf ihrem Wege von der Erde zum Himmel[1] durchschreiten, einer späteren Erörterung vorbehalten.

---

[1] Der theosophische Ausdruck für Himmel ist „Devachan“, der glückliche oder lichte Zustand; die Bezeichnung für die Zustände im Zwischenleben auf der Astralebene ist „Kamaloka“, der Ort des Verlangens.

Der Geist-Stoff der Astralebene besteht ebenso wie jener der physischen aus sieben Unterabteilungen. Dort wie hier gibt es zahllose Verbindungen, welche die astralen festen Stoffe, Flüssigkeiten, Gase und Ätherarten bilden. Aber die meisten materiellen Formen besitzen dort im Vergleich zu unseren physischen eine besondere Helligkeit und Durchsichtigkeit; dies ist der Grund, weshalb man ihnen die Bezeichnung „astral", d. h. sternartig, beilegte — eine Bezeichnung, die zwar irreführend ist, aber nicht mehr abgeschafft werden kann, weil sie sich im Sprachgebrauch schon zu sehr eingebürgert hat. Da es für die Unterabteilungen des astralen Geist-Stoffes keine besonderen Bezeichnungen gibt, müssen wir uns mit den irdischen Bezeichnungen helfen. Das Wichtigste, worüber wir uns klar sein müssen, ist, daß astrale Gegenstände ebenso Verbindungen von astraler Materie sind, wie physische Gegenstände Verbindungen von physischer Materie, und daß die astrale Landschaft jener unserer Erde sehr ähnlich ist, weil sie größtenteils aus den astralen Gegenstücken physischer Dinge besteht. Eine Eigenschaft aber fesselt und verwirrt den ungeübten Beobachter: teils infolge der durchscheinenden Gestalt der astralen Dinge und teils infolge der besonderen Art der astralen Schau (das Bewußtsein ist durch die feinere Astralmaterie weniger behindert als durch den Käfig des physischen Stoffes) ist dort alles durchsichtig, die Rückseite ist ebenso sichtbar wie die Vorderseite, das Innere ebenso wie das Äußere. Es ist daher einige Erfahrung erforderlich, ehe man die Dinge richtig sehen lernt, und jemand, der zwar astrales Sehvermögen entwickelt, aber noch wenig Erfahrung in dessen Gebrauch hat, wird leicht die verkehrtesten Eindrücke gewinnen und in die erstaunlichsten Irrtümer verfallen.

Eine weitere, überraschende und im ersten Augenblick verwirrende Eigentümlichkeit der Astralwelt ist die Raschheit, mit der dort Gebilde — besonders wenn sie mit keinem irdischen Gegenstück in Verbindung stehen — ihre Gestalt ändern. Ein astrales Wesen kann seine ganze Erscheinung mit erstaunlicher Geschwindigkeit ändern, denn der astrale Stoff folgt jedem Gedankenimpuls, das Leben bildet dort, um jeweils neuen Ausdruck zu finden, seine Form ohne Schwierigkeit im Augenblick um.

Als die große Lebenswelle der Formentwicklung herabsteigend die Astralwelt durchquerte und auf dieser das sogenannte dritte Elementalreich[2] ausbildete, zog sie[3] Verbindungen von Astralstoff an

---

[2] Das sogenannte erste Elementalreich ist in den höheren Abteilungen, das zweite in den niederen Abteilungen der Mentalebene ausgebildet; näheres hierüber ist im IV. Kapitel zu finden. D. Ü.

[3] Im Original: „die Monade".

sich und verlieh diesen Verbindungen, Elementalessenz genannt, eine besondere Lebendigkeit sowie die Eigentümlichkeit, auf den Impuls von Gedankenschwingungen zu reagieren und sofort ihnen entsprechende Formen anzunehmen. Diese Elementalessenz existiert in Hunderten von Abarten auf jeder Unterabteilung der Astralebene, und es sieht aus, als ob die Luft hier sichtbar geworden wäre — ähnlich wie man sie im Physischen bei großer Hitze flimmern sehen kann — und als ob sie mit perlmutterartig wechselndem Farbenspiel sich ständig in wellenförmiger Bewegung befände. Diese ausgedehnte Atmosphäre von Elementalessenz reagiert stets auf alle von Gedanken, Gefühlen und Wünschen ausgehenden Schwingungen und wird durch jeden solchen Anstoß in heftige Bewegung versetzt, gleich den Blasen in siedendem Wasser[4]. Die Dauerhaftigkeit der dadurch zur Entstehung gebrachten Formen hängt von der Stärke der Impulse ab, denen sie ihre Gestaltung verdanken, die Schärfe ihrer Umrisse von der Bestimmtheit der Gedanken und ihre Farbe von der Art derselben, also davon, ob sie intellektuell, fromm oder leidenschaftlich waren.

Die unklaren, nachlässigen Gedanken, welche der unentwickelte menschliche Intellekt beinahe ständig erzeugt, sammeln, wenn sie in die Astralwelt gelangen, lockere Wolken von Elementalessenz um sich und treiben umher, bald hierhin, bald dorthin zu anderen Wolken ähnlicher Art hingezogen; sie hängen sich an die Astralkörper von Personen, deren guter oder schlechter Magnetismus sie anzieht, und lösen sich nach einer Weile auf, um wieder ein Teil der allgemeinen Atmosphäre der Elementalessenz zu werden. Solange sie ein Sonderdasein führen, sind sie lebendige Wesen mit Körpern aus Elementalessenz und Gedanken als beseelendem Leben; man nennt sie dann künstliche Elementale oder Gedankenformen.

Klare, bestimmte Gedanken haben ihre eigenen ganz bestimmten Formen mit scharfen Umrißlinien und weisen eine große Verschiedenheit der Gestalt auf. Sie werden von Gedankenschwingungen gebildet, geradeso wie wir auf der physischen Ebene Figuren kennen, die durch Schallschwingungen entstehen. Diese „Klangfiguren" sind einwandfreie Gegenstücke zu den „Gedankenformen", denn die Natur ist bei all ihrer unendlichen Mannigfaltigkeit doch sehr konservativ in ihren Grundsätzen und arbeitet in allen ihren Reichen, Ebene für Ebene, nach denselben Methoden. Solche klar umrissene künstliche Elementale haben ein viel längeres und intensiveres Leben als ihre wolkigen Brüder und üben einen viel stärkeren Einfluß auf die Astralkörper (und durch diese auf das Den-

---

[4] Vgl. C. W. Leadbeater, „Die Astralebene", Seite 56.

ken) derjenigen aus, zu denen sie hingezogen werden. Sie erregen in ihnen Schwingungen, die ihren eigenen gleichen, und so verbreiten sich Gedanken von einem denkenden Wesen zum anderen ohne die Hilfe physischer Ausdrucksformen. Mehr noch: sie können von ihrem Urheber auf bestimmte Personen gerichtet werden, die er zu erreichen wünscht. Ihre Wirkungskraft hängt dabei von der Willensstärke und der Intensität des Denkens des Senders ab.

Bei Durchschnittsmenschen sind die Elementalformen, die durch Gefühle und Wünsche erzeugt werden, weit kräftiger und bestimmter als die durch Gedanken geschaffenen. So bildet ein Zornausbruch einen mächtigen roten Blitz von sehr bestimmtem Umriß, und lange verhaltener Groll eine gefährliche Elementalform von roter Farbe, mit Spitzen und Widerhaken versehen, oder auf andere Weise dazu angetan, zu verletzen. Liebe hingegen wird, je nach ihrer Art, Formen hervorbringen, die, mehr oder weniger schön nach Farbe und Art, alle Schattierungen von Rot zeigen, bis zu den feinsten Tönungen von Rosa, gleich den zarten Färbungen eines Sonnenunterganges oder einer Morgendämmerung, entweder wolkige oder kraftvoll schützende und doch zarte Formen. Manch einer Mutter liebevolle Gebete umschweben ihren Sohn als Schutzengel und halten böse Einflüsse von ihm ab, die von seinen eigenen Gedanken vielleicht angezogen werden.

Das Charakteristische an diesen künstlichen Elementalen ist, daß sie, wenn sie durch Willensanstrengung auf eine bestimmte Person gerichtet werden, nur von dem einen Drang beseelt sind, den Willen ihres Schöpfers auszuführen. Ein schützendes Elemental wird seinen Schützling umschweben und jede Gelegenheit wahrnehmen, um Übles von ihm fernzuhalten oder Gutes anzuziehen, nicht bewußt, sondern aus blindem Drang, als folge es dabei der Linie geringsten Widerstandes. Ebenso wird ein von einem übelwollenden Gedanken beseeltes Elemental sein Opfer umlauern und eine Gelegenheit suchen, ihm zu schaden. Doch kann weder das eine noch das andere Elemental etwas ausrichten, wenn nicht im Astralkörper des Betroffenen etwas ihm Verwandtes vorhanden ist, etwas, das mit seinen Schwingungen mitschwingt und es ihm dadurch ermöglicht, sich festzusetzen. Finden die Elementale aber keine ihnen verwandte Materie in dem betreffenden Menschen, dann prallen sie, einem Naturgesetz folgend, von ihm ab und kehren auf demselben Wege, den sie gekommen sind, längs der magnetischen Spur, die sie hinterlassen haben, mit einer Kraft, die derjenigen ihrer Aussendung entspricht, zu ihrem Schöpfer zurück. So sind Fälle bekannt, daß ein Gedanke tödlichen Hasses, welcher der Person, auf die er geschleudert worden war, nichts anhaben konnte, seinen Urheber getötet hat, während gute Gedanken, Unwürdigen zugedacht, als Segnung zu dem zurückkehren, der sie aussandte.

So kann schon eine geringe Kenntnis der astralen Welt als mächtiger Ansporn für rechtes Denken wirken und uns das Gewicht der Verantwortung bewußt werden lassen, welche uns für die Gedanken, Gefühle und Wünsche trifft, die wir ins Astralreich hinausschicken. Nur allzuviele Gedanken, mit denen die Menschen die Astralwelt bevölkern, sind gierige Raubtiere, die ihre Beute zerreißen und verschlingen möchten. Doch die Menschen sündigen aus Unwissenheit, denn sie wissen nicht, was sie tun. Es ist einer der Zwecke der theosophischen Lehrtätigkeit, die den Schleier vor den unsichtbaren Welten teilweise lüftet, den Menschen eine vernünftigere Grundlage für die Einrichtung ihres Verhaltens zu geben und ihnen eine bessere Würdigung von Ursachen zu ermöglichen, von denen in der physischen Welt nur die Auswirkungen sichtbar werden. Und wenige unter diesen Lehren sind in ihrer ethischen Tragweite wichtiger als diese von der Schaffung und Aussendung von Gedankenformen oder künstlichen Elementalen, denn durch sie erfährt der Mensch, daß die Beschaffenheit seiner Seele nicht nur ihn allein angeht, daß seine Gedanken nicht nur auf ihn allein einwirken, sondern daß er beständig Engel oder Teufel in die Welt der Menschen hinaussendet, für deren Erschaffung er verantwortlich ist und für deren Einfluß er zur Rechenschaft gezogen werden wird.

Betrachtet man die künstlichen Elementale nicht einzeln, sondern in ihrer Gesamtheit, dann kann man leicht erkennen, welch ungeheure Wirkung sie auf das Entstehen von National- und Rassengefühl haben und dadurch das Denken mit Vorurteilen erfüllen. Wir alle wachsen in einer Atmosphäre auf, die von Elementalen bevölkert ist, welche bestimmte Vorstellungen verkörpern: nationale Vorurteile, nationale Anschauungen über alle möglichen Fragen, nationale Eigenheiten und Gewohnheiten im Denken und Fühlen; sie alle wirken von Geburt an, ja schon früher, auf uns ein, wir sehen alles durch diese Atmosphäre, jeder Gedanke wird durch sie mehr oder weniger verändert und unsere eigenen Astralkörper schwingen im Einklange mit ihr. Daher wird ein und derselbe Gedanke einem Hindu ganz anders erscheinen als einem Engländer, Spanier oder Russen. Auffassungen, die dem einen leicht fallen, werden dem anderen geradezu unmöglich erscheinen; Gebräuche, von denen der eine sich instinktiv angezogen fühlt, werden den andern ebenso instinktiv abstoßen. Wir alle werden von unserer nationalen Atmosphäre, d. h. von dem uns unmittelbar umgebenden Teil der Astralwelt beherrscht. Die meist in gleicher Form wiederholten Gedanken der anderen wirken auf uns ein und erregen in uns Schwingungen gleicher Art. Sie stärken die Gedanken, in denen wir mit unserer Umgebung übereinstimmen, und machen bestehende Unterschiede schwächer. Diese ununterbrochene Einwirkung auf unsere Astralkörper drückt uns den nationalen Stempel auf und bahnt Stromwege, in welche die mentalen Kräfte bereitwillig einfließen. Im Schlafen und im Wachen umspielen uns diese Strömungen und gerade unsere Unkenntnis dieser Vorgänge macht sie umso wirksamer. Da die meisten Menschen eher passiv sind und wenig eigene Initiative haben, wiederholen sie fast automatisch die Gedanken, welche sie treffen, ein Vorgang, durch den die nationale Atmosphäre fortwährend verstärkt wird.

Wenn jemand anfängt, für astrale Einflüsse sensitiv zu werden, so wird er sich manchmal plötzlich von einer ganz unerklärlichen und scheinbar vernunftwidrigen Angst ergriffen und überwältigt fühlen, welche ihn mit lähmender Gewalt übermannt. Auch wenn er dagegen ankämpft und ärgerlich darüber ist, bleibt das Gefühl doch bestehen. Es gibt wohl wenige Menschen, die eine solche Furcht noch nie wenigstens in gewissem Grade erlebt hätten — dieses unheimliche Grauen vor einem unsichtbaren Etwas, das Gefühl einer unheimlichen Gegenwart, das Gefühl, „nicht allein zu sein". Dies ist teilweise einer gewissen Feindseligkeit zuzuschreiben, welche die Elementalwelt der Natur gegen die Menschenwelt erfüllt, infolge der mannigfachen zerstörenden Eingriffe, welche die Menschen auf der physischen Ebene ersinnen, und welche Rückwirkungen auf die Astralebene haben. Es beruht aber auch in weitem Maße auf der Gegenwart so vieler künstlicher Elementale, die das Ergebnis menschlicher Gedankentätigkeit sind. Gedanken des Hasses, der Eifersucht, der Rachgier, der Bitterkeit, des Mißtrauens und der Unzufriedenheit strömen zu Millionen hinaus und bevölkern die Astralebene mit künstlichen Wesenheiten, deren ganzes Leben aus diesen Gefühlen besteht. Wieviel unbestimmter Verdacht und Argwohn wird von Unwissenden ausgeströmt gegen alle, deren Tun und Aussehen ihnen fremd und ungewohnt erscheint. Das blinde Mißtrauen gegen alle Fremden, die Verachtung, welche in manchen Gegenden selbst den Bewohnern anderer Bezirke entgegengebracht wird — auch diese vermehren die üblen Einflüsse in der Astralwelt. Da es so viel von diesen Gefühlen unter den Menschen gibt, erschaffen wir auf der Astralebene ein blindwütiges Heer, und die Wirkung davon auf unsere eigenen Astralkörper ist das Gefühl der Furcht, erweckt durch die feindseligen Schwingungen, die wir wohl empfinden, aber nicht verstehen können.

*

Von diesen künstlichen Elementalen abgesehen, ist die Astralwelt auch sonst noch dicht bevölkert, auch wenn wir einstweilen von der großen Zahl menschlicher Wesen absehen, die ihren physischen Körper durch den Tod verloren haben[5]. Es gibt dort große Scharen von natürlichen Elementalen oder Naturgeistern, die in fünf Hauptklassen eingeteilt werden können: in die Elementale des Äthers, des Feuers, der Luft, des Wassers und der Erde. Die letzten vier Gruppen wurden im mittelalterlichen Okkultismus Salamander, Sylphen, Undinen und Gnomen genannt. Es gibt noch zwei weitere Gruppen, welche die Siebenzahl vervollständigen, mit denen wir uns aber hier nicht zu befassen brauchen, weil sie noch nicht in Erscheinung getreten sind.

Die erwähnten fünf Gruppen sind die eigentlichen Elementalwesen oder Geschöpfe der Elemente Erde, Wasser, Luft, Feuer und Äther, und jede derselben ist mit der Durchführung der ihrem besonderen Element zukommenden Aufgaben befaßt. Sie sind die Stromwege, durch welche die göttlichen Energien in diesen besonderen Arbeitsbereichen wirken, der lebendige Ausdruck des in jedem waltenden Gesetzes. An der Spitze jeder Abteilung steht ein großes Wesen, der Anführer einer mächtigen Heerschar[6], die leitende Intelligenz des ganzen Naturbereiches, der durch die unter seiner Herrschaft stehende Gruppe von Elementalwesen verwaltet und belebt wird. So ist Agni, der Feuergott, eine große geistige Wesenheit, betraut mit der Offenbarung des Feuers auf allen Ebenen des Universums, und er waltet seines Amtes mit Hilfe des großen Heeres der Feuerelementale.

Durch Verständnis für die Natur dieser Wesen oder durch Kenntnis der Methoden, welche Gewalt über sie verleihen, werden die sogenannten Wunder der magischen Kunststücke gewirkt, über welche die Presse von Zeit zu Zeit berichtet, gleichgültig ob es sich dabei eingestandenermaßen um das Ergebnis magischer Künste handelt oder ob sie angeblich mit Hilfe von „Geistern" zustandekommen — wie dies bei dem verstorbenen Mr. Home der Fall war, der unbekümmert eine rotglühende Kohle mit den Fingern aus einem flackernden Feuer nehmen und ohne Schaden in der Hand halten konnte. Auch Levitationen (d. i. das Schweben eines schweren Körpers in der Luft ohne sichtbare Stütze) und Wandeln auf

---

[5] Diese Gruppe wird im III. Kapitel, „Kamaloka", näher behandelt. D. Ü.

[6] Von den Hindus als „Deva" oder „Gott" bezeichnet. Der Leser wird vielleicht die Sanskritbezeichnungen der fünf Götter der geoffenbarten Elemente kennen wollen: Indra, der Herr des Akasha oder Raumäthers; Agni, der Herr des Feuers; Pavana, der Herr der Luft; Varuna, der Herr des Wassers; Kshiti, der Herr der Erde.

dem Wasser sind mit Hilfe der betreffenden Elementale der Luft und des Wassers ausgeführt worden, wenngleich für diese Dinge öfter eine andere Methode zur Anwendung gelangt. Da die Elemente auch in den menschlichen Körper eintreten, wobei je nach dem Typus der betreffenden Person das eine oder das andere vorherrscht, hat jedes menschliche Wesen Beziehungen zu diesen Elementalen. Am freundlichsten werden sich dabei diejenigen erweisen, deren Element in der Person überwiegt. Die Wirkungen dieser Tatsache werden oft bemerkt und dem „Glück" zugeschrieben. So hat jemand z. B. eine „glückliche Hand" zum Betreuen von Pflanzen, zum Feuermachen, zum Auffinden unterirdischen Wassers und dergleichen mehr. Die Natur stößt uns geradezu immer wieder mit ihren verborgenen Kräften, wir aber zögern, ihren Winken Folge zu leisten. Die Überlieferung verbirgt manchmal eine Wahrheit in einem Sprichwort oder einem Märchen, doch wir fühlen uns allem derartigen „Aberglauben" längst entwachsen.

Wir finden auf der Astralebene auch Naturgeister, die sich mit dem Aufbau der Formen im Mineral-, Pflanzen-, Tier- und Menschenreich zu befassen haben und die, nicht ganz zutreffend, ebenfalls als Elementale bezeichnet werden. Es gibt Naturgeister, welche die Gesteine aufbauen, solche, welche die Lebensenergie in den Pflanzen lenken, und solche, welche die Körper der Tiere Molekül auf Molekül gestalten; neben dem Aufbau der physischen Körper befassen sie sich auch mit dem Aufbau der Astralkörper der Gesteine, Pflanzen und Tiere. Es sind dies die Feen und Elfen der Märchen, das „kleine Volk", das in den Sagen aller Nationen eine so große Rolle spielt, jene reizenden, unschuldigen Kinder der Natur, welche die Wissenschaft kaltherzig in die Kinderstube verbannt hat, welche weisere Forscher einer späteren Zeit aber wieder in den ihnen zukommenden Rang in der Naturordnung einsetzen werden. Nur Dichter und Okkultisten glauben heute noch an sie, die Dichter vermöge ihrer genialen Einfühlungsgabe, die Okkultisten auf Grund der Wahrnehmungen ihrer geschulten inneren Sinne. Die Allgemeinheit lacht über beide, vor allem über die Okkultisten; aber das ist belanglos; die Weisheit wird von ihren Kindern gerechtfertigt werden.

*

Das Spiel der Lebensströme in den ätherischen Gegenstücken der mineralischen, pflanzlichen und tierischen Formen weckte die in den atomischen und molekularen Bestandteilen ihres Gewebes eingebaute Astralmaterie aus ihrer Latenz. Sie begann in den Mineralen in sehr beschränktem Maße zu schwingen. Die Lebenswoge der

Form[7] zog, ihre Gestaltungskraft ausübend, Material aus der Astralwelt an sich, aus dem die Naturgeister eine locker gefügte Masse bildeten — den mineralischen Astralkörper. In der Pflanzenwelt sind die Astralkörper schon ein wenig besser organisiert und zeigen bereits Ansätze ihrer besonderen Eigentümlichkeit, des „Fühlens". Dämmerhafte, unbestimmte Empfindungen des Wohlbehagens oder Unbehagens können als Ergebnis der zunehmenden Tätigkeit des Astralkörpers bei den meisten Pflanzen bemerkt werden. Sie erfreuen sich in ihrem dämmernden Halbbewußtsein der Luft, des Regens und des Sonnenscheins und tasten sich ihnen entgegen, während sie vor schädlichen Verhältnissen zurückscheuen. Einige suchen das Licht, andere die Dunkelheit; sie reagieren auf Reize und passen sich den äußeren Umständen an; manche zeigen deutlich einen Tastsinn. Im Tierreich ist der Astralkörper noch besser entwickelt und erreicht bei den höheren Tierarten einen so hinreichend festen Aufbau, daß er noch einige Zeit nach dem Tode des physischen Körpers zusammenhält und ein unabhängiges Leben auf der Astralwelt zu führen vermag.

Die beim Aufbau der tierischen und menschlichen Astralkörper eingesetzten Naturgeister haben die besondere Bezeichnung „Elementale des Begehrens"[8] erhalten, weil sie intensiv von Begehren aller Art beseelt sind. Sie setzen sich fortwährend in den Astralkörpern der Tiere und Menschen fest. Sie benützen die Arten von Elementalessenz, die jener ähnlich sind, aus welcher ihre eigenen Körper bestehen, um daraus die Astralkörper der Tiere aufzubauen. Diese Körper erhalten dadurch als fest verbundene Teile Zentren der Empfindung und verschiedener leidenschaftlicher Betätigungen Diese Zentren werden durch Impulse zur Funktion angeregt, welche die dichtphysischen Organe getroffen haben und die dann von den ätherisch-physischen Organen in den Astralkörper weitergeleitet werden. Erst wenn das astrale Zentrum erreicht ist, kann das Tier Lust oder Schmerz empfinden. Ein Stein kann geschlagen werden, er fühlt keinen Schmerz; er besitzt dichte und ätherische physische Moleküle, sein Astralkörper aber ist noch nicht ausgebildet. Das Tier empfindet Schmerz, wenn es geschlagen wird, weil es astrale Empfindungszentren besitzt und weil die Elementale des Begehrens ihre eigene Natur in die seine hineinverwoben haben.

Da bei der Arbeit, welche diese Elementale beim menschlichen Astralkörper zu verrichten haben, neue Gesichtspunkte auftreten, wollen wir zuerst unseren Überblick über die Bewohner der Astral-

---

[7] Im Original: „Die Monade der Form".
[8] Sie werden „Kamadevas", „Götter des Begehrens", genannt.

ebene zu Ende bringen, ehe wir in das Studium dieser komplizierteren astralen Form eintreten.

Die Begierdenkörper[9] oder Astralkörper der Tiere führen, wie oben erwähnt, ein zwar unabhängiges, aber nur flüchtiges Dasein auf der Astralebene, nachdem der Tod ihre physischen Gegenstücke zerstört hat. In „zivilisierten" Ländern wird zu dem allgemeinen Gefühl der Feindseligkeit, von dem oben die Rede war, viel durch diese tierischen Astralkörper beigetragen, denn das organisierte Abschlachten der Tiere in den Schlachthäusern und beim Sport sendet Millionen über Millionen dieser Geschöpfe alljährlich in die Astralwelt, erfüllt von Schaudern, Schrecken und Entsetzen vor den Menschen. Die verhältnismäßig wenigen Tiere, die in Ruhe und Frieden sterben dürfen, verschwinden in den dichten Scharen der Hingeschlachteten, und durch die Gefühlsströmungen, die von diesen ausgehen, ergießen sich Einflüsse aus der Astralwelt auf Menschen und Tiere, welche die Kluft zwischen diesen beiden noch mehr erweitern und auf der einen Seite „instinktives" Mißtrauen und Angstgefühle, auf der anderen Seite aber Hang zur Grausamkeit erzeugen.

Diese Gefühle sind in den letzten Jahren durch die kalter Berechnung entspringenden Methoden der wissenschaftlichen Folterung, die Vivisektion genannt wird, noch bedeutend verstärkt worden; diese unbeschreibliche Barbarei hat durch ihre Rückwirkung auf die Schuldigen[10] neue Schrecken in die Astralwelt gebracht und den Abgrund zwischen den Menschen und seinen „armen Verwandten" noch vertieft.

Abgesehen von dem, was wir die normale Bevölkerung der Astralwelt nennen können, gibt es dort auch noch gelegentliche Besucher, die ihre Arbeit hinführt und die wir nicht ganz unerwähnt lassen dürfen. Einige davon kommen aus unserer eigenen irdischen Welt, während andere Besucher aus erhabenen Regionen sind.

Unter den ersteren befinden sich zahlreiche Eingeweihte verschiedenen Grades; wovon einige zur Großen Weißen Loge gehören, der Himalayischen oder Tibetanischen Bruderschaft, wie sie oft genannt wird[11], während andere Mitglieder verschiedener okkulter Logen aus allen Teilen der Welt sind, die sich von Weiß angefangen über alle Schattierungen von Grau bis zum Schwarz erstrek-

---

[9] Die technische Bezeichnung für den Astralkörper ist „Kamarupa"; „Kama" bedeutet „Begehren" und „Rupa" bedeutet „Form".

[10] Vergl. Kapitel III: „Kamaloka".

[11] Einigen Mitgliedern dieser Loge verdankt die Theosophische Gesellschaft ihre Entstehung.

ken[12]. Dies alles sind Menschen, die in physischen Körpern leben, die aber gelernt haben, die physische Behausung willentlich zu verlassen und sich bei vollem Bewußtsein im Astralkörper zu betätigen. Unter ihnen sind alle Stufen von Wissen und Tugend vertreten, es gibt Wohlwollende und Übelwollende, Kräftige und Schwache, Sanfte und solche von wilder Wesensart. Auch viele junge Aspiranten, die noch nicht eingeweiht sind, befinden sich darunter, die erst lernen, das astrale Fahrzeug zu gebrauchen und die, je nach dem Pfad, den sie zu betreten suchen, mit Werken des Wohlwollens oder der Böswilligkeit beschäftigt sind.

Außer diesen finden wir psychisch veranlagte Menschen verschiedener Entwicklungsstufen, von denen einige recht munter, andere verträumt und verwirrt umherwandern, während ihr physischer Körper schläft oder in Trancezustand versunken ist.

Unbewußt ihrer äußeren Umgebung, eingesponnen in ihre eigenen Gedanken, sozusagen verkapselt in ihrer astralen Schale, treiben Millionen von Astralkörpern umher, bewohnt von bewußten Wesen, deren physische Hüllen im Schlafe liegen. Wie wir weiter unten erörtern werden, zieht sich das Bewußtsein in seinen Astralkörper zurück, wenn der physische Körper einschläft, und geht auf die Astralebene über; es ist sich jedoch seiner Umgebung solange nicht bewußt, bis der Astralkörper soweit entwickelt ist, daß er sich unabhängig vom physischen Körper betätigen kann.

Manchmal zeigt sich auf der Astralebene auch ein Schüler[13], der die Pforte des Todes durchschritten hat und nun auf seine unter der Leitung seines Meisters nahezu sofort erfolgende Wiederverkörperung wartet. Er erfreut sich natürlich seines vollen Bewußtseins und betätigt sich gerade so wie andere Schüler, die ihren Körper nur im Schlafe abgestreift haben. Auf einer gewissen Stufe[14] ist es dem Schüler gestattet, sich nach dem Tode sehr rasch wieder

---

[12] Okkultisten, die selbstlos sind und sich ganz der Ausführung des göttlichen Willens hingeben, oder die nach diesen Tugenden streben, werden „weiß" genannt, jene die selbstsüchtig sind und den göttlichen Absichten im Weltall entgegenwirken, werden „schwarz" genannt. Sich immer mehr weitende Selbstlosigkeit, Liebe und Aufopferung sind die Merkmale der einen Gruppe, einengende Selbstsucht, Haß und kalter Hochmut kennzeichnen die andere. Zwischen diesen befinden sich Gruppen, deren Motive nicht einheitlich sind und die es noch nicht begriffen haben, daß sie sich entweder in der Richtung nach dem Einen Sein oder nach der Vielheit abgesonderter Selbste fortentwikkeln müssen. Diese nenne ich „grau". Ihre Mitglieder treiben entweder allmählich einer der zwei großen Gruppen mit klar umrissenen Zielen zu, oder schließen sich ihnen vorbedacht an.

[13] Ein Chela, d. i. ein angenommener Schüler eines Adepten.

[14] Vergl. Kapitel XI: „Der Aufstieg des Menschen".

zu verkörpern, und unter diesen Umständen hat der Betreffende auf der Astralebene eine für seine Wiedergeburt günstige Gelegenheit abzuwarten.

Auch jene menschlichen Wesen, welche sich auf dem Abstieg zu ihrer normalen Wiedergeburt befinden, gehen durch die Astralebene hindurch. Mit ihnen werden wir uns später zu beschäftigen haben[15]; sie befassen sich übrigens in keiner Weise mit dem allgemeinen Leben auf der Astralwelt. Die Begierdenelemente jedoch, mit denen diese Menschen infolge ihres früheren leidenschaftlichen und sinnlichen Verhaltens in Verwandtschaftsbeziehung stehen, sammeln sich um sie und helfen beim Bau des neuen Astralkörpers für das kommende Erdenleben.

*

Wir müssen uns nun der Betrachtung des menschlichen Astralkörpers während der in dieser Welt verlaufenden Daseinsperiode zuwenden und seine Natur und Beschaffenheit sowie seine Beziehungen zum Astralreich untersuchen. Wir wollen den Astralkörper (a) eines unentwickelten Menschen, (b) eines Durchschnittsmenschen und (c) eines geistig entwickelten Menschen vornehmen.

a) Der Astralkörper eines unentwickelten Menschen ist eine wolkige, locker gegliederte Masse von unbestimmten Umrissen, welche aus astralem Geist-Stoff besteht, u. zw. sowohl Astralmaterie als auch Elementalessenz enthält, Materialien, die sämtlichen Unterabteilungen der Astralebene entnommen sind, wobei jedoch die Bestandteile der unteren Abteilungen bei weitem vorherrschen, so daß das Gefüge des Körpers dicht, grob und geeignet ist, auf alle mit Leidenschaften und Begierden verbundenen Reize anzusprechen. Die Farben sind der Schwingungszahl des Körpers entsprechend glanzlos, unrein und trüb; Braun, stumpfes Rot und schmutziges Grün sind die vorherrschenden Farbtöne. In einem solchen Astralkörper findet man keine sich verändernden Lichteindrücke, auch kein rasch wechselndes Licht- und Farbenspiel, die verschiedenen Leidenschaften äußern sich als schwerfällige Wogen oder, wenn sie heftig sind, als Blitze: so äußert sich sexuelles Triebverlangen als Woge von schmutzigem Karminrot, und Wut als fahlroter Blitz.

Der Astralkörper ist größer als der physische und überragt diesen in einem Falle, wie es der hier von uns in Betracht gezogene ist, nach allen Richtungen um 10 bis 12 Zoll[16]. Die Zentren der Sinnesorgane heben sich scharf ab und werden aktiv, wenn sie von außen Anregungen erhalten. Im Ruhezustande dagegen sind die Lebens-

---

[15] Vergl. Kapitel VII: „Wiederverkörperung".
[16] 25 bis 30 Zentimeter. D. Ü.

ströme träge, und wenn der Astralkörper weder von der physischen noch von der mentalen Ebene aus angeregt wird, verhält er sich schläfrig und gleichgültig[17]. Es ist immer das Zeichen für einen unentwickelten Zustand, wenn die Antriebe zur Tätigkeit mehr von außen als vom inneren Bewußtsein herrühren. Ein Stein muß, wenn er sich bewegen soll, gestoßen werden; eine Pflanze bewegt sich unter der Kraft der Anziehung, welche Licht und Feuchtigkeit auf sie ausüben; ein Tier wird tätig, wenn es der Hunger treibt; ein Mensch auf niedriger Entwicklungsstufe bedarf ähnlicher Antriebe. Erst wenn der Intellekt eine gewisse Reife erlangt hat, beginnt er die Initiative zu Handlungen zu geben.

Die Zentren höherer Tätigkeit[18], von denen das unabhängige Funktionieren der astralen Sinne abhängt, sind kaum sichtbar. Ein auf dieser Stufe stehender Mensch braucht für seine Entwicklung heftige Empfindungen jeglicher Art, um seine Natur aufzurütteln und zur Tätigkeit anzuspornen. Schwere Erschütterungen freudiger und leidvoller Art aus der äußeren Welt sind erforderlich, um ihn aufzuwecken und zum Handeln zu bewegen. Je zahlreicher und heftiger die Empfindungen sind, je mehr er zum Fühlen gebracht werden kann, desto besser ist es für sein Wachstum. Auf dieser Stufe macht die Qualität wenig aus. Quantität und Stärke der Eindrücke sind die wichtigsten Erfordernisse.

Das Erwachen der Moral eines solchen Menschen erfolgt in seinen Leidenschaften. Ein schwacher Antrieb zur Selbstlosigkeit in seinen Beziehungen zu Weib und Kind oder Freunden wird der erste Schritt nach aufwärts sein; er versetzt dadurch die feinere Materie seines Astralkörpers in Schwingungen und zieht mehr Elementalessenz geeigneter Art in diesen hinein. Der Astralkörper wechselt beständig seine Bestandteile unter diesem Spiel der Leidenschaften, Begierden, Wünsche und Gemütsbewegungen. Alle guten Gemütsbewegungen stärken die feineren Teile des Körpers, stoßen gröbere Bestandteile aus, bauen feineres Material ein und ziehen Elementale helfender Art an, die bei diesem Erneuerungsprozeß helfen. Alle schlechten Gemütsbewegungen haben dagegen genau die entgegengesetzte Wirkung, stärken die gröberen Teile, stoßen die feineren aus, ziehen mehr Grobes herein und ziehen Elementale an, welche den Prozeß der Verschlechterung noch mehr unterstützen. Die moralischen und intellektuellen Kräfte des hier betrachteten Men-

---

17 Der Leser wird hier das Vorherrschen des tamasischen Guna, des Naturprinzips der Dunkelheit oder der Trägheit erkennen.

18 Die sieben Chakras oder Räder, so genannt nach dem wirbelnden, feurigen Rädern gleichenden Aussehen, welches sie haben, wenn sie in Tätigkeit sind.

schen sind erst im Keimzustand und noch so schwach, daß man sagen kann, der Aufbau und die Veränderungen seines Astralkörpers erfolgen mehr für ihn als durch ihn. Es hängt mehr von den äußeren Umständen ab, die ihn umgeben, als von seinem eigenen Willen, denn es ist, wie bereits erwähnt, das charakteristische Merkmal einer niederen Entwicklungsstufe, daß der Mensch viel mehr von außen und durch seinen physischen Körper zur Tätigkeit angeregt wird, als von innen heraus und durch seinen Intellekt. Es ist ein Zeichen bedeutenden Fortschrittes, wenn ein Mensch beginnt, den Antrieben seines Willens und seinen eigenen Entschlüssen aus eigener Kraft zu folgen, statt sich durch Begierden treiben zu lassen, d. h. bloß auf von außen her kommende Anziehung oder Abstoßung zu reagieren.

Im Schlafe schlüpft der das Bewußtsein umhüllende Astralkörper aus dem physischen Körper heraus, hüllt das Bewußtsein in sich ein und überläßt den dichtphysischen und ätherischen Körper dem Schlummer. Auf der von uns in Betracht gezogenen Stufe ist jedoch das Bewußtsein im Astralkörper noch nicht erwacht, da dort die kräftigen Anregungen fehlen, die es im physischen Gehäuse aufrütteln; das einzige, was den Astralkörper in diesem Stadium beeindrucken kann, sind Elementale derberer Art, die in ihm Schwingungen hervorrufen können, welche, auf das ätherische und physische Gehirn reflektiert, in ihm Träume animalischer Freuden erzeugen. Der Astralkörper bleibt gerade über dem physischen Körper schweben und kann sich, durch dessen starke Anziehung festgehalten, nicht weit entfernen.

b) Bei einem Menschen von durchschnittlicher Moral und ebensolchem Intellekt zeigt der Astralkörper gegenüber dem eben beschriebenen einen ungeheuren Fortschritt. Er ist größer, auch seine Bestandteile sind von ausgeglichener Qualität, und die Anwesenheit der feineren Stoffarten gibt seinem Aussehen ein gewisses Leuchten, während die höheren Gemütsbewegungen sich in schönen farbigen Wellen ausdrücken, welche durch ihn spielen. Seine Umrisse sind nicht mehr verschwommen und veränderlich wie in dem zuerst beschriebenen Falle, sondern klar und bestimmt, und der Astralkörper nimmt Ähnlichkeit mit seinem Eigentümer an. Er ist offensichtlich auf dem Wege, ein Ausdrucksmittel für den inneren Menschen zu werden; er zeigt eine durchgebildete Gliederung und Stabilität; es ist ein Körper, geeignet und bereit zum Gebrauche und fähig, sich auch getrennt vom physischen Körper zu behaupten. Ohne daß seine Formbarkeit abnimmt, hat er dennoch eine Normalform, zu der er beständig zurückkehrt, wenn irgendein auf ihn ausgeübter Druck, der seine Gestalt verändert hat, wieder nachläßt. Er ist ohne Unterbrechung in Tätigkeit und daher in ständigem Vibrieren, wobei er eine endlose Reihe wechselnder Farben zeigt. Die „Räder“[19] sind schon deutlich sichtbar, aber noch nicht in Wirksamkeit[20]. Er reagiert rasch auf alle Berührungen, die ihm durch den physischen Körper vermittelt werden, und wird auch bereits durch die Einflüsse angeregt, welche die bewußte Wesenheit in seinem Inneren über ihn ausströmt. Erinnerungen und Vorstellungen spornen ihn zur Tätigkeit an und lassen ihn so selbst den physischen Körper antreiben, statt stets nur von ihm getrieben zu werden. Seine Läuterung erfolgt auf dieselbe Weise wie im früheren Fall: minderwertige Bestandteile werden durch Erregung ihnen entgegengesetzter Schwingungen ausgestoßen und feineres Material wird an ihrer Stelle hereingezogen. Doch die wachsende moralische und intellektuelle Entwicklung eines solchen Menschen bringt das ganze Gebilde jetzt fast völlig unter seine Herrschaft, denn er wird nicht mehr durch äußere Reize hin und her getrieben, sondern überlegt, urteilt und widersteht oder gibt nach, wie er es für richtig hält. Durch richtig gelenkte Gedanken kann er seinen Astralkörper sehr rasch beeinflussen und dadurch dessen Verbesserung zusehends beschleunigen. Er braucht, um diese Wirkungen hervorzubringen, den modus operandi[21] durchaus nicht zu verstehen, so wenig, wie ein Mensch die Gesetze des Lichtes zu kennen braucht, um zu sehen.

Im Schlaf schlüpft dieser wohlentwickelte Astralkörper in der üblichen Weise aus seinem physischen Gehäuse, er wird von ihm durchaus nicht gefangen gehalten wie im vorhergehenden Fall. Er streift in der Astralwelt umher, von astralen Strömungen dabei hin und her getrieben; das Bewußtsein in seinem Inneren kann zwar die Bewegungen des Astralkörpers noch nicht lenken, es ist aber durchaus wach, erfreut sich seiner eigenen mentalen Bilder und seiner Denktätigkeit und ist fähig, durch seine astrale Hülle Eindrücke zu empfangen und sie in mentale Bilder umzuwandeln. Auf diese Weise kann ein Mensch, während er außerhalb seines Körpers ist, Wissen erlangen und dieses Wissen nachher seinem Gehirn als lebhaften Traum oder als Vision einprägen, oder es kann auch unmittelbar ohne diese Brücke in das Gehirnbewußtsein einsickern.

c) Der Astralkörper eines geistig hoch entwickelten Menschen ist aus den feinsten Teilchen aller Unterabteilungen der Astralebene zusammengesetzt, wobei die höheren Arten weitaus überwiegen. Er

---

19 Vergleiche Anmerkung 18. D. Ü.

20 Auf dieser Stufe ist deutlich das Vorherrschen der rajasischen Guna, des Grundprinzipes der Tätigkeit der Natur bemerkbar.

21 Lateinisch: die Art des Vorganges. D. Ü.

bietet daher einen wunderbaren Anblick in seiner Leuchtkraft und Farbenpracht; Impulse, die er durch den geläuterten Intellekt empfängt, zeigen Farbschattierungen, die auf Erden nicht bekannt sind. In diesem Astralkörper kann man sehen, daß die feurigen Räder ihren Namen verdienen, und ihre wirbelnde Bewegung zeigt die Aktivität der höheren Sinne an. Ein solcher Körper ist in des Wortes vollster Bedeutung ein Bewußtseinsträger, denn im Verlaufe der Entwicklung ist er in allen seinen Organen zu lebendiger Tätigkeit erweckt worden und unter die völlige Herrschaft seines Eigentümers gelangt. Wenn dieser den physischen Körper, von diesem Astralkörper umhüllt, verläßt, so erleidet das Bewußtsein keine Unterbrechung; er schüttelt bloß eine schwere Kleidung ab und findet sich befreit von dieser Last. Er kann sich innerhalb der astralen Sphäre mit größter Geschwindigkeit überallhin begeben und ist nicht mehr durch die beengenden irdischen Verhältnisse gehemmt. Sein Körper folgt jedem Impuls seines Willens, spiegelt seine Gedanken und gehorcht ihnen. Die Möglichkeit, der Menschheit zu dienen, hat sich für ihn dadurch ungeheuer vergrößert und seine Kräfte werden von seiner Tugend und seinem Wohlwollen gelenkt. Die Abwesenheit grober Teilchen in seinem Astralkörper macht diesen unfähig, auf die Reize von Gegenständen niederer Begierden zu reagieren; diese verlieren für ihn völlig ihre Anziehungskraft. Der ganze Körper schwingt nur in Antwort auf Gemütsbewegungen, seine Liebe hat sich in Opferwillen verwandelt, seine Tatkraft wird durch Geduld gezügelt. Sanft, ruhig und heiter, kraftvoll, aber ohne jede Spur von Unrast findet ein solcher Mensch „alle Siddhis zu seinem Dienst bereit“[22].

*

Der Astralkörper bildet die Brücke über die Kluft, welche das Bewußtsein vom physischen Gehirn trennt. Eindrücke, welche von den Sinnesorganen aufgenommen und durch sie, wie wir gesehen haben, den dichten und ätherischen Zentren übermittelt werden, gehen von dort weiter zu den entsprechenden astralen Zentren; hier wirkt die Elementalessenz auf sie ein, verwandelt sie in Gefühle und stellt sie dann dem inneren Menschen — wobei die astralen Schwingungen entsprechende Schwingungen im Stoff des Mentalkörpers hervorrufen — als Bewußtseinserlebnisse vor[23]. Durch diese Stufenfolge verschiedener Feinheitsgrade des Geistesstoffes können die schwerfälligen Eindrücke irdischer Objekte der bewußten Wesen-

---

[22] Hier ist die sattvische Guna vorherrschend, das Grundprinzip von Seligkeit und Reinheit in der Natur. Siddhis sind überphysische Kräfte.
[23] Vergl. Kapitel IV: „Die Mental-Ebene“.

heit vermittelt werden; umgekehrt können die durch ihre Gedanken hervorgerufenen Schwingungen über dieselbe Brücke ins physische Gehirn gelangen und dort ihnen entsprechende physische Schwingungen hervorrufen. Dies ist der gewöhnliche, normale Weg, auf welchem das Bewußtsein Eindrücke von außen empfängt und seinerseits Eindrücke nach außen sendet. Diese in beiden Richtungen immer wieder durchziehenden Schwingungen sind es, die in erster Linie die Entwicklung des Astralkörpers bewirken. Dieser Strom umspült ihn von innen und außen, bildet seine Organe aus und fördert sein allgemeines Wachstum; durch ihn nimmt er an Umfang zu, seine Gewebe werden feiner, seine Umrisse bestimmter und sein inneres Gefüge erhält eine bessere Durchbildung.

Auf diese Weise geschult, dem Bewußtsein zu antworten, wird der Astralkörper nach und nach tauglich, diesem als selbständiges Werkzeug zu dienen und ihm Schwingungen, die er unmittelbar aus der astralen Welt empfängt, klar und deutlich zu übermitteln. Die meisten Leser werden schon irgendwelche kleine Erfahrungen gemacht haben von Eindrücken, die von außen in das Bewußtsein gelangten, die jedoch aus keiner physischen Ursache entstanden und die dann sehr bald durch irgendein äußerliches Ereignis ihre Bestätigung fanden. Es handelt sich dabei häufig um Eindrücke, welche dem Astralkörper unmittelbar zukommen und von ihm dem Bewußtsein übermittelt werden; solche Eindrücke haben oft die Natur einer Vorherschau, die sich sehr bald als zutreffend erweist. Wenn ein Mensch weit vorgeschritten ist, die Stufe kann je nach den Umständen recht verschieden sein, dann bilden sich Bindeglieder zwischen dem Physischen und Astralen, dem Astralen und Mentalen, so daß das Bewußtsein von einem Zustand zum anderen ohne Unterbrechung übergeht, ohne Gedächtnislücke, wie dies beim gewöhnlichen Menschen der Fall ist, wo der Übergang von einer Ebene auf die andere immer durch eine Periode der Bewußtlosigkeit hindurchführt. Dann kann der Mensch auch von seinen astralen Sinnen freien Gebrauch machen, während sein Bewußtsein im physischen Körper wirkt, so daß diese erweiterten Wege der Erkenntnis ein Besitz seines Wachbewußtseins werden. Dinge, die bis dahin für ihn Gegenstände bloßen Glaubens waren, werden nun zu Gegenständen des Wissens, und er vermag persönlich viele der theosophischen Lehren über die niederen Regionen der unsichtbaren Welt auf ihren Wahrheitsgehalt zu überprüfen.

Wenn man den Menschen nach „Prinzipien" zergliedert, d. h. nach der Erscheinungsweise des sich offenbarenden Lebens, so sagt man von seinen vier niederen Prinzipien, die als „niedere Vierheit" bezeichnet werden, daß sie auf der astralen und der physischen

Ebene wirken. Das vierte Prinzip ist Kama, das Begehren; es ist das sich im Astralkörper offenbarende und durch ihn begrenzte Leben; es wird durch die Eigenschaft des Fühlens gekennzeichnet, sei es in der einfachen Form der Empfindung, sei es in der komplizierten Form der Gemütsbewegung oder in einer Zwischenstufe zwischen diesen beiden. All dies ist unter dem Begriff Begehren zusammengefaßt, also das, was von den Dingen angezogen oder abgestoßen wird, je nachdem sie dem persönlichen Selbst Freude oder Schmerz bereiten[24].

Das dritte Prinzip ist Prana, die für die Erhaltung des physischen Organismus assimilierte und bereits spezialisierte Lebenskraft. Das zweite Prinzip ist der ätherische Doppelgänger und das erste der dichtphysische Körper. Diese drei Prinzipien wirken auf der physischen Ebene.

In der Einteilung, die in späteren Werken H. P. Blavatskys gegeben wird, erscheint sowohl Prana als auch der dichtphysische Körper aus der Reihe der Prinzipien ausgeschieden; denn Prana wird als das universelle Leben aufgefaßt und der dichtphysische Körper als das bloße Gegenstück des Ätherkörpers, da er nur aus ständig wechselnden, in die ätherische Form hineingebauten Materialien besteht.

Dieser Gesichtspunkt eröffnet uns die großartige philosophische Vorstellung von dem Einen Leben, dem Einen Selbst, das sich als Mensch offenbart, wobei es wechselnde und vergängliche Unterschiede zeigt, entsprechend den Bedingungen, welche ihm von den Körpern auferlegt werden, die es belebt. Es selbst bleibt im Mittelpunkt immer dasselbe, zeigt aber von außen betrachtet verschiedene Aspekte, je nach der Art des Stoffes in den einzelnen Körpern. Im physischen Körper ist es Prana, Kraft spendend, lenkend und ordnend; im Astralkörper ist es Kama, fühlend und Schmerz empfindend. Wir werden es in noch anderen Aspekten wiederfinden, wenn wir zu den höheren Ebenen gelangen. Die grundlegende Vorstellung aber bleibt überall die gleiche, es ist einer jener Grundbegriffe der Theosophie, welche, einmal klar erfaßt, sich als Schlüssel zu allen Toren dieser so verwirrenden Welt erweisen.

---

[24] Der deutsche Ausdruck „Begehren" entspricht nicht ganz dem englischen Wort „desire" und dem Sanskritbegriff „Kama", da dieses Wort im Deutschen in der Regel nur positiv gebraucht wird. Kama schließt auch das negative Begehren ein: vor etwas zurückscheuen, weil man es nicht haben will, ist die negative Form des Begehrens. In der späteren theosophischen Literatur wird für das Wort „desire body" „Begierdenkörper", daher häufig das Wort „emotional body", d. h. der Körper der Emotionen oder Gefühlserregungen gebraucht. D. Ü.

III. KAPITEL

KAMALOKA

Kamaloka, wörtlich der Ort oder die Heimat des Begehrens, ist, wie bereits angedeutet, ein Teil der Astralebene; es ist jedoch nicht als besondere Örtlichkeit von ihr getrennt, sondern durch den Bewußtseinszustand der dazugehörigen Wesenheiten von ihr abgesondert[1]. Letztere sind menschliche Wesen, die ihren physischen Körper durch den Tod verloren haben und nun bestimmte Läuterungen durchmachen müssen, bevor sie zu dem glücklichen und friedvollen Leben aufsteigen können, das dem eigentlichen Menschen, der menschlichen Seele, zukommt[2].

Diese Region umfaßt die Zustände, von welchen beschrieben wird, daß sie in den Höllen, Fegefeuern und Zwischenstadien der verschiedenen Religionen bestehen; irgendein solcher Zustand wird von jeder Religion als zeitweiliger Aufenthaltsort des Menschen für die Zeit zwischen dem Verlassen seines Körpers und seinem Eingehen in den Himmel bezeichnet. Er umschließt jedoch keinen Ort ewiger Qual — die ewige Hölle, an die manche beschränkte religiöse Menschen noch glauben, ist bloß ein Alptraum der Unwissenheit, des Hasses und der Furcht. Wohl aber bestehen dort Verhältnisse, die vorübergehende und läuternd wirkende Leiden beinhalten, als Auswirkung von Ursachen, die der Mensch, der diese Zustände nun zu ertragen hat, während seines Erdenlebens setzte. Diese Zustände sind ebenso natürlich und unvermeidlich wie irgendwelche andere Wirkungen, die in dieser Welt durch Unrecht-

---

[1] Die Hindus nennen diesen Zustand Pretaloka, d. i. Aufenthaltsort der Pretas. Ein Preta ist ein menschliches Wesen, das seinen physischen Körper verloren hat, aber noch mit dem Gewande seiner tierischen Natur bekleidet ist. Dieses Gewand kann nicht weiter mitgenommen werden; sein Träger ist daher solange in ihm gefangen, bis es zerfällt.

[2] Die Seele ist der menschliche Intellekt, das Band zwischen dem göttlichen Geist im Menschen und seiner niederen Persönlichkeit. Sie ist das Ego, das gesonderte Wesen, das „Ich", das im Zuge der Entwicklung wächst und sich entfaltet. Nach theosophischer Ausdrucksweise ist es Manas, der Denker, dessen Energie der Verstand ist, der innerhalb der Begrenzungen des physischen Gehirns oder des Astral- und Mentalkörpers arbeitet.

tun verursacht werden, denn wir leben in einer Welt der Gesetze, in der jedes Saatkorn nach seiner Art aufgehen muß. Der Tod ändert nichts an der moralischen und mentalen Natur des Menschen; die durch den Übergang von einer Welt zur anderen verursachte Zustandsänderung besteht nur im Wegfall des physischen Körpers, läßt den Menschen aber im übrigen wie er war.

Den kamalokischen Zustand gibt es auf jeder Unterabteilung der Astralebene, so daß wir sagen können, er habe sieben Regionen; wir bezeichnen sie als die erste, zweite, dritte usw. bis zur siebenten, mit der niedersten beginnend und nach aufwärts zählend[3]. Wir haben schon gesehen, daß der Astralkörper Materie einer jeden Unterabteilung der Astralebene in sich enthält, und es ist eine ganz eigentümliche Neuordnung dieser Bestandteile, die wir gleich nachher erklären werden, welche die Bewohner jeder einzelnen Region von denen aller anderen Regionen trennt, während die Bewohner derselben Region miteinander verkehren können. Diese Regionen unterscheiden sich, da jede zugleich eine Unterabteilung der Astralebene bildet, in ihrer Dichte, und die Dichte der äußeren Form der in Kamaloka sich befindenden Wesenheit bestimmt die Region, auf die sie beschränkt ist. Diese Unterschiede der Materie bilden die Schranken, welche den Übergang von einer Region zur anderen verhindern. Die Bewohner der einen können mit jenen der anderen Region ebensowenig in Verbindung treten, wie es für einen Tiefseefisch möglich wäre, sich mit einem Adler zu unterhalten. Das für das Leben des einen erforderliche Lebenselement würde das Leben des anderen zerstören.

Wenn der physische Körper vom Tode gefällt wird, so zieht sich der Ätherkörper — er nimmt dabei Prana mit sich, und die übrigen Prinzipien, also der ganze Mensch mit Ausnahme des dichten Körpers, begleiten ihn — von dem „Haus des Fleisches", wie der äußere Körper auch treffend genannt wird, zurück.

Alle ausströmenden Lebenskräfte ziehen sich zunächst nach innen zurück und werden „vom Prana gesammelt". Ihr Fortgang zeigt sich in der Mattigkeit und Schwäche, welche schleichend die physischen Sinnesorgane überfällt. Diese Organe sind noch immer da, unbeschädigt, physisch intakt, bereit zu funktionieren, wie sie es immer waren, aber der „innere Herrscher" ist im Begriff zu gehen, er, der durch sie sah, hörte, fühlte, roch und schmeckte, und

[3] Oft zählt man diese Regionen in umgekehrter Richtung, indem man die erste als die höchste, die siebente als die niederste annimmt. Es ist gleichgültig, von wo aus wir zählen; ich zähle von unten hinauf, um in gleicher Weise zu verfahren, wie bei den Ebenen und Grundprinzipien.

für sich allein sind sie bloße Ansammlungen von Materie, die zwar leben, aber des Wahrnehmungsvermögens ermangeln. Langsam entfernt sich der Herr des Körpers, eingehüllt in den violett-grauen Ätherkörper und ganz vertieft in die Betrachtung des Panoramas seines vergangenen Lebens, das sich getreu bis in die kleinste Einzelheit in der Todesstunde vor ihm entfaltet. Dieses Lebensbild zeigt alle Ereignisse seines Lebens, ob klein oder groß; er sieht die Bestrebungen seines Ehrgeizes mit ihren Erfolgen und Enttäuschungen, seine Anstrengungen, seine Triumphe und seine Mißerfolge, sein Lieben und sein Hassen; die vorherrschende Richtung des Ganzen wird deutlich, der leitende Gedanke seines Lebens tritt hervor und prägt sich der Seele tief ein, die Region bestimmend, in der sie den größten Teil ihres Daseins nach dem Tode zu verbringen haben wird. Wahrlich, feierlich ist dieser Augenblick, in dem der Mensch seinem Leben von Angesicht zu Angesicht gegenübersteht und von den Lippen seiner Vergangenheit die Vorhersage seiner Zukunft vernimmt. Während eines kurzen Zeitraumes sieht er sich selbst, wie er ist, erfaßt er den Sinn seines Lebens und erkennt, daß das Gesetz stark, gerecht und gut ist. Dann reißt das magnetische Band zwischen dem dichten und dem ätherischen Körper entzwei, die beiden Gefährten, die für die Zeit eines ganzen Lebens verbunden waren, werden getrennt und der Mensch versinkt — Ausnahmsfälle ausgenommen — in friedvolle Bewußtlosigkeit.

Ruhe und Andacht sollte das Verhalten aller jener kennzeichnen, die um einen sterbenden Körper versammelt sind, damit in dieser feierlichen Stille die Rückschau des Scheidenden auf die Vergangenheit nicht unterbrochen wird. Heftiges Weinen und lautes Wehklagen kann die konzentrierte Aufmerksamkeit der Seele nur stören, und mit dem Jammer über den persönlichen Verlust die Stille zu unterbrechen, die ihr Hilfe und Ruhe gibt, ist zugleich selbstsüchtig und unverschämt. Die Religion hat in weiser Absicht Gebete für die Sterbenden angeordnet, denn diese bewahren die Ruhe und regen den selbstlosen Wunsch an, ihnen zu helfen; diese, wie alle liebevollen Gedanken wirken schützend und beschirmend.

Einige Stunden nach Eintritt des Todes — nicht über sechsunddreißig heißt es im allgemeinen — zieht sich der Mensch aus dem Ätherkörper zurück und hinterläßt auch diesen als empfindungslosen Leichnam, der in der Nähe seines dichten Gegenstückes bleibt und sein Los teilt. Wenn der dichte Körper begraben wird, bleibt der ätherische Körper über dem Grabe schweben und löst sich allmählich auf. Die unangenehmen Gefühle, welche viele Menschen in Friedhöfen empfinden, sind hauptsächlich auf die Gegenwart dieser verwesenden Leichname zurückzuführen. Wenn der Körper verbrannt wird, so löst sich sein ätherischer Gefährte sehr rasch auf, da er damit sein altes Nest, seinen physischen Anziehungspunkt verliert. Dies ist einer der vielen Gründe, warum die Verbrennung der Beerdigung als Methode der Beseitigung der Leichname vorzuziehen ist.

Wenn der Mensch sich aus dem ätherischen Körper zurückzieht, entweicht gleichzeitig auch das Prana aus demselben und kehrt in das große Sammelbecken des universellen Lebens zurück. Der Mensch aber, der jetzt zum Übergang in Kamaloka bereit ist, macht eine Neuanordnung seines Astralkörpers durch, die diesen für die Unterwerfung unter jene Läuterungsvorgänge geeignet macht, die notwendig sind, um den Menschen selbst schließlich freizumachen[4]. Während des Erdenlebens vermengen sich die verschiedenen Arten von astraler Materie bei der Bildung des Astralkörpers gerade so, wie es bei den festen, flüssigen, gasförmigen und ätherischen Stoffen im physischen Körper der Fall ist. Die in der Anordnung des Astralkörpers nach dem Tode eintretende Änderung besteht in der Scheidung dieser Stoffe nach ihrer Dichte; es bildet sich auf diese Weise eine Reihe konzentrischer Schalen — die feinste innen, die gröbste außen — von welchen jede einzelne nur aus Stoffen von einer bestimmten Unterebene der Astralebene besteht. Der Astralkörper wird so zu einem Gebilde aus sieben aufeinander geschichteten Lagen, zu einem siebenschaligen Gehäuse aus astraler Materie, in das der Mensch — wie man nicht unpassend sagen kann — eingekerkert ist, da ihn nur das Zerbrechen dieser Schalen freisetzen kann. Nun wird man verstehen, wie ungemein wichtig die Läuterung des Astralkörpers während des Erdenlebens ist. Der Mensch wird in jeder Unterabteilung von Kamaloka solange festgehalten, bis die Schale, die zu dieser Unterabteilung gehört, sich so weit aufgelöst hat, daß der Übergang in die nächst höhere Abteilung möglich wird. Außerdem ist der Grad, in dem sein Bewußtsein in jeder einzelnen Stoffgattung tätig war, bestimmend dafür, ob er in der entsprechenden Region wach und bewußt sein wird oder ob er sie ohne Bewußtsein durchläuft, „in rosige Träume gehüllt", und nur solange dort zurückgehalten wird, als es der mechanische Prozeß der Auflösung erfordert.

Ein geistig weit fortgeschrittener Mensch, der seinen Astralkörper soweit geläutert hat, daß dessen Bestandteile nur dem

---

[4] Diese Veränderungen führen zur Bildung des sogenannten Yatana oder Leidenskörpers, oder, im Falle eines sehr lasterhaften Menschen, in dessen Astralkörper die gröbste Materie überwiegt, des Dhruvam oder starken Körpers.

feinsten Grad jeder Unterabteilung der Astralmaterie entnommen sind, geht durch Kamaloka bloß hindurch, ohne Aufenthalt zu nehmen; sein Astralkörper löst sich außerordentlich rasch auf und er selbst zieht weiter, dem Ziele zu, das der Stufe seiner Entwicklung entspricht. Ein noch nicht so hoch entwickelter Mensch, dessen Leben aber doch rein und mäßig war, und der an den Dingen dieser Erde nur wenig gehangen hatte, wird zwar keinen so raschen Flug durch Kamaloka machen, aber er wird, seiner Umgebung nicht bewußt, in friedliche Träume versunken sein, während sich sein Mentalkörper nacheinander von den einzelnen astralen Schalen loslöst, und erst erwachen, wenn er die himmlischen Gefilde erreicht hat. Andere, noch weniger Entwickelte, werden erwachen, sobald sie die unteren Regionen durchschritten haben, und das Bewußtsein in jener Abteilung wieder erlangen, auf der sie im Erdenleben bewußt tätig gewesen sind; es wird dort durch die altgewohnten Impulse erweckt, wenn es diese auch jetzt unmittelbar durch den Astralkörper, ohne Hilfe des physischen Körpers empfängt. Diejenigen, welche ihren tierischen Leidenschaften gelebt haben, werden in der ihnen angemessenen Region erwachen; denn es geht jeder Mensch buchstäblich „in seine eigene Wohnstatt".

Der Fall eines Menschen, der durch einen Unfall, Selbstmord, Tötung oder auf eine andere Art plötzlich aus dem Leben gerissen wird, unterscheidet sich von jenen Fällen, in denen Menschen, aus Mangel an Lebenskraft, als Folge von Krankheit oder Altersschwäche hinscheiden. Handelt es sich um lautere, geistig eingestellte Menschen, so werden sie besonders behütet und schlummern in einem glücklichen Zustand während der Spanne bis zu dem Zeitpunkt, da ihr Leben auf natürliche Art geendet hätte. Sonst aber bleiben sie bei Bewußtsein, oft noch eine Zeitlang mit der Schlußszene ihres Erdenlebens beschäftigt, ohne zu merken, daß sie ihren physischen Körper verloren haben, festgehalten in jener Region, der die äußerste Schichte ihres Astralkörpers entspricht. Ihr normales Kamaloka-Leben beginnt nicht, bevor das Gewebe ihres Erdenlebens ausgewirkt ist. Sie sind sich ihrer astralen Umgebung ebenso lebhaft bewußt, wie der physischen. Einer der Lehrer H. P. Blavatskys erzählte dieser, daß ein Mörder, der für sein Verbrechen hingerichtet worden war, in Kamaloka die Szenen des Mordes und der darauffolgenden Ereignisse immer wieder aufs neue durchlebe, seine teuflischen Verbrechen beständig wiederhole und die Schrecknisse seiner Ergreifung und Hinrichtung immer wieder durchmache. Ein Selbstmörder wird die Gefühle von Verzweiflung und Furcht, die dem Selbstmord vorangingen, zwangsläufig wiederholen und mit grauenhafter Hartnäckigkeit immer wieder seine Tat und seinen Todeskampf durchmachen. Eine Frau, die unter schrecklicher Angst und verzweifelten Anstrengungen sich zu befreien, den Flammentod erlitt, entfachte dadurch einen so stürmischen Wirbel von Aufregung, daß sie noch fünf Tage später verzweifelt kämpfend, in der Vorstellung, sie befände sich immer noch im Feuer, alle Versuche, sie zu besänftigen, wild zurückwies. Eine andere dagegen, die mit ihrem Kinde an der Brust während eines wütenden Sturmes im Wirbel der brausenden Fluten untergegangen war, deren Herz aber ruhig und liebevoll blieb, schlief auf der anderen Seite des Todes friedlich und träumte von ihrem Gatten und ihren Kindern in lebendigen, glücklichen Visionen. Im allgemeinen aber ist der Tod durch einen Unfall als Nachteil aufzufassen, den jemand durch eine schwere Verfehlung[5] auf sich herabbeschworen hat, denn der Besitz des vollen Bewußtseins in den der Erde benachbarten niederen Regionen von Kamaloka ist mit vielen Widerwärtigkeiten und Gefahren verbunden. Der Mensch ist dann ganz von den Plänen und Interessen, die sein Leben ausgefüllt haben, beherrscht und ist sich der mit ihnen in Verbindung stehenden Menschen und Dinge deutlich bewußt. Sein Verlangen treibt ihn beinahe unwiderstehlich dazu, die Dinge, an denen seine Leidenschaften und Gefühle noch haften, zu beeinflussen, und so bleibt er an die Erde gefesselt, hat aber alle ihm vertrauten Organe der Tätigkeitsentfaltung eingebüßt; die einzige Hoffnung, Frieden zu finden, liegt für einen solchen Menschen darin, sich entschlossen von der Erde abzuwenden und den Geist auf höhere Dinge zu lenken; aber verhältnismäßig wenige sind stark genug, um eine solche Anstrengung zu machen, selbst mit der Unterstützung, die ihnen stets von auf der Astralebene wirkenden Helfern angeboten wird, deren Pflichtenkreis in der Leitung und Unterstützung jener besteht, welche diese Welt verlassen haben[6]. Nur zu oft suchen derart Leidende, ihrer hilflosen Untätigkeit überdrüssig, Zuflucht bei Sensitiven, mit denen sie in Verkehr treten können, und mischen sich so noch einmal in irdische Angelegenheiten; ja sie trachten sogar manchmal, von geeigneten Medien Besitz zu ergreifen und so den Körper eines anderen für ihre Zwecke zu benützen, wodurch sie sich schwer-

---

[5] Es muß nicht unbedingt eine Verfehlung sein, die in diesem Leben verschuldet wurde; das Gesetz von Ursache und Wirkung wird im Kapitel IX, „Karma" weiter erörtert werden.

[6] Es sind dies Schüler einiger der großen Lehrer, welche die Menschheit leiten und ihr helfen; sie werden für diese besondere Aufgabe eingesetzt, Seelen zu Hilfe zu kommen, die eines solchen Beistandes bedürfen.

wiegende Verantwortung für die Zukunft aufladen. Nicht ohne okkulte Gründe sind darum die anglikanischen Geistlichen zu beten gelehrt worden[7]: „Bewahre uns, o Herr, vor Krieg, Mord und plötzlichem Tod!"

*

Wir wollen nun nacheinander die einzelnen Abteilungen von Kamaloka betrachten, um auf diese Weise eine gewisse Vorstellung von den Verhältnissen in diesem Zwischenzustand zu gewinnen, die sich der Mensch durch die Neigungen, die er während seines Erdenlebens gepflegt hat, selbst schafft. Dabei muß man sich vor Augen halten, daß das Maß an Lebenskraft, das in einer bestimmten „Schale" enthalten ist — und deshalb auch die Dauer der Einkerkerung in dieser Schale — von dem Maß an Energie abhängt, das der Mensch während des Lebens für jene Art von Materie aufgewendet hat, aus der diese Schale besteht. Hat er den niedrigsten Leidenschaften gefrönt, so ist die gröbste Astralmaterie stark belebt worden und ihre Menge wird verhältnismäßig groß sein. Dieser Grundsatz herrscht in allen kamalokischen Regionen, so daß ein Mensch schon während seines Erdenlebens ziemlich genau beurteilen kann, welche Zukunft er unmittelbar auf der anderen Seite des Todes zu gewärtigen hat.

Die e r s t e oder unterste Abteilung umfaßt jene Zustände, welche in vielen hinduistischen und buddhistischen Schriften als „Höllen" verschiedener Art beschrieben werden. Man muß sich dabei darüber klar sein, daß ein Mensch, der in einen dieser Zustände übergeht, dadurch durchaus nicht von den Leidenschaften und Begierden frei wird, die ihn dahin gebracht haben; diese bleiben vielmehr Bestandteile seines Charakters, sie ruhen im Keimzustand, latent, in seiner Seele, um wieder nach außen geworfen zu werden und seine Leidenschaftsnatur aufzubauen, wenn er zur Wiedergeburt in die physische Welt zurückkehrt[8]. Seine Anwesenheit in der untersten Region von Kamaloka ist einfach die Folge des Umstandes, daß in seinem kamischen Körper Materie vorhanden ist, die zu dieser Region gehört. Er wird dort solange gefangen gehalten, bis der größte Teil dieses Stoffes von ihm abgefallen ist und bis die aus ihm zusammengesetzte Schale sich soweit aufgelöst hat, um dem Menschen die Fühlungnahme mit der nächsthöheren Region zu gestatten.

---

[7] Dieses Gebet hat die Kirche von England von der römisch-katholischen Kirche übernommen. D.Ü.

[8] Vergleiche Kapitel VII über die Wiederverkörperung.

Die an diesem Ort herrschende Stimmung ist unvorstellbar traurig, öde und niederdrückend. Sie scheint alle Einflüsse auszuatmen, die dem Guten am feindlichsten sind, und so ist es auch, denn diese Einflüsse gehen von Personen aus, deren böse Leidenschaften sie an diesen traurigen Ort gebracht haben. Alle Begierden und Gefühle, die uns Schaudern einflößen, finden hier das nötige Material, um zum Ausdruck kommen zu können; es ist wirklich der tiefste Sumpf, in dem alle dem physischen Blick entzogenen Greuel in nackter Scheußlichkeit paradieren. Das Abstoßende dieses Ortes wird noch verstärkt durch den Umstand, daß in der Astralwelt der Charakter in Formen zum Ausdruck kommt, so daß der von schlimmen Leidenschaften erfüllte Mensch auch ganz diesen entsprechend aussieht. So verleihen tierische Gelüste dem Astralkörper auch tierische Formen, und abstoßende menschenartige Tiergestalten sind die Hüllen, welche für vertierte menschliche Seelen passen. Niemand kann in der astralen Welt ein Scheinheiliger sein und schmutzige Gedanken hinter einem Schleier tugendhaften Scheins verbergen. Das, was der Mensch in Wirklichkeit ist, drückt sich hier auch in seiner äußeren Gestalt und Erscheinung aus — in strahlender Schönheit, wenn sein Wesen edel, in abstoßender Häßlichkeit, wenn seine Natur verdorben ist. Es ist demnach leicht zu verstehen, weshalb Lehrer wie Buddha, vor deren durchdringendem Blick alle Welten offen liegen, das, was in diesen Höllen zu sehen ist, in einer lebendigen Sprache von furchterregender Bildhaftigkeit geschildert haben, die modernen Lesern nur deshalb unglaublich erscheint, weil sie nicht daran denken, daß alle Seelen, sobald sie einmal der schwerfälligen und unbildsamen Materie der physischen Welt entronnen sind, in der ihnen zukommenden Gestalt erscheinen und genau so aussehen, wie sie in Wirklichkeit sind. Selbst in dieser Erdenwelt gewinnt das Gesicht eines verschmutzten, verkommenen und versoffenen Gewalttäters mit der Zeit ein äußerst abstoßendes Aussehen; was kann man da in der Astralwelt, wo die bildsame Materie unter jedem Impuls seiner verbrecherischen Triebe Gestalt annimmt, anderes erwarten, als daß ein solcher Mensch eine schreckenerregende Hülle trägt, die immer wechselnde Elemente der Scheußlichkeit zeigt.

Man darf nicht vergessen, daß die Bevölkerung — wenn dieser Ausdruck erlaubt ist — dieser tiefsten Region aus der eigentlichen Hefe der Menschheit besteht, aus Mördern und Gewaltverbrechern aller Art, aus Säufern und den liederlichsten gemeinsten Typen der Menschheit. Mit wachem Bewußtsein für ihre Umgebung weilen hier nur Menschen, die sich brutaler Verbrechen oder absichtlicher, beharrlicher Grausamkeiten schuldig gemacht haben oder von einem abscheulichen Laster besessen sind. Die einzigen Personen, die trotz ihrer Zugehörigkeit zu einem besseren Typus eine Zeitlang dort festgehalten werden, sind gewisse Selbstmörder — Menschen, die sich der irdischen Strafe für ein begangenes Verbrechen durch Selbstmord entzogen, durch diesen Tausch ihre Lage aber nur verschlechtert haben; nicht alle Selbstmörder, wohlverstanden, denn Selbstmord kann aus vielerlei Motiven begangen werden, sondern nur solche, die durch ein Verbrechen dazu geführt wurden und dadurch den Folgen desselben zu entgehen suchten.

Abgesehen von der düsteren Umgebung und dieser widerlichen Gesellschaft, ist hier jeder Mensch selbst der unmittelbare Schöpfer seines Elends. Da sie sich, von dem Verlust ihrer körperlichen Hülle abgesehen, nicht geändert haben, zeigen die Menschen hier ihre Leidenschaften in ihrer vollen ursprünglichen Scheußlichkeit, in ihrer nackten Brutalität. Voll heftiger, unbefriedigter Triebe, kochend von Rachsucht, Haß und dem Verlangen nach physischer Befriedigung der Begierden, denen zu frönen sie jetzt der Verlust der nötigen Organe unfähig macht, durchstreifen sie wütend und raubgierig diese düstere Region, umlagern alle schmutzigen Schlupfwinkel auf der Erde, Bordelle und Schnapsbuden, stacheln deren Besucher zu schamlosen und gewalttätigen Handlungen an, versuchen von ihnen Besitz zu ergreifen und sie zu noch schlimmeren Exzessen aufzuhetzen. Die ekelerregende Atmosphäre, die rings um solche Orte zu fühlen ist, kommt hauptsächlich von derartigen erdgebundenen astralen Wesen her, die von schmutzigen Leidenschaften und unreinen Begierden dampfen. Ihre besonderen Angriffsobjekte sind Medien — ausgenommen solche von sehr reinem und edlem Charakter — und nur zu oft werden die Schwächeren unter ihnen, die durch die passive Hingabe ihrer Körper als zeitweilige Behausung für andere entkörperte Seelen ihre Widerstandskraft noch weiter vermindert haben, von diesen Geschöpfen besessen und in Trunksucht oder Wahnsinn getrieben. Hingerichtete Mörder, rasend vor Entsetzen und leidenschaftlichem, rachsüchtigem Haß, die ihr Verbrechen, wie schon erwähnt, immer wiederholen und seine schrecklichen Folgen in Gedanken neu schaffen, umgeben sich mit einer Wolke von grausamen Gedankenformen, und wenn sie von einem Menschen angezogen werden, der sich mit rachsüchtigen und gewalttätigen Absichten trägt, so spornen sie ihn zur Begehung der Tat an, über die er brütet. Zuweilen kann man einen Menschen beobachten, der von seinem hingemordeten Opfer beständig verfolgt wird, dessen grauenerregende Gegenwart er niemals loszuwerden vermag, und das mit stierer Hartnäckigkeit hinter ihm her ist, so eifrig er sich auch bemüht, ihm zu entkommen. Der Ermordete ist dabei — wenn er nicht selbst ein Wesen von sehr niederem Typus ist — ohne Bewußtsein für seine Umgebung, was das Grauenhafte dieser rein mechanischen Verfolgung noch vermehrt.

Hier ist auch die Hölle des Vivisektors, denn Grausamkeit zieht die gröbsten Stoffe und deren widerlichste Verbindungen in den Astralkörper hinein. Der Vivisektor lebt hier inmitten der sich herandrängenden winselnden, zitternden und heulenden Gestalten seiner verstümmelten Opfer (sie sind belebt, aber nicht von Tierseelen, sondern vom Elemental-Leben beseelt), die vor Haß gegen ihren Peiniger beben — und mit automatischer Regelmäßigkeit wiederholt er seine schlimmsten Versuche, im vollen Bewußtsein der Grauenhaftigkeit des Ganzen und dennoch durch die während seines irdischen Lebens angenommene Gewohnheit gebieterisch zu dieser Selbstquälerei gezwungen.

Es ist angezeigt, ehe wir diese traurige Region verlassen, uns noch einmal daran zu erinnern, daß es sich hier um keine willkürlichen, von außen auferlegten Strafen handelt, sondern nur um die unausweichlichen Auswirkungen der von jedem einzelnen selbst hervorgerufenen Ursachen. Während ihres irdischen Lebens folgten die Menschen, um die es sich hier handelt, den nichtswürdigsten Impulsen, zogen und bauten in ihren Astralkörper Stoffe ein, die allein in Antwort auf derartige Impulse zu schwingen vermochten; dieser selbstgebaute Körper wird dann zum Gefängnis der Seele, das erst in Trümmer zerfallen muß, ehe die Seele ihm entfliehen kann. Ebenso unvermeidlich, wie der Säufer hier in seinem widerlichen, aufgedunsenen Körper leben muß, so muß er dort in seinem ebenso abstoßenden Astralkörper leben. Wie die Saat, so die Ernte. Dieses Gesetz gilt in allen Welten und niemand kann ihm entgehen. Der Astralkörper ist dort nicht etwa abstoßender und grauenhafter, als er es war, solange der Mensch noch auf der Erde lebte und die Luft um sich mit seinen astralen Ausstrahlungen verpestete. Allein auf der Erde wird seine Abscheulichkeit im allgemeinen nicht erkannt, weil die meisten Menschen astral blind sind.

Wir können uns außerdem bei der Betrachtung dieser unserer unglücklichen Brüder damit beruhigen, daß wir uns daran erinnern, daß ihre Leiden nur vorübergehend sind und daß sie im Leben der Seele eine sehr notwendige Lektion bedeuten. Unter dem furchtbaren Druck der mißachteten Naturgesetze lernen diese Menschen das Vorhandensein solcher Gesetze erkennen und es wird ihnen das Elend bewußt, das aus deren Mißachtung im Leben und im Verhalten erwächst. Diese Lektion, welche sie während des irdischen Lebens, mitgerissen vom Taumel der Lüste und Begierden, nicht lernen wollten, wird ihnen hier aufgezwungen und sie wird ihnen auch in ihren später folgenden Leben solange aufgenötigt werden, bis die üblen Anlagen mit der Wurzel ausgerissen sind und der Mensch zu einem besseren Leben emporgestiegen ist. Die Lektionen der Natur sind hart, im Lauf der Zeiten aber erweisen sie sich als wohltätig, denn sie führen zur Entwicklung der Seele und leiten sie dahin, ihre Unsterblichkeit zu erreichen.

*

Wir wollen nun zu einer freundlicheren Region übergehen. Die zweite Abteilung der Astralwelt kann als das astrale Gegenstück der physischen Welt aufgefaßt werden, denn die Astralkörper aller Dinge und vieler Menschen bestehen hauptsächlich aus Materie, die dieser Abteilung der Astralwelt angehört, und sie steht deshalb mit der physischen Welt in engerer Fühlung als irgendein anderer Teil der Astralebene. Die große Mehrheit der Menschen hält sich daher in diesem Teil von Kamaloka nach ihrem Tode eine gewisse Zeit auf und viele von ihnen sind bei vollem Bewußtsein. Es sind dies einerseits Menschen, deren Interesse auf die trivialen Dinge des Alltags gerichtet war, deren Herzen an Nichtigkeiten hingen, und andererseits solche, die ihrer niederen Natur erlaubten, sie zu beherrschen und deren Verlangen nach irdischen Freuden im Zeitpunkt ihres Todes noch lebendig war. Da sie ihre Lebenskräfte hauptsächlich in dieser Richtung ausströmen ließen und sich dadurch Astralkörper aus einem Material aufgebaut haben, das leicht auf materielle Anregungen anspricht, werden sie nun von diesen Körpern in der Nachbarschaft der sie anziehenden physischen Objekte festgehalten. Sie sind meist unbefriedigt und ruhelos und fühlen sich unbehaglich; je nach der Intensität der Wünsche, die sie nicht befriedigen können, sind sie schmerzlichen Empfindungen ausgesetzt; manche leiden wirkliche Qualen, und es dauert lange, bis sich dieses irdische Verlangen völlig erschöpft hat. Viele verlängern ihren Aufenthalt unnötigerweise dadurch, daß sie mit der Erde in Verkehr zu treten suchen, in deren Interessen sie verstrickt sind. Sie bedienen sich dazu der Hilfe von Medien, die ihnen ihre Körper zur Verfügung stellen und auf diese Art für den Verlust des eigenen Ersatz bieten. Von ihnen geht meist das alberne Geschwätz aus, das jedem vertraut ist, der öffentlichen spiritistischen Sitzungen beigewohnt hat, der Klatsch und die platte Hintertreppen- und Krämermoral meist weiblichen Ursprunges. Da diese erdgebundenen Seelen im allgemeinen keine großen Geisteskinder sind, so bieten auch ihre Mitteilungen (für Menschen, welche von dem Weiterleben der Seele nach dem Tode ohnehin überzeugt sind) nicht mehr Interesse, als es die Konversation mit ihnen geboten hat, während sie noch am Leben waren. Und — gerade so wie auf Erden — sind sie umso rechthaberischer, je unwissender sie sind, und umso selbstsicherer in der Meinung, die ganze Astralwelt sei identisch mit ihrer eigenen, engbegrenzten Sphäre. Dort wie hier:

„Sie halten ihr Kleinstadtgeschnatter
für das Rauschen der großen Welt."

Von dieser Region aus suchen zuweilen Menschen, die mit bestimmten Sorgen im Gemüte gestorben sind, mit ihren Freunden in Verkehr zu treten, um durch diese die sie bedrückende irdische Angelegenheit ordnen zu lassen. Gelingt es ihnen nicht, sich zu zeigen oder ihre Wünsche einem Freunde durch einen Traum einzuprägen, so stiften sie durch Klopftöne und andere Geräusche, die sie entweder absichtlich hervorbringen, um die Aufmerksamkeit zu erregen, oder die durch ihre ruhelosen Anstrengungen ohne ihr Wissen enstehen, mancherlei Unruhe. In solchen Fällen kann ein erfahrener Mensch ein gutes Werk tun, wenn er mit dem bekümmerten Wesen Verbindung sucht, um seine Wünsche zu erfahren, damit es von dem Kummer, der seinen weiteren Fortschritten hinderlich ist, erlöst wird. Die Aufmerksamkeit der Seelen, die in dieser Region weilen, kann auch dann sehr leicht auf die Erde herabgezogen werden, wenn sie von sich aus dazu kein Bedürfnis haben — dieser schlechte Dienst wird ihnen allzuoft von ihren zurückgelassenen Lieben durch leidenschaftliches Wehklagen und die Sehnsucht nach ihrer Gegenwart erwiesen. Die durch solche Sehnsucht hervorgerufenen Gedankenformen umringen die Verstorbenen, drängen sich an sie heran, wecken sie oft auf, während sie friedlich schlummern, oder ziehen ihre Gedanken gewaltsam zur Erde, wenn sie schon das Bewußtsein erlangt haben. Besonders im ersteren Falle schädigt diese unbewußte Selbstsucht der Hinterbliebenen auf Erden ihre geliebten Abgeschiedenen ernstlich — eine Wirkung, welche sie wohl selbst bedauern würden. Die Kenntnis von diesen den Abgeschiedenen unnötig zugefügten Leiden mag vielleicht manchen veranlassen, die religiösen Vorschriften strenger zu beachten, welche die Unterwerfung unter das göttliche Gesetz und die Unterdrückung übertriebener, sich auflehnender Trauer fordern.

Die d r i t t e und die v i e r t e Region der kamalokischen Welt unterscheiden sich nur wenig von der zweiten; man könnte sie als feinstofflichere Kopien bezeichnen, wobei die vierte noch feiner ist als die dritte Region, doch sind die allgemeinen Merkmale dieser drei Unterabteilungen sehr ähnlich. Es finden sich hier Seelen etwas fortgeschrittenerer Art; obgleich diese in dieser Region durch das Gehäuse zurückgehalten werden, das sie sich durch ihre Interessen und Tätigkeiten auf Erden geschaffen haben, ist ihr Blick eher nach vorne als nach rückwärts gerichtet, und wenn sie nicht gewaltsam zu den Angelegenheiten des Erdenlebens zurückgerufen werden, so schreiten sie ohne große Verzögerung weiter. Immerhin sind sie für irdische Schwingungen noch empfänglich und ihr erlahmendes Interesse an irdischen Dingen kann durch einen Wehruf von unten wieder erweckt werden. Zahlreiche gebildete und gedankenvolle Menschen, die sich hienieden vorwiegend mit weltlichen Angelegenheiten befaßt haben, führen in diesen Regionen ein bewußtes Dasein und können veranlaßt werden, sich durch Medien mitzuteilen, oder suchen, was seltener vorkommt, selbst einen solchen Anschluß. Ihre Darlegungen sind natürlich höher einzuschätzen, als das, was aus der zweiten Abteilung zu uns kommt, aber auch sie sind durch nichts gekennzeichnet, was sie wertvoller erscheinen ließe als gleichartige Darlegungen noch verkörperter Personen. Aus Kamaloka kommt keine geistige Erleuchtung.

*

Die fünfte Unterabteilung von Kamaloka zeigt viele neue Besonderheiten. Sie erscheint außerordentlich leuchtend und strahlend, was sie für Wesen sehr anziehend macht, die nur an die düsteren Farben der Erde gewöhnt sind. Sie rechtfertigen erst das schmückende Beiwort „astral", d. i. sternartig strahlend, das dieser ganzen Ebene verliehen wurde. Hier befinden sich all die verweltlichten Himmel, die in den volkstümlichen Religionen der ganzen Erde eine so große Rolle spielen. Die ewigen Jagdgründe der Indianer, das Walhalla der Nordländer, das Paradies voll Huris der Mohammedaner, das neue Jerusalem der Christen mit seinen goldenen, edelsteingeschmückten Toren, der reich mit Bildungsanstalten versehene Himmel der materialistischen Reformatoren — alle haben hier ihren Platz. Männer und Frauen, die verzweifelt an jedem „Buchstaben, der tötet" hingen, erleben hier die buchstäbliche Erfüllung ihrer Sehnsucht, indem sie unbewußt durch ihre Vorstellungskraft, die sich nur von der äußeren Schale der Heiligen Schriften der Welt nährte, aus Astralstoff jene Luftschlösser bauen, von denen sie träumten. Die gröbsten religiösen Vorstellungen finden hier ihre zeitweilige Verwirklichung als Wolkengebilde, und Buchstabengläubige aller Glaubensrichtungen, die vom selbstsüchtigen Verlangen nach eigener Erlösung in einem sehr materialistischen Himmel erfüllt waren, finden hier eine geeignete, ihnen Genuß gewährende Wohnstätte, die eben jene Verhältnisse aufweist, an die sie glaubten. Die religiösen und philantropischen Wichtigtuer, denen es mehr darum zu tun war, ihre eigenen Steckenpferde zu reiten und ihren Nächsten ihre eigenen Methoden aufzudrängen, als selbstlos für die Vermehrung der Tugend und des Wohles der Menschheit zu wirken, stehen hier im Vordergrunde, eifrig und zu ihrer eigenen großen Befriedigung damit beschäftigt, Besserungsanstalten, Asyle und Schulen zu betreiben; auch bereitet es ihnen noch ein großes Vergnügen, mit ihrem astralen Finger noch in irgendeinem irdischen Brei herumzurühren, indem sie sich eines dienstfertigen Mediums bedienen, dem sie mit würdevoller Herablassung ihre Gunst gewähren. Sie bauen astrale Kirchen, Schulen und Häuser und schaffen so den materialistischen Himmel, den sie erträumten. Und wenn einem schärferen Blick ihre Gründungen auch unvollkommen, ja oft pathetisch grotesk erscheinen, so finden sie selbst sie doch durchaus befriedigend. Menschen gleicher Religion scharen sich hier zu gemeinsamem Wirken zusammen, so daß sich Gemeinden bilden, die sich ebensosehr voneinander unterscheiden wie ähnliche irdische Gemeinden. Wenn sie zur Erde hingezogen werden, so suchen sie meist ihre Glaubensgenossen und Landsleute auf, hauptsächlich angezogen durch die natürliche Verwandtschaft, aber auch, weil in Kamaloka noch die Sprachenschranke besteht, wie dies gelegentlich bei Botschaften, die in spiritistischen Zirkeln empfangen werden, bemerkt werden kann. Seelen aus dieser Unterabteilung nehmen oft lebhaftes Interesse an den Versuchen, Verbindungen zwischen unserer Welt und der Astralwelt herzustellen, und die „geistigen Führer" der Durchschnitts-Medien stammen meistens aus dieser und aus der nächsthöheren Region. Sie sind sich meist darüber klar, daß noch viele Möglichkeiten eines höheren Lebens vor ihnen liegen und daß sie früher oder später in Welten aufsteigen werden, von denen aus kein Verkehr mit der Erde mehr möglich ist.

Die sechste kamalokische Region gleicht der fünften, ist aber noch feinstofflicher und wird hauptsächlich von Seelen einer weiter vorgeschrittenen Art bewohnt, die hier das astrale Gewand austragen, in dem ihre Gedankenkräfte während des Erdenlebens gewirkt hatten. Daß sie sich hier aufhalten müssen, kommt daher, daß bei den künstlerischen und intellektuellen Bestrebungen ihres Lebens die Selbstsucht noch eine große Rolle gespielt hatte und daß sie ihre Talente zur Befriedigung ihrer Wunschnatur mißbrauchten, wenn auch in einer verfeinerten und zarten Art. Ihre Umgebung gehört zum Besten, das im Kamaloka überhaupt zu finden ist, da ihre schöpferischen Gedanken das leuchtende Material ihres vorübergehenden Aufenthaltsortes zu wunderbaren Landschaften und wellenbewegten Meeren, zu schneebedeckten Bergen und fruchtbaren Ebenen umgestalten, zu Szenerien, die, auch wenn man sie mit dem Herrlichsten vergleicht, das die Erde zu bieten hat, als feenhaft schön erscheinen. Auch hier finden sich Religionsereiferer; sie sind von einer etwas vorgeschritteneren Art als jene in der unmittelbar darunter befindlichen Abteilung und haben einen klareren Blick für ihre Beschränkungen. Sie streben schon klarer danach, aus ihrer gegenwärtigen Sphäre herauszukommen und einen höheren Zustand zu erreichen.

Die s i e b e n t e und höchste Unterabteilung von Kamaloka ist fast gänzlich von intellektuellen Menschen bewohnt, die während ihres Erdenlebens entweder ausgesprochen materialistisch waren oder an die Methoden der Erwerbung von Wissen durch den niederen Verstand im physischen Körper so verhaftet sind, daß sie ihre Bestrebungen in der alten Weise fortsetzen, wenn auch mit erweiterten Möglichkeiten. Dies erinnert an Charles Lambs[9] Abneigung gegen den Gedanken, daß im Himmel „durch irgend eine alberne Intuition" Kenntnisse erworben werden könnten, statt durch seine geliebten Bücher. Mancher Forscher lebt hier — wie H. P. Blavatsky lehrt — durch viele Jahre, ja selbst durch Jahrhunderte, buchstäblich in einer astralen Bibliothek, studiert eifrig alle Bücher, die seinen Lieblingsgegenstand behandeln, und ist mit seinem Los vollkommen zufrieden. Menschen, die sich einer bestimmten wissenschaftlichen Forschungsarbeit verschrieben und die ihren Leib abgelegt haben, ohne daß ihr Wissensdurst gestillt war, verfolgen ihre Ziele noch immer mit unermüdlicher Ausdauer weiter, gefesselt durch ihr Haften an den irdischen Forschungsmethoden. Oft zweifeln solche Menschen daran, daß höhere Möglichkeiten vor ihnen liegen und schrecken vor dem zurück, was praktisch einen zweiten Tod bedeutet — vor dem Versinken in Bewußtlosigkeit, das der Geburt der Seele in das höhere himmlische Leben vorangeht.

Politiker, Staatsmänner und Männer der Wissenschaft bleiben eine Weile in dieser Region, sich langsam von ihrem Astralkörper lösend, aber noch an das niedere Leben gefesselt durch das eifrige und lebhafte Interesse an jenen Bewegungen, in denen sie eine so bedeutende Rolle gespielt haben, sowie dadurch, daß sie astral einige der Pläne zu vollenden trachten, aus denen sie der Tod gerissen hatte, bevor sie Wirklichkeit geworden waren.

*

Für alle Seelen aber — mit Ausnahme jener kleinen Minderheit, welche während ihres irdischen Lebens niemals eine Spur selbst-

[9] Englischer Dichter und Humorist (1775—1834).

loser Liebe, intellektuellen Strebens oder der Anerkennung von etwas, das höher steht als sie selbst, empfunden haben — kommt eine Zeit, in der die Fesseln des Astralkörpers endlich abgeschüttelt werden, wobei die Seele für kurze Zeit das Bewußtsein ihrer Umgebung verliert, ähnlich der Bewußtlosigkeit, die dem Abwerfen des irdischen Körpers folgte, um dann erweckt zu werden durch das Gefühl einer Seligkeit, die so intensiv, so grenzenlos und unergründlich ist, daß sie die kühnsten Träume übersteigt; es ist die Seligkeit der Himmelswelt, der Welt, zu der die Seele ihrer Natur nach gehört. So niedrig und gemein auch viele ihrer Leidenschaften, so seicht und unlauter auch viele ihrer Begierden gewesen sein mochten, sie hat dann und wann auch den Schimmer der höheren Natur gefühlt, hin und wieder einen gebrochenen Lichtstrahl aus reineren Welten empfangen. Diese Samenkörner müssen nun bis zur Zeit der Ernte reifen; und so armselig und gering sie auch sind, sie müssen den gebührenden Ertrag bringen. So geht der Mensch daran, die Ernte einzubringen, um ihre Früchte zu genießen und in sich zu verarbeiten[10].

Der astrale Leichnam, wie er zuweilen genannt wird, die Schale der dahingegangenen Wesenheit, besteht aus den Bruchstücken der sieben früher erwähnten konzentrischen Schalen, die durch den zurückgebliebenen Magnetismus der Seele zusammengehalten werden. Sie haben sich der Reihe nach soweit aufgelöst, daß nur noch einzelne zerstreute Bruchstücke von ihnen übrig sind; diese haften vermöge der magnetischen Anziehung an den restlichen Schalen, und wenn eine nach der anderen und schließlich auch die siebente Schale, die innerste, sich auf solche Weise aufgelöst hat, kann der Mensch unter Zurücklassung dieser Rückstände entweichen. Die Schale treibt nun in der kamalokischen Welt umher, matt und automatisch ihre gewohnten Schwingungen wiederholend; in dem Maße, als sich der zurückgebliebene Magnetismus verliert, verfällt sie immer mehr, bis sie sich endlich ganz auflöst und ihre Bestandteile der Gesamtmasse astraler Materie zurückerstattet, in gleicher Weise, wie dies der physische Körper gegenüber der physischen Welt tut.

Diese Schale treibt ziellos umher, wohin sie die astralen Strömungen tragen; sie kann, wenn ihr Zerfall nicht zu weit fortgeschritten ist, durch den Magnetismus von noch auf der Erde verkörperten Seelen wieder belebt werden und so eine gewisse Aktivität wiedererlangen; sie saugt den Magnetismus auf, wie ein Schwamm das Wasser, und erweckt dann einen trügerischen An-

---

[10] Vergleiche Kapitel V: „Devachan".

schein von Leben, indem sie alle Schwingungen, an die sie gewohnt war, mit größerer Kraft wiederholt. Solche Schwingungen werden oft durch Gedanken ausgelöst, welche die dahingegangene Seele mit hinterlassenen Freunden und Verwandten gemein hatte, und dann kann eine so belebte Schale ganz achtbar die Rolle einer sich mitteilenden Intelligenz spielen. Sie ist aber — auch ohne astrales Sehvermögen — leicht an der automatischen Wiederholung bekannter Gedanken sowie an dem völligen Mangel jeglicher Originalität und jeder Spur von Wissen, das sie nicht schon zu Lebzeiten besessen hat, zu erkennen.

Ebenso wie eine dahingegangene Seele durch törichte und unbesonnene Freunde in ihrem Fortschritt aufgehalten werden kann, so kann sie auch durch weise und richtig gelenkte Anstrengungen unterstützt werden. Darum schreiben auch alle Religionen, die noch Spuren der okkulten Weisheit ihrer Begründer bewahrt haben, den Gebrauch von „Gebeten für die Toten" vor. Diese Gebete und die begleitenden Zeremonien sind, je nach dem Wissen, der Liebe und der Willenskraft, die sie beseelen, von geringerem oder größerem Nutzen. Sie beruhen auf der universellen Wahrheit, daß es Schwingungen sind, die das Weltall erbauen, gestalten und erhalten. Durch die geäußerten Laute entstehen Schwingungen, welche die Astralstoffe in bestimmte Formen bringen, die dann von den in den Worten enthaltenen Gedanken beseelt sind. Diese Gedankenformen werden dem in Kamaloka befindlichen Wesen zugesandt, sie prallen auf seinen Astralkörper auf und beschleunigen dadurch seine Auflösung. Mit dem Verfall des okkulten Wissens haben diese Zeremonien ihre Kraft immer mehr eingebüßt, bis ihr Nutzen nahezu den Nullpunkt erreicht hat. Doch werden sie auch jetzt noch manchmal von einem Wissenden ausgeführt und üben dann ihren richtigen Einfluß aus. Darüber hinaus aber kann jeder seinen geliebten Dahingeschiedenen dadurch helfen, daß er ihnen liebevolle und friedvolle Gedanken mit dem Wunsche zusendet, sie mögen die kamalokische Welt recht schnell durchschreiten und von den astralen Fesseln befreit werden. Niemand sollte seine „Toten" einsam ihren Pfad gehen lassen, ohne das Geleit der liebevollen Schar solcher Schutzengel-Gedankenformen, die ihnen auf dem Weg zum Heil weiterhelfen.

IV. KAPITEL

DIE MENTALEBENE

Die Mentalebene ist, wie ihr Name andeutet, die Ebene des Bewußtseins, das sich im Denken ausdrückt, die Ebene des Verstandes, nicht wie er durch das Gehirn, sondern wie er in seiner eigenen Welt wirkt, unbeschwert durch physischen Geist-Stoff. Dies ist die Welt des wahren Menschen. Das Wort „Mensch“ kommt von der Sanskritwurzel „man“, und dies ist die Wurzel des Sanskrit-Verbums „denken“, so daß „Mensch“ eigentlich „Denker“ bedeutet; er wird nach seiner kennzeichnendsten Eigenschaft, dem Intellekt, benannt. Im Englischen wird das Wort „mind“ sowohl für das intellektuelle Bewußtsein selbst, als auch für die Wirkungen, welche die Schwingungen dieses Bewußtseins auf das physische Gehirn ausüben, gebraucht. Wir müssen aber begreifen, daß das intellektuelle Bewußtsein eine Wesenheit, ein Individuum ist, ein Wesen, dessen Lebensschwingungen Gedanken sind, Gedanken, die Bilder sind, nicht Worte. Dieses Individuum ist Manas oder der Denker[1]; er ist das in Materie der höheren Unterabteilung der Mentalebene gekleidete und unter deren Bedingungen wirkende Selbst. Er offenbart seine Gegenwart auf der physischen Ebene durch die Schwingungen, welche er im Gehirn und Nervensystem erzeugt; diese Antworten auf seine Lebensimpulse durch gleichgestimmte Schwingungen, können jedoch infolge ihrer Grobstofflichkeit nur einen geringen Teil seiner Schwingungen wiedergeben und auch diesen nur sehr unvollkommen. So wie die Wissenschaft das Bestehen einer großen Zahl ätherischer Schwingungen lehrt, von denen das Auge nur einen Teil sehen kann, nämlich das Sonnenlichtspektrum, weil es nur innerhalb bestimmter Grenzen zu schwingen vermag, ebenso kann der physische Denk-Apparat, das Gehirn und das Nervensystem, nur einen ganz geringen Teil der vielen mentalen Schwingungen denken, welche der „Denker“ in der ihm eigenen Welt in Bewegung

[1] Von Manas abgeleitet ist der Fachausdruck manasische Ebene, in unserer Sprache mit dem Wort „mental“ wiedergegeben. Wir können sie auch die Ebene des reinen Intellektes nennen, zum Unterschiede von dem durch das Gehirn arbeitenden Intellekt.

setzt. Die empfänglichsten Gehirne antworten auf jene Schwingungen bis zu einem Grade, den wir große intellektuelle Kraft nennen; außergewöhnlich aufnahmsfähige Gehirne bis zu dem Grade, den wir Genie nennen; außergewöhnlich unempfängliche Gehirne können nur bis zu dem Grade antworten, den wir Idiotie nennen; aber jeder Denker läßt Millionen von Gedankenwellen gegen sein Gehirn schlagen, auf welche es wegen der Dichte seines Stoffes nicht antworten kann, und die sogenannten Verstandeskräfte eines Menschen stehen genau im Verhältnis zu der Sensitivität seines Gehirns. Ehe wir aber den Denker studieren, wird es gut sein, seine Welt, die Mentalebene selbst zu betrachten.

Die Mentalebene ist die der Astralebene am nächsten liegende Ebene und ist von ihr nur durch die Verschiedenheit ihres Stoffes getrennt, genau so wie die astrale von der physischen Welt. Wir können das, was wir von der astralen und physischen Ebene sagten, auch hinsichtlich des Verhältnisses der mentalen zur astralen Ebene wiederholen. Das Leben auf der Mentalebene ist aktiver als das auf der Astralebene und die Formen sind leichter bildsam. Der Geist-Stoff dieser Ebene ist lebensvoller und feiner als irgendein Stoffzustand der Astralwelt. Das feinste Uratom aus Astralstoff hat als kugelförmige Hülle unzählige Verbindungen von gröbstem Mentalstoff, so daß die Auflösung eines Astralatoms eine Menge des gröbsten Mentalstoffes freigibt. Man wird verstehen, daß die Lebenskräfte mit Rücksicht auf diese Umstände auf dieser Ebene eine sehr viel größere Tätigkeit entfalten können, da sie um so viel Masse weniger zu bewegen haben. Der Stoff ist unaufhörlich in Bewegung, nimmt unter der Einwirkung jedes Lebensimpulses Gestalt an und paßt sich unverzüglich jeder neuen Bewegung an. Der „Gedankenstoff", wie er auch genannt worden ist, läßt den astralen Geist-Stoff plump, schwer und glanzlos erscheinen, obwohl dieser doch, verglichen mit dem physischen Geist-Stoff, so feenhaft leicht und leuchtend ist. Aber das Gesetz der Analogie ist gültig und gibt uns den Schlüssel zum Verständnis dieser über-astralen Region, dieser Region, die unser Herkunftsland und unsere Heimat ist, wenn wir sie auch, eingekerkert in einem fremden Land, nicht kennen, und die Beschreibungen, die wir von ihr erhalten, mit den Augen Fremder betrachten.

Auch hier wieder sind, wie auf den beiden niederen Ebenen, die Unterabteilungen des Geist-Stoffes der Ebene sieben an der Zahl. Auch hier wieder gehen diese verschiedenen Stoffarten zahllose Verbindungen einfacher und komplizierter Art ein und ergeben die festen Stoffe, Flüssigkeiten, Gase und Ätherstoffe der Mentalebene. Das Wort „fest" erscheint hier allerdings sinnwidrig, auch wenn man von der dichtesten Form des solidesten Gedankenstoffes spricht; da diese aber immerhin dicht erscheinen, wenn man sie mit anderen Arten von Mental-Materie vergleicht und da wir keine Worte zur Beschreibung haben als solche, die sich auf physische Verhältnisse gründen, so müssen wir diese Bezeichnung in Ermangelung einer besseren eben wohl oder übel anwenden. Es genügt, wenn wir uns darüber klar sind, daß auch diese Ebene dem allgemeinen Naturgesetz folgt, welches auf unserem Planeten die Siebenteilung ist, und daß die Dichte des Stoffes der verschiedenen Unterebenen von Stufe zu Stufe abnimmt, wie dies bei den festen, flüssigen, gasförmigen und ätherischen Stoffen der physischen Ebene der Fall ist, so daß die siebente oder höchste Unterabteilung sich nur mehr aus den mentalen Grundatomen zusammensetzt.

Diese Unterabteilungen werden in zwei Gruppen geteilt, denen die etwas unpassenden und unverständlichen Beiwörter „formlos" und „formhaft" beigelegt wurden[2]. Die niederen vier — die erste, zweite, dritte und vierte Unterabteilung — werden als „formhafte" Gruppe zusammengefaßt, die höheren drei — die fünfte, sechste und siebente Unterabteilung als die „formlose". Diese Einteilung ist notwendig, denn der Unterschied zwischen ihnen besteht tatsächlich, obgleich er schwer zu beschreiben ist. Die beiden Regionen stehen im Bewußtsein zu einer im Intellekt selbst stehenden Teilung in Beziehung — was aus dem Nachstehenden deutlicher hervorgehen wird. Der Unterschied kann vielleicht am besten erklärt werden, wenn ich sage, daß die Bewußtseinsschwingungen in den vier unteren Schichten Formen und Bilder hervorrufen, und daß dort jeder Gedanke als lebendiges Gebilde erscheint; in den höheren drei Abteilungen hingegen erzeugt das Bewußtsein wohl auch noch Schwingungen, aber sie gleichen mehr einem mächtigen Strom lebender Energie, der, solange er in dieser höheren Region weilt, keine bestimmten Bilder formt; sobald er aber die niederen Sphären erreicht, bildet er eine Menge verschiedener Formen, die alle durch etwas Gemeinsames miteinander verbunden sind. Die nächste Analogie, welche ich für die hier verständlich zu machende Vorstellung finden kann, ist der Vergleich abstrakter und konkreter Gedanken: Die abstrakte Idee eines Dreieckes hat keine Form, sondern umfaßt jede Fläche, die von drei geraden Linien eingeschlossen ist und deren Winkel zusammen zwei rechte Winkel ergeben; diese formlose Idee, welche bestimmte Bedingungen enthält, aber keine Form hat, kann, in die niedere Welt versetzt, eine unbestimmte Anzahl von Formen entstehen lassen, rechtwinkelige, gleichschenkelige, un-

[2] Arupa, ohne Form; rupa, Form. Rupa bedeutet Form, Gestalt, Körper.

gleichseitige Dreiecke jeder Farbe und Größe, die aber alle die Bedingungen der Idee erfüllen — es sind konkrete Dreiecke, deren jedes eine bestimmte, eigene Form hat. Daß es so unmöglich ist, mit Worten eine klare Darlegung des Unterschiedes der Bewußtseinstätigkeit in den beiden Regionen zu geben, ist auf den Umstand zurückzuführen, daß Worte Symbole von Bildern sind, die der Wirksamkeit des niederen Verstandes im Gehirn angehören und ganz auf dieser Wirksamkeit beruhen, während die „formlose" Region der reinen Vernunft zugehört, welche niemals innerhalb der engen Grenzen der Sprache arbeitet.

Die Mentalebene ist diejenige, welche das universelle schöpferische Denken in der Natur widerspiegelt, die Ebene, die in unserem kleinen System derjenigen des großen Schöpfergeistes im Kosmos entspricht[3]. In ihren höheren Regionen bestehen all jene Ur-Ideen, die gegenwärtig in konkreter Entwicklung begriffen sind, und in ihren niederen Regionen werden die Ur-Ideen in aufeinanderfolgenden Formen ausgearbeitet, die dann entsprechend auch in der astralen und physischen Welt hervorgebracht werden. Der Stoff der Mentalebene hat die Fähigkeit, unter dem Impuls von Gedankenschwingungen alle Arten von Verbindungen einzugehen, die Gedanken aufbauen können. So wie man aus Eisen einen Spaten zum Graben oder ein Schwert zum Töten schmieden kann, so können aus Mentalstoff hilfreiche oder verletzende Gedankenformen gebildet werden. Das vibrierende Leben des Denkers formt den ihn umgebenden Stoff, und wie sein Wollen ist, so ist sein Werk. In dieser Region sind Denken und Handeln, Wille und Tat ein und dasselbe — hier wird der Geist-Stoff zum gehorsamen Diener des Lebens, der sich jedem schöpferischen Antrieb anpaßt.

Die Schwingungen, welche die Materie dieser Ebene zu Gedankenformen gestalten, erzeugen vermöge ihrer Schnelligkeit und Feinheit auch wunderbare, beständig wechselnde Farben, Wellen verschiedener Farbtöne, gleich den Regenbogenfärbungen in der Perlmutter, gleiten in unbeschreiblicher ätherischer Helligkeit über und durch jede Form, so daß eine jede von ihnen eine Harmonie rieselnder, lebendiger, leuchtender, zarter Farben darstellt, deren viele auf der Erde unbekannt sind. Worte können keine Vorstellung geben von der erlesenen Schönheit und dem Glanz dieses von Leben und Bewegung durchdrungenen feinen Stoffes. Jeder Seher, der davon Zeugnis gegeben hat, sei er nun Hindu, Buddhist oder Christ,

---

[3] Mahat, der Dritte Logos oder die Göttliche Schöpferische Intelligenz, der Brahma der Hindus, der Mandjusri der nördlichen Buddhisten, der Heilige Geist der Christen.

spricht in Ausdrücken des Entzückens von ihrer herrlichen Schönheit und bekennt sich als ganz unfähig, sie zu beschreiben. Worte, und seien sie noch so schön zu Lobpreisungen verwoben, erscheinen bloß als vergröbernd und herabziehend.

*

Gedankenformen spielen unter den Lebewesen, die auf der Mentalebene tätig sind, naturgemäß eine große Rolle. Sie gleichen jenen, die wir schon in der Astralwelt kennenlernten, nur sind sie viel strahlender und prächtiger gefärbt, kräftiger, dauerhafter und stärker belebt. Je ausgeprägter die höheren intellektuellen Fähigkeiten des Menschen werden, desto schärfer zeichnen sich die Umrisse der von ihnen gebildeten Formen ab und neigen zur Bildung von geometrischen Figuren von einzigartiger Vollkommenheit, die in leuchtenden Farben ebenso einmaliger Reinheit erstrahlen. Auf der heutigen Entwicklungsstufe der Menschheit überwiegen allerdings unregelmäßig geformte, wolkig unklare Gedanken, das Erzeugnis des mangelhaft geübten Denkens der überwiegenden Mehrheit. Man kann hier aber auch auf künstlerische Gedanken von seltener Schönheit treffen und es ist nicht zu verwundern, daß Maler, die in traumartigen Visionen einen Schimmer ihres Ideals erhaschten, sich oft aufreiben im Ringen gegen ihre Unfähigkeit, seine leuchtende Schönheit in den stumpfen Farben dieser Erde wiederzugeben.

Diese Gedankenformen werden aus der Elemental-Essenz dieser Ebene dadurch aufgebaut, daß die Schwingungen des Denkens die Elemental-Essenz in eine entsprechende Gestalt treiben. Auf diese Weise entstehen auch hier wieder, genau wie in der Astralwelt, „künstliche Elementale", der Gedanke selbst bildet gleichzeitig das beseelende Leben dieser Gestalt. Alles, was in Kapitel II über ihre Bildung und ihre Wichtigkeit gesagt wurde, kann hier in bezug auf die Formen der Mentalebene wiederholt werden; nur tragen hier ihre Erzeuger wegen der erhöhten Kraft und Dauer der Formen dieser Welt zusätzliche Verantwortung. Die Elemental-Essenz der Mentalebene wird von der göttlichen Lebenswoge[4] auf der Stufe ihres Abstieges, die ihrem Eintritt in die Astralwelt vorangeht, geformt; sie bildet das zweite Elementalreich, dessen Welt die vier niederen Unterabteilungen der Mentalebene bilden. Die drei höheren Unterabteilungen, die „formlosen", werden von dem ersten Elementalreich eingenommen; hier läßt das Denken die Elemental-Essenz zu leuchtenden Blitzen, funkelnden, farbigen Strömen und

---

[4] Im Original: von der Monade der Form.

Flammen lebendigen Feuers werden, statt ihr bestimmte Formen zu geben. Die Elemental-Essenz erhält hier, wenn man so sagen darf, ihre ersten Unterrichtsstunden in gemeinsamer Tätigkeit, jedoch noch ohne sich fester Formbegrenzung zu unterwerfen.

In beiden Hauptabteilungen der Mentalebene gibt es zahllose geistige Wesenheiten, deren niederster Körper aus dem leuchtenden Stoff und der Elemental-Essenz dieser Ebene gebildet ist — die „Leuchtenden", die die Naturvorgänge lenken, die schon erwähnten Scharen niederer Geschöpfe beaufsichtigen und selbst in ihren verschiedenen Hierarchien den großen Herren der sieben Elemente unterworfen sind[5]. Sie sind, wie man sich leicht vorstellen kann, Wesen von großem Wissen, großer Macht und herrlicher Erscheinung, strahlende, blitzende Geschöpfe von tausenderlei, gleich Regenbögen wechselnden, überirdischer Farben, von majestätischer, gebieterischer Miene, Verkörperungen ruhiger Energie und unwiderstehlicher Kraft. Man wird an die Beschreibung erinnert, die der große christliche Seher von einem mächtigen Engel gab: „Ein Regenbogen war über seinem Haupte, sein Antlitz glich der Sonne und seine Füße Feuersäulen[6]." Wie „das Rauschen vieler Wasser" sind ihre Stimmen, einem Echo der Sphärenmusik gleich. Sie leiten die Ordnung der Natur und herrschen über die ungezählten Scharen der Elementale der Astralwelt, so daß deren Kohorten unausgesetzt die Naturvorgänge mit unabänderlicher Regelmäßigkeit und Genauigkeit ausführen.

Auf der niederen Mentalebene sieht man viele Chelas in ihren Mentalkörpern an der Arbeit[7], für einige Zeit befreit von ihrem physischen Gewande. Wenn der Körper in tiefem Schlaf liegt, kann der wahre Mensch, der Denker, aus ihm entweichen und ungehindert von seinem Gewicht in diesen höheren Regionen arbeiten. Von hier aus kann er seinen Mitmenschen, indem er direkt auf ihren Verstand einwirkt, ihnen hilfreiche Gedanken eingibt und ihnen edle Ideen vorstellt, wirksamer und rascher helfen und sie trösten, als wenn er im Körper eingeschlossen wäre. Von hier aus kann er ihre Nöte deutlicher erkennen und ihnen daher auch vollkommener abhelfen, und es ist sein höchstes Vorrecht und seine größte Freude,

---

[5] Es sind dies die Arupa- und Rupa-Devas der Hindus und Buddhisten, die „Herren des Himmlischen und Irdischen" der Anhänger Zoroasters, die Erzengel und Engel der Christen und Mohammedaner.

[6] Offenbarung Johannis 10, 1.

[7] Der Mentalkörper wird gewöhnlich Mayavi Rupa oder Scheinkörper genannt, wenn er zu solcher selbständiger Tätigkeit in der Mentalwelt eingerichtet wird.

auf diese Weise seinen ringenden Brüdern zu helfen, ohne daß sie von seinem Dienst Kenntnis haben oder auch nur etwas ahnen von dem starken Arm, der ihre Last erleichtert, oder von der sanften Stimme, die ihnen Trost zuspricht in ihrem Leid. Ungesehen und unerkannt wirkt er, seinen Feinden ebenso froh und bereitwillig dienend wie seinen Freunden, und verteilt den Strom wohltätiger Kräfte, welche von den großen Helfern aus höheren Sphären ausgeströmt werden, an einzelne Menschen.

Hier sieht man manchmal auch die herrlichen Gestalten der Meister, obwohl diese sich meist in der höchsten Sphäre der „formlosen" Abteilung der Mentalebene aufhalten; und auch andere große Wesenheiten kommen manchmal hierher, wenn eine besondere Mission des Mitgefühls eine solch niedere Manifestation erfordert.

Die Verbindung zwischen den auf dieser Ebene bewußt wirkenden Wesen, seien es nun menschliche oder nicht-menschliche, verkörperte oder nicht-verkörperte, ist praktisch eine unmittelbare, denn sie geht mit „Gedankenschnelle" vor sich. Räumliche Schranken können hier nicht trennen und jede Seele kann mit jeder anderen schon dadurch in Verbindung treten, daß sie ihre Aufmerksamkeit auf sie richtet. Die Verständigung ist dergestalt nicht nur schnell, sondern sie ist auch eine vollkommene, wenn die Seelen auf ungefähr derselben Entwicklungsstufe stehen. Keine Worte beschränken und hindern die Verbindung, sondern der ganze Gedanke fährt wie ein Blitz von einem zum anderen, oder, vielleicht noch genauer ausgedrückt, jeder sieht schon, wie der andere den Gedanken faßt. Die eigentlichen Schranken zwischen Seelen sind die Unterschiede ihrer Entwicklung; der weniger Entwickelte kann von einem höher Entwickelten nur das erkennen, worauf er fähig ist zu reagieren Die Begrenzung kann ersichtlicherweise nur von dem höheren Wesen gefühlt werden, da das niedere alles erhält, was es in sich aufnehmen kann. Je entwickelter eine Seele ist, desto mehr weiß sie von allem um sie her, desto näher kommt sie der Wirklichkeit. Doch darf nicht vergessen werden, daß die Mentalebene auch noch ihre Schleier der Täuschung hat, obgleich sie viel weniger zahlreich und viel dünner sind als jene der Astralwelt und der physischen Welt. Jede Seele hat ihre eigene mentale Atmosphäre, und da alle Eindrücke durch diese Atmosphäre gehen müssen, so werden auch alle durch sie verzerrt und gefärbt. Je klarer und reiner und je weniger von der Persönlichkeit gefärbt diese Atmosphäre ist, desto weniger Täuschungen können sie befallen.

*

Die drei höchsten Unterabteilungen der Mentalebene sind die Wohnstatt des Denkers selbst, und er weilt in der einen oder anderen von ihnen, je nach seiner Entwicklungsstufe. Die große Mehrzahl lebt auf verschiedenen Entwicklungsstufen in der untersten Abteilung; verhältnismäßig wenige Hochintellektuelle halten sich in der zweiten Unterabteilung auf; der Denker erhebt sich dahin — um einen Ausdruck zu verwenden, der besser auf die physische als auf die Mentalebene paßt — sobald der feinere Stoff jener Region in ihm überwiegt und so den Wechsel erforderlich macht. Natürlich gibt es hier kein „Hinaufsteigen", keinen Wechsel des Ortes, aber er empfängt nun die Schwingungen dieses feineren Stoffes, da er fähig geworden ist, darauf zu antworten, und auch er selbst ist imstande, Kräfte auszusenden, welche die feinen Teilchen desselben in Schwingung versetzen. Der Studierende sollte sich mit der Tatsache vertraut machen, daß ein Aufstieg auf der Leiter der Entwicklung ihn nicht von einem Ort an einen anderen versetzt, sondern ihn nur befähigt, mehr und mehr Eindrücke aufzunehmen. Alle Sphären umgeben uns schon hier und jetzt: die astrale, die mentale, die buddhische, die nirvanische und noch höhere Welten, das Leben des allerhöchsten Gottes. Wir brauchen uns nicht zu erheben, um sie zu finden, denn sie sind hier; aber unsere stumpfe Unempfänglichkeit schließt sie wirksamer von uns ab, als dies Millionen von Meilen bloßen Raumes tun könnten. Wir sind uns nur dessen bewußt, was uns beeinflußt, was uns zu antwortenden Schwingungen anregt; und in dem Maße, als wir empfänglicher werden und immer feineren Stoff in uns aufnehmen, kommen wir auch mit immer feineren Welten in Berührung. Von einer Ebene zur anderen „Aufsteigen" bedeutet, daß wir unsere Gewänder aus immer feinerem Material weben und durch sie die unterschiedlichen Eindrücke feinerer Welten empfangen können. Es bedeutet ferner auch, daß innerhalb dieser Körper im Selbst göttlichere Kräfte vom Schlummerzustand zur Tätigkeit erwachen und ihre feineren Lebensimpulse aussenden.

Auf der nun erreichten Stufe ist sich der Denker seiner Umgebung voll bewußt und erinnert sich an seine Vergangenheit. Er kennt die Körper, die er trägt und mittels derer er mit den niederen Ebenen in Berührung tritt, und er ist imstande, sie in weitem Maße zu beeinflussen und zu lenken. Er sieht die Schwierigkeiten, die Hindernisse, auf die sie zugehen — die Ergebnisse vergangenen unbedachten Lebens — und er bemüht sich, ihnen Kräfte einzuflößen, durch die sie für ihre Aufgaben besser ausgerüstet werden sollen. Seine Führung wird manchmal im niederen Bewußtsein als gebieterisch zwingende Gewalt gefühlt, der man gehorchen muß, und die zu einer Handlungsweise antreibt, deren Gründe der getrübten Schau des mentalen und astralen Gewandes nicht immer völlig klar sein werden.

Menschen, die große Taten vollbracht haben, haben gelegentlich bekannt, daß sie dabei eine innere sie emporhebende und zwingende Macht fühlten, die ihnen keine Wahl zu lassen schien, anders zu handeln: es war der wahre Mensch, der da in ihnen handelte. Der Denker, der innere Mensch vollbrachte das Werk bewußt durch die Körper, welche dabei bloß die ihnen eigentlich zustehende Rolle als Werkzeuge des Individuums erfüllten. Alle Menschen werden mit fortschreitender Entwicklung einmal diese hohen Kräfte erlangen.

Auf der d r i t t e n Unterabteilung der oberen Region der Mentalebene weilen die Egos der Meister und der Eingeweihten, die ihre Schüler sind, jene „Denker", die vorwiegend Stoff dieser Region in ihren Körpern haben. Von dieser Welt der feinsten mentalen Kräfte aus vollbringen die Meister ihr wohltätiges Werk, indem sie edle Ideale, erleuchtende Gedanken, fromme Gefühle hernieder-fließen lassen, Ströme geistiger und intellektueller Hilfe für die Menschen. Jede Kraft, die hier oben erzeugt wird, sendet nach unzähligen Richtungen Strahlen aus, und Seelen, die sehr edel und rein sind, nehmen diese Einflüsse bereitwillig auf; eine neue Entdeckung blitzt plötzlich im Verstand eines geduldigen Erforschers der Naturgeheimnisse auf; eine neue Melodie entzückt das Ohr eines großen Musikers; die Antwort auf ein lange Zeit studiertes Problem erleuchtet den Intellekt eines hehren Philosophen; neue Hoffnungs- und Liebeskraft durchströmt das Herz eines unermüdlichen Menschenfreundes. Und doch glauben die Menschen, niemand kümmere sich um sie, obwohl schon die Redewendungen, die sie gebrauchen, wie z. B.: „Mir ging der Gedanke durch den Kopf", „mir kam die Idee", „eine Erkenntnis blitzte auf", unbewußt Zeugnis ablegen für die Wahrheit, die ihrem inneren Selbst wohl bekannt ist, mögen ihre äußeren Augen auch blind sein.

*

Wir wollen nun untersuchen, wie es mit dem Denker und seinem Gewande bei den Menschen auf der Erde bestellt ist. Der Körper, welcher das Bewußtsein auf den vier niederen Unterabteilungen der Mentalebene begrenzt — der Mentalkörper, wie wir ihn nennen — ist aus Stoffverbindungen dieser Unterabteilungen gebildet. Wenn der Denker, die individuelle Wesenheit, die menschliche Seele — deren Gestalt im zweiten Teil dieses Kapitels beschrieben ist — zur Verkörperung schreitet, strahlt sie zuerst etwas von ihrer

Energie in Schwingungen aus, welche Stoff aus den vier niederen Unterabteilungen ihrer eigenen Ebene anziehen und sie damit umgeben. Die Art des angezogenen Stoffes entspricht der Natur der Schwingungen; feinerer Stoff wird durch schnellere Schwingungen angezogen und nimmt unter ihrem Einfluß Form an; in gleicher Weise antwortet der gröbere Stoff auf langsamere Schwingungen. Ebenso wie eine Saite einen Ton — das ist eine bestimmte Zahl von Schwingungen —, der von einer Saite ähnlicher Stärke und Spannung ausgeht, in Resonanz mitschwingend erwidert, inmitten eines ganzen Chores von Tönen, die von Saiten ausgehen, die anders gestimmt sind, aber stumm bleibt, so ordnen sich auch die verschiedenen Stoffgattungen nach den verschiedenen Schwingungsarten, die sie treffen. So wird der Mentalkörper, mit dem sich der Denker umgibt, genau den von ihm ausgehenden Schwingungen entsprechen. Dieser Mentalkörper ist das, was man gewöhnlich den niederen Verstand, das niedere Manas, nennt, denn er ist der in der Materie der niederen Unterabteilungen der Mentalebene gekleidete und in seinem weiteren Wirken durch diese bedingte Denker. Keine seiner Kräfte, die zu fein sind, um diesen Stoff zu bewegen, die zu schnell schwingen, um ihn zum Mitschwingen zu veranlassen, kann sich durch den Mentalkörper betätigen. Der Denker ist demnach durch ihn in seinem Selbstausdruck bedingt und beschränkt. Der Mentalkörper ist der erste seiner Kerker im Erdenleben, und während seine Kräfte darin tätig sind, ist er selbst von seiner höheren Welt weitgehend abgeschlossen. Seine Aufmerksamkeit ist bei den nach außen gerichten Energien, und sein Leben strömt mit ihnen in den niederen Mentalkörper, der oft als Gewand, Hülle oder Fahrzeug bezeichnet wird. Jeder Ausdruck ist geeignet, der klar macht, daß der Denker nicht der Mentalkörper ist, sondern daß er ihn geschaffen hat und benützt, um so viel von sich selbst zum Ausdruck zu bringen, als in der unteren Mentalregion möglich ist. Dabei darf man nicht außer acht lassen, daß seine weiter nach außen pulsierende Energie auch die noch gröbere Materie der Astralebene heranzieht und daraus seinen Astralkörper gestaltet. Während des Erdenlebens werden die Kräfte, die sich durch die niederen Arten des Mentalstoffes ausdrücken, so leicht in die langsameren Schwingungen umgewandelt, auf welche der astrale Stoff reagiert, daß die beiden Körper ständig gemeinsam schwingen und eng miteinander verwoben sind. Je gröber die Stoffarten sind, die in den Mentalkörper eingebaut wurden, um so inniger wird seine Verbindung mit dem Astralkörper, so daß die beiden zuweilen in eine Klasse eingereiht und sogar als ein einheitlicher Körper aufgefaßt werden[8]. Wenn wir zur Besprechung der Wiederverkörperung kommen, werden wir finden, daß diese Tatsache von lebenswichtiger Bedeutung ist.

Je nach der Entwicklungsstufe, die der Mensch erreicht hat, wird der Typus des Mentalkörpers ausfallen, den er auf seinem Weg zur Wiedergeburt bildet. Ebenso, wie wir dies mit dem Astralkörper taten, können wir daher auch den Mentalkörper bei drei verschiedenen Menschenarten studieren — a) bei einem unentwickelten Menschen, b) bei einem Durchschnittsmenschen und c) bei einem geistig fortgeschrittenen Menschen.

a)

Im unentwickelten Menschen ist der Mentalkörper nur schwach zu erkennen; eine kleine Menge ungeordneten Mentalstoffes, zum größten Teil aus der niedersten Unterabteilung dieser Ebene genommen, ist alles, was davon zu sehen ist. Er wird fast nur von den niederen Körpern beeinflußt. Stürmische astrale Erregungen, erzeugt durch Eindrücke der Sinnesorgane bei der Berührung mit stofflichen Gegenständen, versetzen ihn in schwache Schwingungen. Sonst verhält er sich fast ganz still und sogar auf den Anstoß dieser astralen Schwingungen antwortet er nur träge. Da er von innen her zu keiner bestimmten Handlungsweise angeregt wird, sind diese Stöße von der Außenwelt notwendig, um eine Antwort zu erzielen. Je heftiger die Schläge sind, desto besser ist es für den Fortschritt des Menschen, denn jede antwortende Schwingung trägt zur Entwicklung des jungen Mentalkörpers bei. Ausgelassene Vergnügungen, Zorn, Wut, Schmerz, Schrecken, alle diese Leidenschaften, die Wirbelstürme im Astralkörper erzeugen, erwecken schwache Schwingungen im Mentalkörper und diese Schwingungen regen das Mentalbewußtsein allmählich an, selbst tätig zu werden, sie veranlassen es, zu den Eindrücken, die es von außen erhält, etwas Eigenes hinzuzufügen.

Wir haben gesehen, daß der Mentalkörper so eng mit dem astralen vermengt ist, daß sie wie ein einheitlicher Körper handeln,

---

[8] So spricht der Theosoph von Kama-Manas, damit meint er den Verstand, der in und mit der Wunschnatur wirkt, der die tierische Natur beeinflußt und von ihr beeinflußt wird. Der Vedantist faßt die beiden zusammen und sagt, das Selbst wirkt in Manomayakosha, dem Gewand, das sich aus dem niederen Verstand, den Gemütsbewegungen und Leidenschaften zusammensetzt. Der europäische Psychologe macht das „Gefühl“ zu einem Teil seiner dreigeteilten „Seele“, und zu den Gefühlen zählt er sowohl Gemütsbewegungen als auch Sinnesempfindungen.

aber die erwachenden mentalen Fähigkeiten verleihen den astralen Leidenschaften eine gewisse Kraft und Beschaffenheit, die ihnen, solange sie als bloße tierische Eigenschaften wirken, nicht eigen sind. Die Eindrücke, die der Mentalkörper empfängt, sind von dauernderer Wirkung als die des Astralkörpers und er vermag sie bewußt zu wiederholen.

Hier beginnt jetzt die Funktion des Gedächtnisses und das Organ der Vorstellungskraft sich zu entwickeln; letzteres formt sich dadurch, daß die Bilder der Außenwelt auf die Bestandteile des Mentalkörpers wirken und sie nach ihrem Ebenbilde gestalten. Diese Bilder, entstanden aus der Berührung der Sinne mit der Außenwelt, ziehen den dichtesten Mentalstoff um sich herum; die erwachenden Kräfte des Bewußtseins reproduzieren die Bilder und sammeln auf diese Weise ein ganzes Lager von Bildern an; diese Bilder sind es, die nun zum ersten Male eine von innen kommende Tätigkeit anregen, geboren aus dem Wunsche, durch die äußeren Organe Schwingungen, die angenehm befunden wurden, noch einmal zu erleben und schmerzbringende zu vermeiden. Jetzt beginnt der Mentalkörper den Astralkörper zu erregen und in ihm die Begierden anzufachen, die im Tier schlummern, bis ein physischer Reiz sie weckt. Daher finden wir beim unentwickelten Menschen das ewige Jagen nach Sinnesbefriedigung, das bei den niederer stehenden Tieren niemals anzutreffen ist, eine Wollust, Grausamkeit und Berechnung, die den Tieren völlig fremd ist. Die erwachenden, an die Sinne gefesselten und ihnen dienenden Verstandeskräfte machen den Menschen zu einer viel wilderen und gefährlicheren Bestie, als dies ein Tier jemals sein kann, und die stärkeren und feineren Kräfte, die dem mentalen Geist-Stoff innewohnen, verleihen der Begierden-Natur eine Intensität und Schärfe, die wir in der Tierwelt nicht finden. Aber gerade diese Exzesse führen durch die Leiden, die sie verursachen, selbst zu ihrer Überwindung, denn diese neuen Erlebnisse wirken ebenfalls auf das Bewußtsein und erzeugen neue Bilder, die von der Vorstellungskraft verarbeitet werden. Sie regen das Bewußtsein dazu an, vielen der Schwingungen, die von der Außenwelt durch den Astralkörper zu ihm gelangen, zu widerstehen und seinen Willen dazu zu gebrauchen, die Leidenschaften zu beherrschen, statt ihnen freien Lauf zu lassen. Solche widerstandleistende Schwingungen werden in feineren Geist-Stoffverbindungen erregt und ziehen solche an den Mentalkörper heran; sie wirken auch dahin, die gröberen Verbindungen, die im Einklang mit der leidenschaftlichen Note des Astralkörpers schwingen, aus dem Mentalkörper auszustoßen. Durch diesen Kampf zwischen den von den Bildern der Leidenschaftsobjekte erzeugten

Schwingungen und jenen, welche durch die Erinnerungsbilder vergangener, leidvoller Erfahrungen entstehen, wächst der Mentalkörper, beginnt einen festen inneren Aufbau zu entwickeln und in der äußeren Tätigkeit immer initiativer zu werden.

Während das Erdenleben zum Sammeln von Erfahrungen verwendet wird, dient die Zeit zwischen dem Erdenleben ihrer Verarbeitung, wie wir im folgenden Kapitel genauer sehen werden, — so daß der Denker bei jeder Wiederkunft auf die Erde über einen größeren Vorrat an Fähigkeiten verfügt, die als sein Mentalkörper Gestalt annehmen. Auf diese Weise entfaltet sich der unentwickelte Mensch, dessen Verstand der Sklave seiner Leidenschaften ist, zum Durchschnittsmenschen, dessen Verstand ein Schlachtfeld ist, auf dem die Leidenschaften und die Verstandeskräfte mit wechselndem Erfolg, aber mit fast gleicher Stärke, ihre Kämpfe austragen, der aber doch allmählich Herrschaft über seine niedere Natur gewinnt.

b)

Beim Durchschnittsmenschen ist der Mentalkörper viel größer, zeigt ein gewisses Maß an Ordnung und Gliederung und enthält ziemlich viel Stoff aus der zweiten, dritten und vierten Unterabteilung der Mentalebene. Das allgemeine Gesetz, welches den Aufbau und die Umwandlung des Mentalkörpers regelt, kann hier am besten studiert werden, obwohl es dasselbe Prinzip ist, welches wir bereits im niedereren Bereich der astralen und physischen Welt am Werk sahen. Übung stärkt, Nichtgebrauch läßt verkümmern und schließlich absterben. Jede im Mentalkörper erzeugte Schwingung verursacht eine Veränderung seiner Bestandteile; sie stößt Stoff, der nicht im Gleichklang schwingen kann, an der betroffenen Stelle aus und ersetzt ihn durch passende Stoffe aus dem praktisch unerschöpflichen Vorrat ringsum. Je öfter eine Schwingungsreihe wiederholt wird, desto stärker entwickelt sich der von ihr beeinflußte Teil. Daher kommt auch — das sei nebenbei bemerkt — der Schaden, der dem Mentalkörper durch übermäßige Spezialisierung der Verstandeskräfte zugefügt wird. Eine solche Fehllenkung verursacht eine einseitige Entwicklung des Mentalkörpers; er wird in dem Teil, in welchem diese Kräfte ständig wirken, überentwickelt, und andere, vielleicht ebenso wichtige Teile bleiben verhältnismäßig unentwickelt. Eine harmonische, sich auf alle Teile gleichmäßig erstreckende Entwicklung ist das erstrebenswerte Ziel; und dazu bedarf es einer ruhigen Selbstprüfung und der klaren Ausrichtung der Mittel auf das Ziel. Ein Wissen um dieses Gesetz erklärt ferner gewisse bekannte Erfahrungen und gewährt sichere Hoffnung auf Fortschritt.

Beginnt man mit einem neuen Studium oder wendet sich einem höheren moralischen Grundsatz zu, dann erweisen sich die Anfangsstufen voll von Schwierigkeiten, ja manchmal wird das Streben gleich wieder aufgegeben, weil die Hindernisse auf dem Wege zum Erfolg unüberwindbar scheinen. Wenn eine neue Verstandesarbeit in Angriff genommen wird, dann lehnt sich der ganze Automatismus des Mentalkörpers dagegen auf, seine Bestandteile, die an eine bestimmte Schwingungsart gewöhnt sind, können sich dem neuen Impuls nicht anpassen, und das erste Stadium besteht daher vorwiegend aus Kraftanstrengungen, die sich, soweit es sich darum handelt im Mentalkörper bestimmte Schwingungen in Gang zu setzen, als vergeblich erweisen; sie sind aber die notwendige Vorbereitung hiefür, da sie die alten widerspenstigen Stoffe aus dem Körper hinausschütteln und solche gleichgestimmter Art hineinziehen. Während dieses Vorganges ist sich der Mensch keines Fortschrittes bewußt. Er spürt nur die Vergeblichkeit seiner Anstrengungen und den dumpfen Widerstand, auf den er stößt. Wenn er jedoch Ausdauer hat, dann wird er alsbald, wenn die neu hereingezogenen Stoffe zu wirken beginnen, besseren Erfolg in seinen Bemühungen haben und schließlich, wenn alle alten Stoffe ausgestoßen und die neuen wirksam sind, hat er mühelosen Erfolg und sein Ziel ist erreicht. Die kritische Zeit ist das Anfangsstadium; vertraut er aber dem Gesetz, das ebenso zuverlässig wirkt wie jedes andere Naturgesetz, und wiederholt er seine Anstrengungen mit Ausdauer, dann m u ß er Erfolg haben. Das Wissen um diese Tatsachen wird ihn ermuntern, während er sonst leicht in Verzweiflung versinken könnte.

So kann der Durchschnittsmensch also an sich arbeiten und in dem Maße, als er den Eingebungen seiner niederen Natur, deren er sich bewußt ist, standhaften Widerstand leistet, wird er mit Freude entdecken, daß sie ihre Macht über ihn verlieren, denn er treibt alle Stoffe aus seinem Mentalkörper hinaus, die imstande sind, mit ihnen im Gleichklang zu schwingen. So wird der Mentalkörper nach und nach aus den feineren Bestandteilen der vier niederen Unterabteilungen der Mentalebene zusammengesetzt, bis er schließlich zu jener strahlenden und auserlesenen schönen Gestalt wird, die der Mentalkörper des geistig entwickelten Menschen ist.

c)

Aus dem Mentalkörper des geistig entwickelten Menschen sind alle gröberen Stoffverbindungen entfernt worden, so daß die Sinnesobjekte weder in ihm, noch in dem mit ihm verbundenen Astralkörper Material vorfinden, das mit ihren Schwingungen harmoniert. Er enthält nur die feineren Verbindungen aus den vier Unterabteilungen der niederen Mentalwelt, und von diesen wieder überwiegen in seiner Zusammensetzung die Stoffe der dritten und vierten Unterabteilung sehr stark gegenüber jener der ersten und zweiten, so daß er empfänglich ist für alle höhere Wirksamkeit des Intellektes, für die zarten und feinen Berührungen der erlesenen Künste und für alle reinen, erhabenen Gemütserregungen. Ein derartiger Körper befähigt den Denker, dessen Gewand er ist, sich auf der niederen Mentalebene, in der astralen und physischen Welt viel vollkommener auszudrücken; seine Stoffe können auf einen viel weiteren Schwingungsbereich antworten und die Impulse aus höheren Welten verleihen ihm eine edlere und feinere Struktur. Solch ein Mentalkörper wird sehr bald fähig, jeden vom Denker ausgesandten Impuls wiederzugeben, der auf den niederen Unterabteilungen der Mentalebene Ausdruck finden kann. Er wird zu einem vollkommenen Werkzeug für die Tätigkeiten in der niederen Mentalwelt.

*

Ein klares Verständnis für die Natur des Mentalkörpers würde die heutigen Erziehungsmethoden sehr verändern und sie für den Denker bedeutend nützlicher machen, als es heute der Fall ist. Die allgemeinen Merkmale des Mentalkörpers hängen von den vergangenen Erdenleben des Denkers ab, was noch klarer zu verstehen sein wird, wenn wir uns mit der Lehre von Wiedergeburt und Karma befaßt haben werden. Der Körper wird auf der Mentalebene gebildet und die Beschaffenheit seiner Bestandteile hängt von den Eigenschaften ab, welche der Denker als Ergebnis seiner vergangenen Erfahrungen in sich aufgespeichert hat. Alles, was die Erziehung zu tun vermag, ist, für solche äußere Antriebe zu sorgen, welche das Wachstum der nützlichen Eigenschaften, die er bereits besitzt, anregen und fördern, die unwünschenswerten im Wachstum aufhalten und bei ihrer Beseitigung helfen. Die Entfaltung dieser angeborenen Fähigkeiten und nicht das Vollstopfen des Verstandes mit Tatsachen ist die Aufgabe wahrer Erziehung. Es ist auch nicht das Gedächtnis als besondere Fähigkeit für sich zu pflegen, denn das Gedächtnis hängt nur von der Aufmerksamkeit ab — d. h. von der festen Konzentration des Verstandes auf den Gegenstand, welchen er studiert — und von der natürlichen Verwandtschaft zwischen dem Gegenstand und dem Verstand. Wenn der Gegenstand anziehend ist, d. h. wenn der Verstand Begabung für ihn hat, dann wird das Gedächtnis nicht versagen, vorausgesetzt, daß ihm die nötige Aufmerksamkeit geschenkt wird. Die Erziehung sollte daher die Gewohnheit beharrlicher Konzentration und anhaltender Aufmerksamkeit pflegen und den angeborenen Fähigkeiten des Schülers angepaßt werden.

*

Wir wollen uns nun den „formlosen“ Abteilungen der Mentalebene zuwenden, jener Region, welche während des ganzen Zyklus seiner Verkörperungen die wahre Heimat des Menschen ist, in die er als Seelen-Baby, als kindliches Ego, als embryonische Individualität hineingeboren wird, wenn er seine eigentliche Entwicklung als Mensch beginnt[9].

Der Umriß dieses Egos, des „Denkers“ ist oval, daher nennt H. P. Blavatsky diesen Manas-Körper, der durch alle Erdenleben erhalten bleibt, das Aurische Ei. Gebildet aus dem Stoff der drei höchsten Unterabteilungen der Mentalebene, ist er außerordentlich fein, ein Schleier von seltenster Zartheit schon von allem Anfang an. Im Laufe seiner Entwicklung wird er ein strahlendes Gebilde von übernatürlicher Herrlichkeit und Schönheit, der Leuchtende, wie er treffend genannt wird[10]. Wer ist dieser Denker? Er ist, wie bereits gesagt wurde, das göttliche Selbst, begrenzt oder individualisiert durch diesen feinen Körper, gebildet aus dem Stoff der „formlosen“ Region der Mentalebene[11]. Dieser Stoff, der an einen Strahl des Selbstes, einen lebendigen Strahl des EINEN Lichtes und Lebens des Universums herangezogen wurde, ihn zu umgeben, schließt diesen Strahl, soweit es die äußere Welt betrifft, von seinem Ursprung ab, hüllt ihn in eine hauchzarte Schale ein und macht ihn dergestalt zu einem „Individuum“, einem Einzelwesen. Das Leben ist das Leben des LOGOS, aber alle Kräfte dieses Lebens ruhen schlummernd und verborgen; alles ist vorhanden, aber potentiell als Möglichkeit, keimhaft, wie der Baum verborgen ist in dem winzigen Keim im Inneren des Samens. Dieser Same wird in die Erde des menschlichen Lebens eingesenkt, damit seine schlummernden Kräfte durch die Sonne der Freude und den Regen der Tränen zur Tätigkeit erweckt werden, genährt von den Säften des lebenspendenden Bodens, den wir Erfahrung nennen, bis der Keim zu einem mächtigen Baume herangewachsen ist, zum Ebenbilde seines Stammvaters. Die menschliche Entwicklung ist die Entwicklung des „Denkers“; er nimmt Körper auf der niederen Mental-

---

[9] Vergleiche Kapitel VII und VIII, über Wiederverkörperung.

[10] Dies ist der „Augoeides“ der Neuplatoniker, der „geistige Leib“ des Heiligen Paulus.

[11] Nach der Vedanta-Benennung ist es das Selbst, wirkend in der Hülle der unterscheidenden Erkenntnis, im Vignyanamayakosha.

ebene, der Astralebene und der physischen Ebene an, trägt sie durch das irdische, das astrale und das niedere Mentalleben und läßt sie wieder nacheinander auf den entsprechenden Stufen dieses Lebenskreislaufes fallen, wenn er von einer Welt in die andere übergeht; stets aber speichert er in sich die Früchte auf, welche er durch diese Körper auf den einzelnen Ebenen eingesammelt hat. Zuerst hat er, so wenig bewußt wie der irdische Körper eines Säuglings, durch ein Leben nach dem anderen mehr oder minder geschlafen, bis die von außen an ihn herantretenden Erfahrungen einige seiner schlummernden Kräfte zur Tätigkeit erweckten. Mit der Zeit aber nahm er immer mehr Anteil an der Führung seines Lebens, bis er, erwachsen geworden, sein Leben in die eigenen Hände nahm und sein zukünftiges Geschick in steigendem Maße beherrschte.

Das Wachstum des fortdauernden Körpers, der mit dem göttlichen Bewußtsein den Denker bildet, ist ein äußerst langsames. Seine Fachbezeichnung lautet „Kausalkörper", weil er die Ergebnisse aller Erfahrungen in sich sammelt, und diese wirken dann als Ursachen, welche die kommenden Leben gestalten. Es ist der einzige fortdauernde von allen Körpern, die während der Verkörperung benützt werden, denn der mentale, der astrale und der physische Körper müssen für jedes neue Leben neu aufgebaut werden. Wenn diese sich der Reihe nach auflösen, übergibt jeder seine Ernte dem nächst höheren, so daß schließlich alles Geerntete in dem fortdauernden Körper aufgespeichert ist. Kehrt der Denker zur Verkörperung zurück, so sendet er seine Kräfte, die aus diesen Ernten aufgebaut sind, auf jeder Ebene aus und zieht einen Körper nach dem anderen an sich, der seiner Vergangenheit angepaßt ist. Das Wachstum des Kausalkörpers selbst ist, wie schon erwähnt, ein sehr langsames, denn er kann nur in Antwort auf Impulse schwingen, die in dem sehr feinen Stoff, aus welchem er zusammengesetzt ist, ausgedrückt werden können, und sie auf diese Art seinem Gewebe einverleiben. Aus diesem Grunde können die Leidenschaften, die im frühen Stadium der menschlichen Entwicklung eine so große Rolle spielen, sein Wachstum nicht unmittelbar beeinflussen. Der Denker kann sich nur Erfahrungen einverleiben, die in den Schwingungen des Kausalkörpers wieder hervorgebracht werden können, sie müssen also dem Mentalbereich angehören und entweder hochintellektueller oder erhaben moralischer Art sein; andernfalls kann der feine Stoff dieses Körpers keine gleichartigen Antwortschwingungen hervorbringen. Ein klein wenig Nachdenken wird jedermann überzeugen, wie wenig Material, das sich für das Wachstum dieses erhabenen Körpers eignet, er durch sein Alltagsleben beschafft; daher die Langsamkeit der Entwicklung, der geringe Fortschritt. Der Denker sollte in jedem neuen Leben mehr und mehr von sich selbst ausgeben können; wenn dies der Fall ist, dann macht die Entwicklung rasche Fortschritte. Hartnäckiges Verweilen auf Wegen des Bösen wirkt indirekt auf den Kausalkörper und fügt ihm mehr Schaden zu, als eine bloße Verzögerung des Wachstums. Es scheint nach längerer Zeit eine gewisse Unfähigkeit hervorzurufen, auf die Schwingungen des entgegengesetzten Guten zu antworten, und auf diese Weise das Wachstum auch noch eine beträchtliche Zeit zu verzögern, nachdem man das Übel aufgegeben hat.

Um den Kausalkörper unmittelbar zu verletzen, bedarf es schon eines Übels hochintellektueller und sehr verfeinerter Art des geistigen „Bösen", das in den verschiedenen Heiligen Schriften der Welt erwähnt wird. Dieses ist glücklicherweise selten, so selten wie das geistig Gute, und ist nur unter den sehr fortgeschrittenen Wesen zu finden, ob sie nun dem Pfade der rechten oder der linken Hand folgen[12].

Die Heimat des Denkers, des Ewigen Menschen, liegt auf der fünften Unterebene, der niedrigsten der „formlosen" Region der Mentalebene. Die großen Massen der Menschheit befinden sich hier, noch kaum erwacht, noch im jüngsten Kindesalter ihres Seelenlebens. Der Denker entwickelt langsam sein Bewußtsein, indem seine auf den niederen Ebenen wirkenden Kräfte dort Erfahrungen sammeln und dann, reich beladen mit der Ernte eines Lebens, zu ihm zurückkehren. Dieser Ewige Mensch, das individualisierte Selbst, ist der Handelnde in allen Körpern, die er trägt; seine Gegenwart ist es, welche Körper und Seele das „Ich"-Gefühl verleiht; das „Ich" ist das, was sich seiner selbst bewußt ist, und das sich infolge einer Täuschung für den Körper hält, in dem es jeweils am eifrigsten wirkt. Für den von seinen Sinnen beherrschten Menschen ist das „Ich" sein physischer Körper und seine Begierdennatur; in ihnen findet er seine Freuden und er hält sie für sich selbst, denn in ihnen lebt er. Für den Gelehrten ist das „Ich" der Verstand, denn seine Freude ist das Betätigen seines Verstandes und in ihm konzentriert sich sein Leben. Nur wenige sind es, die sich zu den abstrakten Höhen spiritueller Philosophie erheben können und den Ewigen Menschen als ihr „Ich" erkennen, dessen Gedächtnis über

---

[12] Der rechte Pfad ist jener, der zum Gottmenschentum führt, zur Adeptschaft, die der Welt dient. Der Pfad linker Hand führt ebenfalls zur Adeptschaft, aber zu einer Adeptschaft, die benützt wird, um den Fortschritt der Entwicklung zu vereiteln, und die auf selbstsüchtige Ziele gerichtet ist. Man nennt diese beiden Pfade manchmal auch den Weißen und den Schwarzen Pfad.

vergangene Leben zurückreicht und dessen Hoffnungen sich auf kommende Geburten erstrecken.

Die Physiologen sagen uns, daß wir, wenn wir uns in den Finger schneiden, den Schmerz in Wirklichkeit nicht an der Stelle empfinden, wo das Blut fließt, sondern im Gehirn, nur unsere Einbildungskraft ist es, die ihn an die Stelle der Verletzung verlegt. Sie sagen, das Schmerzgefühl im Finger ist eine Täuschung; es wird nur durch unsere Einbildungskraft an den Punkt der Berührung mit dem schmerzbringenden Gegenstand verlegt. Auf gleiche Weise fühlt ein Mensch Schmerzen in einem amputierten Glied, oder richtiger gesagt, an dem Ort, an dem sich das Glied früher befand. In ähnlicher Weise empfindet das eine „Ich", der innere Mensch, Leid und Freude in den Hüllen, die ihn umgeben, an den Berührungspunkten mit der äußeren Welt; er glaubt, die Hülle sei er selbst, und weiß nicht, daß dieses Gefühl eine Täuschung ist und daß er der einzige Handelnde ist, der in jeder dieser Hüllen seine Erfahrungen sammelt.

*

Wir wollen nun in diesem Lichte die Beziehungen zwischen dem höheren und niederen Verstand und ihre Wirkung auf das Gehirn betrachten.

Manas, der Denker, ist das Selbst im Kausalkörper. Unzählige Kräfte gehen von ihm aus und Schwingungen unterschiedlichster Art; er sendet sie aus, sie strahlen aus ihm. Die feinsten und zartesten von ihnen finden im Stoff des Kausalkörpers Ausdruck, der allein fein genug ist, um auf sie zu antworten; sie stellen das dar, was wir „Reine Vernunft" nennen; ihre Gedanken sind abstrakt; ihre Methode, Wissen zu erlangen, ist die Intuition. Sie ist die verkörperte Erkenntnis; sie erkennt die Wahrheit auf den ersten Blick an der Übereinstimmung mit sich selbst.

Die weniger feinen Schwingungen, die vom Denker ausgehen, ziehen den Stoff der niederen Mentalregion an; sie sind der niedere Manas, das niedere Denkvermögen — es sind die gröberen Kräfte des höheren Manas, in dichterem Stoff ausgedrückt; diese nennen wir den Verstand; er schließt praktische Vernunft, Urteilskraft, Vorstellungs- und Vergleichsvermögen und alle anderen mentalen Fähigkeiten in sich; seine Gedanken sind konkret, seine Methode ist die Logik; er führt Beweise, urteilt und zieht Folgerungen. Diese Schwingungen, die durch Vermittlung des Astralstoffes auf das ätherische, und durch dieses auf das dicht physische Gehirn einwirken, setzen in diesem Schwingungen in Bewegung, welche eine schwerfällige und langsame Nachbildung ihrer selbst sind —

schwerfällig und langsam, da die Kräfte bei der Bewegung des schwereren Stoffes viel von ihrer Raschheit verlieren. Jedem Physiker ist dieser Umstand bekannt, daß Schwingungen beim Übergang von einem feinen in ein dichteres Medium an Energie verlieren. Schlägt man eine Glocke in der Luft an, dann gibt sie einen klaren Klang; schlägt man sie aber in Wasserstoffgas an und läßt die Schwingungen des Wasserstoffes die Luft zum Schwingen bringen, wie schwach ist dann der Ton! Gerade so schwach ist die Antwort des Gehirns auf die raschen, feinen Impulse des Verstandes; und doch ist das bei den meisten Menschen alles, was sie als ihr „Bewußtsein" kennen.

Die ungeheure Wichtigkeit der mentalen Tätigkeit dieses „Bewußtseins" beruht darauf, daß es das einzige Mittel ist, durch welches der Denker die Ernte der Erfahrungen einsammeln kann, die er für sein Wachstum benötigt. Solange das Bewußtsein noch von den Leidenschaften beherrscht wird, folgt es diesen und der Denker bleibt ohne Nahrung und kann sich daher auch nicht entwickeln; solange es ganz in mentalen Tätigkeiten aufgeht, die sich mit der äußeren Welt befassen, kann es nur die niederen Kräfte des Denkers anregen. Erst wenn es dem Denker gelingt, dem irdischen „Bewußtsein" den wahren Zweck seines Daseins einzuprägen, beginnt es seine wertvollste Aufgabe zu erfüllen, nämlich das einzusammeln, was die höheren Kräfte des Denkers erweckt und stärkt. Im Laufe seiner Entwicklung wird sich der Denker seiner innewohnenden Kräfte immer mehr bewußt und ebenso auch des Wirkens dieser Kräfte auf den niederen Ebenen und der Körper, welche diese Kräfte um ihn aufgebaut haben. Jetzt beginnt er endlich, sie zu beeinflussen, indem er seine Erinnerung an die Vergangenheit dazu benützt, seinen Willen zu leiten. Bezieht sich diese Einflußnahme auf die Moral, dann nennen wir sie „Gewissen", erleuchtet sie aber den Verstand, dann sprechen wir von einem „Aufblitzen der Intuition". Sind diese Einflüsse so beständig, daß sie das ganze normale Leben eines Menschen erfüllen, dann sprechen wir von einem „Genie". Die höhere Entwicklung des Denkers ist durch seine zunehmende Herrschaft über seine niederen Körper gekennzeichnet sowie durch ihre zunehmende Empfänglichkeit für seinen Einfluß und ihren immer größeren Beitrag zu seinem Wachstum. Wer diese Entwicklung vorsätzlich unterstützen will, kann dies durch sorgfältige Ausbildung seines niederen Verstandes und seiner moralischen Anlagen bewirken, durch stetes, zielbewußtes Bemühen. Die Gewohnheit ruhigen, anhaltenden, folgerichtigen Denkens, das sich mit nicht-weltlichen Dingen befaßt sowie die Übung von Meditation und Studium entwickeln den Verstandeskörper und machen ihn zu einem besseren Werkzeug. Auch das Bemühen, abstraktes Denken zu pflegen, ist von Nutzen, da dies den niederen Verstand zum höheren emporhebt und die feinsten Stoffe der niederen Mentalebene in ihn hineinzieht.

Auf diese Weise können alle tatkräftig an ihrer eigenen Höherentwicklung mitarbeiten und jeder Schritt nach vorwärts beschleunigt die weiteren Schritte. Keine Anstrengung ist vergebens, auch die geringste nicht; jede zieht ihre volle Wirkung nach sich, und jede eingesammelte und nach innen weiter gegebene Erfahrung wird in der Schatzkammer des Kausalkörpers für späteren Gebrauch aufbewahrt. Auf diese Weise geht die Entwicklung, wenn auch noch so langsam und zögernd, doch immer nach vorwärts und das göttliche Leben, das sich in jeder Seele entfaltet, macht sich langsam alle Dinge untertan.

V. KAPITEL

DEVACHAN

Das Wort Devachan ist der theosophische Ausdruck für Himmel und bedeutet, wörtlich übersetzt, das leuchtende Land oder das Land der Götter[1]. Es ist eine besonders behütete Region der Mentalebene, von der die großen geistigen Wesenheiten, welche die menschliche Entwicklung überwachen, alles Leid und alles Übel fernhalten. Es wird von Menschen bewohnt, die den physischen und den Astralkörper abgelegt haben und die dort eingehen, wenn ihr Aufenthalt in Kamaloka beendet ist. Das Leben im Devachan besteht aus zwei Zeitabschnitten, deren erster in den vier niederen Unterabteilungen der Mentalwelt verbracht wird. Hier trägt der Denker noch den Mentalkörper und ist durch ihn begrenzt; er dient ihm dazu, das Erfahrungsmaterial zu verarbeiten, das er während des Erdenlebens gesammelt hat, aus welchem er sich gerade erhoben hat. Der zweite Zeitabschnitt wird in der „formlosen" Welt zugebracht; hier lebt der Denker, nachdem er den Mentalkörper abgeworfen hat, unbehindert sein eigenes Leben im vollen Maße jenes Selbstbewußtseins und Wissens, das er bisher entfaltet hat.

Die Gesamtdauer des Aufenthaltes im Devachan hängt von der Menge des Materials ab, das die Seele aus ihrem Leben auf der Erde in das Devachanleben mitgebracht hat. Die zum Verbrauch und zur Verarbeitung im Devachan bestimmte Ernte besteht aus den während des Erdenlebens erzeugten reinen Gedanken und Gemütsregungen, aus allen intellektuellen und moralischen Anstrengungen und Bestrebungen, aus allen Erinnerungen an nützliche Arbeit, im Dienste der Menschheit, — aus allem, was sich in geistige und sittliche Fähigkeiten umsetzen läßt und die Entwicklung der Seele fördert. Keine Anstrengung in dieser Hinsicht ist vergeblich, so schwach und flüchtig sie auch gewesen sein mag; selbstsüchtige, tierische Leidenschaften aber können nicht in Devachan eintreten, denn es

---

[1] Das entsprechende Sanskritwort lautet: Devasthan, das Land der Götter. Es ist das Svarga der Hindus, das Sukhavati der Buddhisten, der Himmel der Anhänger Zoroasters, der Christen und derjenigen unter den Mohammedanern, die nicht zu stark dem Materialismus verfallen sind.

fehlt hier der Stoff, in dem sie Ausdruck finden können. Auch kann das Böse des vergangenen Lebens, auch wenn es das Gute sehr überwogen hat, die Einsammlung der Ernte des Guten nicht verhindern, so karg diese auch ausgefallen sein mag. Eine Spärlichkeit der Ernte des Guten mag zur Folge haben, daß das Leben im Devachan von sehr kurzer Dauer ist, aber auch dem Verkommensten wird, wenn er nur einmal ein schwaches Sehnen nach dem Rechten, nur eine einzige leise Regung zarterer Art empfunden hat, eine Periode des Lebens im Devachan zuteil werden, wo der Same des Guten seine zarten Sprößlinge treiben, der Funke des Guten sanft zu einem Flämmchen angefacht werden kann.

In vergangenen Zeiten, in denen die Menschen ihr Herz stark zum Himmel hingewendet hatten und ihr Leben auf den Genuß der Seligkeit des Himmels einrichteten, war die im Devachan verbrachte Zeitperiode sehr lang und erstreckte sich in manchen Fällen über viele Jahrtausende. In der Gegenwart aber, in der das Interesse der Menschen weit mehr auf die Erde konzentriert ist und sie verhältnismäßig wenig Gedanken auf das höhere Leben richten, ist auch ihr Aufenthalt im Devachan entsprechend kürzer. Ähnlich richtet sich das Verhältnis der Zeiträume, die in den höheren und niederen Regionen der Mentalwelt verbracht werden[2], nach dem Verhältnis der von ihnen im mentalen und kausalen Körper entwickelten Denktätigkeit. Alle Gedanken, die sich auf das persönliche Selbst beziehen, auf das eben abgeschlossene Leben, mit allem, was es enthielt an ehrgeizigen Bestrebungen und Interessen, an Hoffnungen, Liebe und Furcht, reifen in dem Teil des Devachan, in dem es Formen gibt; jene Gedanken aber, die dem höheren Intellekt, den Regionen des abstrakten, unpersönlichen Denkens angehören, müssen in der „formlosen" Region des Devachan ausgewirkt werden. Die große Mehrheit der Menschen betritt diese erhabene Region nur, um sie ebenso rasch wieder zu verlassen; einige verbringen aber dort einen großen Teil ihres devachanischen Lebens und ganz wenige sogar fast die ganze Zeit.

Bevor wir auf Einzelheiten eingehen, wollen wir uns einige der leitenden Gedanken klarzumachen versuchen, die dem Leben im Devachan zugrunde liegen, denn dieses Leben unterscheidet sich derart vom Leben auf der Erde, daß ihm nicht leicht eine Beschreibung gerecht werden kann. Die Menschen sind sich ihres mentalen Lebens, auch des mentalen Lebens im Körper so wenig bewußt, daß

[2] Technisch als Arupa- und Rupa-Devachan bezeichnet, d. h. das Devachan, welches in der Arupa- oder Rupa-Region der Mentalebene existiert.

sie, wenn man ihnen ein Bild des mentalen Lebens außerhalb des Körpers beschreibt, die Empfindung der Wirklichkeit ganz verlieren und sich in eine Traumwelt versetzt wähnen.

Das erste, was wir verstehen müssen, ist, daß das mentale Leben viel intensiver, lebendiger und der Wirklichkeit näher ist, als das Leben in der Welt der Sinne. Alles was wir hienieden sehen, tasten, hören, schmecken und tun, ist um zwei Stufen weiter von der Wirklichkeit entfernt, als alles, was uns im Devachan entgegentritt. Zwar sehen wir die Dinge auch dort noch nicht, wie sie in Wirklichkeit sind, aber die Dinge, wie wir sie hier sehen, sind noch in zwei Schleier der Täuschung mehr eingehüllt. Unser Wirklichkeitsgefühl auf Erden ist reine Täuschung. Wir wissen von den Dingen, von den Menschen, nicht im geringsten, wie sie wirklich sind; alles was wir von ihnen wissen, sind die Eindrücke, die sie auf unsere Sinne machen, und die oft ganz irrigen Schlußfolgerungen, die unser Urteil aus der Gesamtheit dieser Eindrücke ableitet. Man stelle nur einmal die Vorstellungen nebeneinander, die sich verschiedene Personen von ein und demselben Menschen machen, etwa sein eigener Vater, sein bester Freund, das Mädchen, das ihn verehrt, sein Konkurrent im Geschäftsleben, sein tödlichster Feind und ein zufälliger flüchtiger Bekannter — und man wird sehen, wie die Bilder voneinander abweichen. Jeder kann nur die Eindrücke wiedergeben, die auf sein Denken gemacht wurden, und wie weit sind diese von dem entfernt, was der Betreffende in Wirklichkeit ist, wenn er mit Augen betrachtet wird, die alle Schleier durchdringen und den ganzen Menschen erfassen. Wir kennen von jedem unserer Freunde nur die Eindrücke, die sie auf uns machen, und diese hängen durchaus von unserer eigenen Aufnahmsfähigkeit ab. Ein kleines Kind kann einen großen Staatsmann mit erhabenen Grundsätzen und hohen politischen Zielen zum Vater haben, aber dieser Lenker der Geschicke eines Volkes ist für das Kind nur sein fröhlichster Spielkamerad und sein reizendster Geschichtenerzähler. Wir leben inmitten von Täuschungen, haben aber darin die Empfindung der Wirklichkeit, und das macht uns zufrieden. Auch im Devachan werden wir von Täuschungen umgeben sein, wenn diese auch, wie schon erwähnt, um zwei Stufen näher der Wirklichkeit stehen, und auch dort werden wir ein ähnliches Gefühl der Wirklichkeit empfinden, welches uns Zufriedenheit verleiht.

Man ist den irdischen Täuschungen in den niederen Himmeln noch nicht entronnen, wenn sie auch schwächer geworden sind und der Kontakt wirklicher und unmittelbarer ist. Denn es darf nicht vergessen werden, daß diese Himmel zu einem großen Entwicklungsplan gehören, und ehe der Mensch nicht sein wahres Selbst gefunden hat, ist er infolge seiner eigenen Unwirklichkeit Täuschungen unterworfen. Ein Grund, warum wir in unserem irdischen Leben das Gefühl der Wirklichkeit haben, beim Studium des Devachan aber ein Gefühl der Unwirklichkeit, ist der, daß wir auf unser Erdenleben von innen blicken und dabei unter dem vollen Einfluß seiner Täuschungen stehen, während wir das Devachan von außen betrachten, im Augenblicke frei von seinem Schleier der Maya.

Im Devachan ist der Vorgang umgekehrt: seine Bewohner empfinden ihr Leben als das wirkliche und das Erdenleben erscheint ihnen voll offensichtlicher Täuschungen und irriger Auffassungen. Im großen und ganzen aber sind sie der Wahrheit näher als die physischen Kritiker ihrer Himmelswelt.

Vor allem entfaltet der Denker, der nur in den Mentalkörper gehüllt und in der Entfaltung der Kräfte desselben unbehindert ist, das Schöpferische dieser Kräfte in einer Weise und in einem Ausmaß, von dem wir uns hier unten keine Vorstellung zu machen vermögen. Auf Erden hat der Maler, der Bildhauer, der Musiker Träume von erlesener Schönheit, die er mittels der Kräfte des Intellektes zu visionären Gedankenbildern gestaltet. Geht der Künstler aber daran, diese Träume in den derben Stoffen der Erde zu formen, dann bleiben diese physischen Schöpfungen weit hinter den mentalen zurück. Der Marmor ist zu spröde, um vollendete Formen zu bilden, die Farbstoffe sind zu erdhältig, um eine vollkommene Färbung zu erlauben. Im Himmel nimmt dagegen alles, was der Künstler erdenkt, sofort entsprechende Gestalt an, denn die feine, zarte Materie der Himmelswelt ist Gedankenstoff, also jener Stoff, in dem der Intellekt normalerweise wirkt, wenn er frei von Leidenschaften ist. Dieser Stoff nimmt unter jedem mentalen Impuls Gestalt an. Jeder Mensch schafft sich deshalb in des Wortes wahrster Bedeutung seinen eigenen Himmel, und die Schönheit seiner Umgebung steigert sich unbegrenzt in dem Maß, als der Reichtum und die Kraft seines Denkvermögens zunehmen. Je mehr die Seele ihre Kräfte entfaltet, um so schöner, um so erlesener wird ihr Himmel. Alle Beschränkungen sind dort durch den Menschen selbst geschaffen; wenn die Seele ihre Kräfte erweitert und vertieft, dann erweitert und vertieft sich auch ihr Himmel. Solange die Seele schwach und selbstsüchtig, engherzig und schlecht entwickelt ist, teilt auch ihr Himmel diese Mängel; doch er ist immer das Beste, was die Seele besitzt, so armselig dieses Beste auch sein mag. Mit der fortschreitenden Entwicklung des Menschen wird auch sein Leben im Devachan voller, reicher und immer wirklicher, und fortgeschrittene Seelen treten in einen immer enger werdenden Kontakt miteinander und erfreuen sich eines sich stetig erweiternden und vertiefenden seelischen Austausches. Ein in mentaler und in moralischer Beziehung mageres, unbedeutendes, schales und engbegrenztes Erdenleben bewirkt auch ein mageres, unbedeutendes, schales und engbegrenztes Leben im Devachan, wo nur Mentales und Moralisches weiterlebt. Wir können nicht mehr erhalten, als wir sind, und unsere Ernte hängt von unserer Saat ab. „Irret euch nicht, Gott läßt seiner nicht spotten, denn was der Mensch sät, das“ — und nicht mehr und nicht weniger — „wird er auch ernten.“ Unsere Trägheit und Begehrlichkeit möchte freilich auch da ernten, wo wir nicht gesät haben, aber in diesem auf Gesetze gegründeten Weltall bringt das Gute Gesetz in gütiger Gerechtigkeit jedem den genauen Lohn seiner Arbeit.

Die mentalen Eindrücke oder Bilder, die wir von unseren Freunden schaffen, werden unser Leben im Devachan beherrschen. Um jede Seele drängen sich dort die, die der Mensch auf Erden geliebt hat, und jedes Bild eines geliebten Menschen, das im Herzen lebt, wird zu einem lebendigen Gefährten der Seele im Himmel. Diese Menschen haben sich nicht geändert. Sie werden uns dort das sein, was sie uns hier waren, und nichts anderes. Die äußere Erscheinung unseres Freundes lassen wir im Devachan so, wie sie sich hier unseren Sinnen zeigte, mittels unserer schöpferischen Gedankenkräfte aus dem Mentalstoff erstehen; was hier ein mentales Bild war, ist dort — was es eigentlich auch hier gewesen ist, wenn wir es auch nicht wußten — eine objektive Gestalt aus lebendem Gedankenstoff, die in unserer eigenen mentalen Atmosphäre weilt; nur ist das, was hier leblos und traumhaft erscheint, dort kraftvoll und lebendig.

Und wie steht es mit der wahren Gemeinschaft von Seele zu Seele? Diese ist enger, unmittelbarer und inniger als irgend etwas, was wir hier kennen, denn auf der Mentalebene gibt es, wie wir gesehen haben, zwischen Seele und Seele keine Schranken. Je wahrer und wirklicher unser Seelenleben in uns ist, um so wirklicher ist die Seelengemeinschaft dort. Das mentale Bild unseres Freundes ist unsere eigene Schöpfung; es gibt die Gestalt wieder, die wir gekannt und geliebt haben; seine Seele eröffnet sich durch diese Gestalt der unsrigen genau in dem Maße, in dem die beiden Seelen miteinander rhythmisch zu schwingen vermögen. Dagegen können wir mit jenen, die wir auf Erden kannten, dann nicht in Verbindung treten, wenn die Bande zwischen uns nur den physischen oder den Astralkörper betrafen oder wenn wir in unserem inneren Leben uneinig waren. Darum kann auch kein Feind in unser Devachan eintreten, denn nur der harmonische Zusammenklang von Gemüt und Verstand führt die Menschen dort zusammen. Getrenntheit in Gemüt und Denken bedeutet auch Absonderung im himmlischen Leben, denn alles was tiefer steht als Gemüt und Verstand findet dort kein Ausdrucksmittel.

Mit jenen, die uns entwicklungsmäßig weit voran sind, kommen wir soweit in Verbindung, als es uns möglich ist, etwas von ihnen zu erfassen. Es werden daher viele Seiten ihres Wesens jenseits unseres Gesichtskreises liegen; doch was wir begreifen können, steht uns offen. Außerdem vermögen uns diese großen Wesenheiten auch in der Himmelswelt ihre Hilfe angedeihen zu lassen; sie tun dies, indem sie uns — unter Bedingungen, auf die wir gleich näher eingehen werden — helfen, ihnen nachzueifern, und dadurch fähig zu werden, immer mehr zu empfangen. Es gibt im Devachan also keine Trennung durch Raum oder Zeit, wohl aber ein Getrenntsein infolge Mangel an Zuneigung und Mangel an Übereinstimmung im Gemüt und im Denken.

Im Himmel sind wir mit all jenen beisammen, die wir lieben und die wir bewundern, und haben mit ihnen Gemeinschaft nach dem Maße unserer Fähigkeit bzw., wenn wir die Vorgeschritteneren sind, nach der ihren. Wir begegnen ihnen dort in der Gestalt, die uns auf Erden teuer war, mit der vollkommenen Erinnerung an die irdischen Beziehungen, denn der Himmel ist die Stätte des Erblühens für alle irdischen Knospen, und jede auf Erden in ihrer Entfaltung gestörte und gehemmte Liebe erlangt dort Kraft und Schönheit. Da die Verbindung dort eine unmittelbare ist, können Mißverständnisse durch Worte oder Gedanken nicht entstehen; jeder sieht unmittelbar den Gedanken, den sein Freund denkt, oder so viel davon, als er fassen kann.

Devachan, die Himmelswelt, ist eine Welt der Seligkeit, der unaussprechlichen Freude. Aber sie ist noch weit mehr als dies, sie ist mehr als eine Raststätte für Müde. Im Devachan wird alles, was an den mentalen und moralischen Erfahrungen des Denkers in seinem eben beendeten Leben wertvoll war, verarbeitet, überdacht und allmählich in bestimmte mentale und moralische Fähigkeiten verwandelt, in Kräfte, die der Denker in seine nächste Wiedergeburt mitnehmen kann. Er prägt seinem Mentalkörper nicht die Erinnerung an die einzelnen tatsächlichen Geschehnisse der Vergangenheit ein, da sich der Mentalkörper ja später zur gegebenen Zeit auflöst; die wirkliche Erinnerung an die Vergangenheit bewahrt nur der Denker selbst, der alles erlebt hat und der weiterlebt. Aber diese Tatsachen vergangener Lebenserfahrungen werden zu mentalen Fähigkeiten verarbeitet, so daß ein Mensch, der ein Fachgebiet eingehend studierte, als Ergebnis dieses Studiums die besondere Veranlagung erwirbt, dieses Fach sehr rasch zu erlernen und zu meistern, wenn er in einer späteren Wiederverkörperung damit wieder in Berührung kommt. Er wird mit einer besonderen Eignung für dieses Fach geboren werden und sein Studium mit großer Leichtigkeit aufnehmen. So wird alles Denken im Erdenleben im Devachan verwertet, jedes Streben wird zu einer Kraft, alle erfolglosen Anstrengungen werden zu Fähigkeiten und Talenten; Kämpfe und Niederlagen liefern das Material für künftige Siegeswaffen; Kümmernisse und Irrtümer leuchten als glänzende Edelmetalle, die zu weise gelenkter Willenskraft verarbeitet werden; Pläne, die wohltätigen Zwecken dienen sollten, zu deren Ausführung es aber in der Vergangenheit an Kraft und Geschicklichkeit gebrach, werden im Devachan in Gedanken ausgearbeitet und Schritt um Schritt durchgeführt. So wird die erforderliche Kraft und Geschicklichkeit als geistige Fähigkeit entwickelt, um in einem künftigen Erdenleben Verwendung zu finden, wenn der kluge und ernste Forscher von einst als Genie, der demütige Fromme als Heiliger wiedergeboren werden wird. So ist das Leben in Devachan kein bloßer Traum, Devachan ist kein Paradies zwecklosen Müßigganges. Es ist das Land, wo Herz und Verstand sich entfalten, unbehindert durch grobe Materie und Alltagssorgen, wo die Waffen für die Schlachtfelder auf Erden geschmiedet werden und wo der Fortschritt der Zukunft gesichert wird.

*

Wenn der Denker alle für die Verarbeitung durch den Mentalkörper bestimmten Früchte des Erdenlebens aufgezehrt hat, schüttelt er diesen Körper ab und lebt dann unbehindert in seiner eigentlichen Heimat. Alle mentalen Fähigkeiten, die sich in den niederen Bereichen äußern, werden nun in den Kausalkörper hineingezogen, samt den Keimen des Trieblebens, die in den Mentalkörper gezogen wurden, als er die astrale Schale der Auflösung in Kamaloka überließ; alle diese bleiben für eine Weile im Kausalkörper latent, es sind Kräfte, die einstweilen verborgen ruhen, da kein Stoff vorhanden ist, in dem sie sich auswirken können[3]. So löst sich denn das letzte der zeitweiligen Gewänder des wirklichen Menschen, der Mentalkörper, auf, und seine Bestandteile kehren wieder in die

---

[3] Der aufmerksame Leser mag hier eine nützliche Anregung finden, um das Problem des Fortbestandes des Bewußtseins nach Ablauf eines kosmischen Zyklus zu verstehen. Er setze Ishvara an die Stelle des Denkers und lasse die Fähigkeiten, welche die Früchte eines Lebens sind, die menschlichen Leben darstellen, welche die Früchte eines Universums sind, und er wird dann vielleicht einen Schimmer davon erhaschen, welchen Bedingungen das Bewußtsein während der Zwischenzeit zwischen zwei Universen unterworfen ist.

allgemeine Masse der Mentalmaterie zurück, der sie entnommen worden waren, als der Denker das letzte Mal zur Wiedergeburt herabgestiegen war. So bleibt nur der Kausalkörper übrig, das Gefäß, die Schatzkammer, in der das aufbewahrt wird, was aus dem vergangenen Leben verarbeitet werden konnte. Der Denker hat eine Runde seiner langen Pilgerfahrt beendet und wohnt nun für eine Weile in seiner eigentlichen Heimat.

Sein Bewußtseinszustand hängt vollkommen von der Entwicklungsstufe ab, die er erreicht hat. Befindet er sich noch auf den ersten Lebensstufen, dann wird er, sobald er seine Werkzeuge auf den niederen Ebenen verloren hat, in Bewußtlosigkeit gehüllt, einfach schlafen. Sein Leben wird in ihm sanft weiterpulsen und die wenigen Ergebnisse seines beendeten Erdenlebens, die geeignet sind, seiner Substanz einverleibt zu werden, assimilieren; er wird sich aber seiner Umgebung nicht bewußt sein. Mit fortschreitender Entwicklung aber wird diese Lebensperiode immer wichtiger und nimmt einen beständig wachsenden Zeitraum innerhalb seines Lebens im Devachan ein. Er wird sich seiner selbst und dadurch auch seiner Umgebung — des Nicht-Selbstes — klar bewußt; sein Gedächtnis entrollt vor ihm, bis in die allerfernsten Zeiten zurückreichend, das Panorama seines Lebens. Er sieht die Ursachen, die in den Erfahrungen seines letzten Lebens zur Auswirkung kamen, und erkennt jene, die er in diesem letzten Leben neu geschaffen hat. Das Edelste und Erhabenste des zum Abschluß gekommenen Lebensabschnittes assimiliert er, und fügt es in das Gewebe des Kausalkörpers ein, und durch diese innere Tätigkeit entwickelt und ordnet er den Stoff in diesem Körper. Er begegnet großen Seelen, seien sie im gegebenen Zeitpunkt gerade verkörpert oder nicht, erfreut sich ihres Umganges und lernt von ihrer reiferen Weisheit und längeren Erfahrung. Jedes folgende, devachanische Leben gestaltet sich reicher und tiefer; mit zunehmender Aufnahmsfähigkeit ergießt sich das Wissen in immer reicheren Strömen in ihn, er lernt immer besser das Wirken des Gesetzes und die Bedingungen des Entwicklungsvorganges verstehen und kehrt so jedesmal mit erweitertem Wissen und gesteigerter Leistungsfähigkeit in das neue Erdenleben zurück. Der Sinn des Lebens enthüllt sich ihm in immer klarerer Schau und der Weg dahin liegt deutlich vor seinen Füßen.

Für jeden Denker, so wenig er auch fortgeschritten sein mag, kommt jedoch ein Augenblick der klaren Schau, wenn die Zeit seiner Rückkehr in die niederen Welten herannaht. Während eines kurzen Augenblickes sieht er seine Vergangenheit und die Ursachen, die von dort in die Zukunft hineinreichen, und es entrollt sich vor ihm der allgemeine Umriß seiner nächsten Wiedergeburt. Dann umfangen ihn die Wolken der niederen Materie und verdunkeln seinen Blick und es beginnt der Kreislauf einer neuen Verkörperung mit dem Erwachen der Kräfte des niederen Denkens, die durch ihre Schwingungen Stoff der niederen Mentalebene heranziehen, um für das sich neu eröffnende Kapitel seiner Lebensgeschichte den Mentalkörper zu bauen. Die weiteren Einzelheiten dieses Gegenstandes gehören aber in die Kapitel über die Wiedergeburt.

*

Wir ließen die Seele in Schlaf versunken zurück[4], nachdem sie die letzten Reste ihres Astralkörpers abgestreift hatte, bereit, aus Kamaloka ins Devachan, aus dem Fegefeuer in den Himmel einzugehen. Der Schlafende erwacht zu einem Gefühl unaussprechlicher Freude, unermeßlicher Seligkeit und eines Friedens, der alles Verstehen übersteigt. Sanfte Melodien umschweben ihn, zartestes Farbenspiel grüßt seine Augen, selbst die Luft scheint Musik und Farbe zu sein; sein ganzes Wesen ist von Licht übergossen, in Harmonien eingehüllt. Dann taucht aus dem goldenen Nebel ein auf Erden geliebtes Antlitz nach dem anderen hervor, vergeistigt zu einer Schönheit, die seine edelsten und liebenswertesten Regungen zum Ausdrucke bringt, nicht mehr entstellt durch die Kümmernisse und Leidenschaften der niederen Welten. Wer vermöchte die Wonne dieses Erwachens, die Herrlichkeit dieses ersten Aufdämmerns der Himmelswelt zu schildern?

Wir wollen nun die Zustände in den sieben Unterabteilungen des Devachan im einzelnen untersuchen und uns dabei daran erinnern, daß wir uns in den vier niederen Unterabteilungen in einer Welt der Formen befinden, und zwar in einer Welt, in der sich jeder Gedanke sofort als Form zeigt. Diese Welt der Formen gehört der Persönlichkeit an, und deshalb ist hier jede Seele von all dem umgeben, was in ihrem vergangenen Leben in ihr Denken eintrat und in reinem Gedankenstoff ausgedrückt werden kann.

Die e r s t e, niederste Region ist der Himmel der am wenigsten vorgeschrittenen Seelen, deren höchste Gemütsregung auf Erden eine engherzige, aber aufrichtige und zuweilen selbstlose Liebe für Familie und Freunde war. Es mag auch sein, daß sie für jemand, dem sie auf Erden begegnet waren, und der lauterer und besser war als sie selbst, liebevolle Verehrung gefühlt hatten, oder daß sie einmal den Wunsch nach einem edleren Leben gehegt, oder vorübergehend Bestrebungen nach mentalem oder moralischem Wachstum gezeigt hatten. Es ist bei ihnen nicht viel Material vorhanden,

---

[4] Siehe Kapitel III über Kamaloka.

aus dem sich eine bestimmte Fähigkeit ausbilden ließe, und ihr Leben macht nur wenig Fortschritt. Ihr Familiensinn wird gestärkt und etwas erweitert werden; sie werden nach einiger Zeit mit einer etwas besseren Gefühlsnatur wiedergeboren werden, und mit mehr Neigung, höhere Ideale anzuerkennen und ihnen nachzustreben.

Inzwischen genießen sie alles Glück, dessen sie teilhaftig werden können; ihr Becher ist wohl klein, aber er ist bis zum Rande mit Seligkeit gefüllt und sie erfreuen sich alles dessen, was sie von der himmlischen Welt erfassen können. Die dort herrschende Reinheit und Harmonie wirkt auf ihre unentwickelten Fähigkeiten, erweckt sie liebkosend zur Tätigkeit, und es treten jene inneren Wandlungen ein, die jeder sichtbaren Knospenbildung vorangehen müssen.

Die nächste Abteilung des Devachanlebens umfaßt Menschen aller religiösen Glaubensrichtungen, deren Herzen während ihres Erdenlebens mit liebevoller Hingabe auf Gott gerichtet waren, gleichgültig unter welchen Namen und unter welcher Gestalt sie ihn verehrten. Die Form mag beschränkt gewesen sein, aber ihr Herz erhob sich in frommem Streben und hier findet es den Gegenstand seiner liebevollen Verehrung. Die Vorstellung vom Göttlichen, die sie sich in Gedanken während des Erdenlebens gebildet hatten, tritt ihnen hier in der strahlenden Herrlichkeit devachanischer Materie entgegen, reiner und göttlicher als in ihren höchsten Träumen. Gott setzt sich selbst die Schranken, um sich der Begrenztheit der Vorstellungskraft seiner Anbeter anzupassen, unter welcher Form jemand IHN auch geliebt und verehrt haben mag, in dieser nämlichen Form offenbart ER sich seinem sehnsüchtigen Blicke und ergießt über ihn in Antwort die Gnade seiner Liebe aus. Die Seelen versinken hier in religiöse Ekstase und verehren das Eine Selbst unter den Formen, die ihre Frömmigkeit auf Erden suchte, sich selbst vergessend in begeisterter Hingabe, in der innigen Gemeinschaft mit dem Gegenstand ihrer Anbetung. Niemand fühlt sich in dieser himmlischen Region als Fremdling, denn das Göttliche verschleiert sich für jeden in der ihm vertrauten Form. Solche Seelen wachsen hier unter dem Sonnenlicht dieser Gemeinschaft an Lauterkeit und Hingabe, und sie kehren mit in dieser Richtung verstärkten Fähigkeiten zur Erde zurück. Sie verbringen aber durchaus nicht ihr ganzes Leben in Devachan in solch andächtiger Verzückung, es bietet sich ihnen vielmehr hier jede Gelegenheit, auch alle sonst noch vorhandenen Eigenschaften des Herzens und des Verstandes zur Reife zu bringen.

Zur dritten Region übergehend, stoßen wir auf jene edlen und ernsten Wesenheiten, die während ihres irdischen Lebens hingebungsvolle Diener der Menschheit waren und ihre Liebe zu Gott in hohem Maße in die Form des Menschheitsdienstes gegossen hatten. Sie ernten nun den Lohn für ihre guten Taten dadurch, daß ihre wertvollen Kräfte vermehrt werden und sie an Weisheit für deren richtigen Einsatz zunehmen. Pläne für noch größere gemeinnützige Werke entrollen sich vor dem geistigen Auge des Menschenfreundes, und gleich einem Architekten entwirft er das Gebäude, das er in einem künftigen Erdenleben ausführen möchte. Er macht diese Pläne reif für ihre künftige Verwirklichung, und gleich einem schöpferischen Gott plant er im Geiste sein Universum der Barmherzigkeit, das er in der dichten Materie entstehen lassen wird, wenn die Zeit dafür reif geworden ist. Diese Seelen werden als große Menschenfreunde in kommenden Jahrhunderten wiedererscheinen, begabt mit der angeborenen Kraft selbstloser Liebe und der Fähigkeit des Vollbringens.

Von allen Himmeln weist vielleicht der vierte die größten Verschiedenheiten auf, denn hier finden die Kräfte der am weitesten vorgeschrittenen Seelen ihren Ausdruck, soweit dies in der Welt der Formen überhaupt möglich ist. Hier finden sich die Geistesfürsten der Kunst und der Literatur und üben ihre Kräfte in der Beherrschung von Form, Farbe und Harmonie, hier erwerben sie noch höhere Fähigkeiten, mit denen sie wiedergeboren werden, wenn sie zur Erde zurückkehren. Die edelste, hinreißendste, über jede Beschreibung erhabene Musik braust hier auf, geschaffen von den machtvollsten Herrschern der Welt der Harmonien, welche die Erde je gekannt hat, wie Beethoven, der, hier nicht mehr taub, seine königliche Seele in Tönen beispielloser Schönheit verströmen läßt, der selbst den Himmel noch melodischer macht, da er aus noch höheren Sphären Melodien herniederzieht und sie durch die himmlischen Regionen erklingen läßt. Auch die Meister der Malerei und Bildhauerei finden wir hier, denen sich neue Farbtöne, neue Arten der Linienführung von ungeahnter Schönheit erschließen. Hier sind auch andere, die trotz heißen Bemühens keinen Erfolg hatten und deren Wünsche sich nun in Kräfte, deren Träume sich in Fähigkeiten wandeln, die in einem späteren Leben ihr Besitz sein werden. Forscher lauschen hier der Natur ihre verborgensten Geheimnisse ab; vor ihrem Auge entrollen sich Weltsysteme, die ihnen ihren verborgenen Mechanismus enthüllen: Gewebe aus Serien ineinandergreifender Wirkungen von unvorstellbarer Genauigkeit und komplizierter Zusammensetzung. Sie werden als große Entdecker und Erfinder zur Erde zurückkehren, begabt mit einem unfehlbaren, intuitiven Wahrnehmungsvermögen für die geheimnisvollen Vorgänge in der Natur.

In diesem Himmel befinden sich auch Forscher nach tieferem

Wissen, ehrfürchtige Schüler, die nach den Lehrern der Menschheit suchten, die sich danach gesehnt hatten, einen Lehrer zu finden, und die geduldig das durcharbeiteten, was von einzelnen der großen geistigen Meister mitgeteilt worden ist, welche die Menschheit gelehrt haben. Hier findet ihr Sehnen Erfüllung und jene, die sie scheinbar vergeblich gesucht hatten, sind hier ihre Lehrmeister; diese eifrigen Seelen nehmen nun begierig die himmlische Weisheit in sich auf und beschleunigen ihr Wachstum und ihren Fortschritt, indem sie zu Füßen ihrer Meister sitzen. Als Lehrer und Lichtbringer werden sie sich wieder auf Erden verkörpern, von Geburt an für das hohe Amt eines solchen Lehrers gekennzeichnet.

Mancher Suchende hier auf Erden sichert sich, ohne etwas von diesen verborgenen Wirkungen zu wissen, im vierten Himmel einen Platz, während er sich mit wahrer Hingabe in die Schriften eines genialen Lehrers, in die Lehren einer vorgeschrittenen Seele vertieft. Er knüpft damit eine Verbindung zwischen sich und dem Lehrer, den er liebt und verehrt; dieses seelische Band wird in der Himmelswelt in Erscheinung treten und die Seelen, die es verbindet, zueinanderführen. Wie die Sonne ihr Licht in viele Räume sendet und jeder Raum so viel erhält, als er Sonnenstrahlen aufzunehmen vermag, so leuchten diese großen Seelen in der Himmelswelt in Hunderte von mentalen Bildern hinein, die ihre Schüler sich von ihnen schaffen, und erfüllen diese Bilder mit Leben, mit ihrem eigenen Wesen, so daß jeder Schüler seinen Meister hat, der ihn belehrt, ohne daß er dadurch einen anderen von dieser Hilfe ausschließt.

*

So verweilen die Menschen durch Zeitperioden, deren Dauer im Verhältnis zur Menge des auf Erden für die Verarbeitung im Himmel gesammelten Materials steht, in diesen himmlischen Formen-Welten, wo all das Gute, das im letzten persönlichen Leben aufgespeichert worden ist, völlig ausreift und bis in die geringsten Einzelheiten verarbeitet wird. Wenn alles erschöpft, der letzte Tropfen aus dem Freudenbecher geleert und der letzte Bissen des himmlischen Festmahles verzehrt ist, dann wird, wie wir bereits gesehen haben, all das, was zu Fähigkeiten verarbeitet werden konnte, alles, was von bleibendem Wert ist, in den Kausalkörper hineingezogen, worauf der Denker den Körper, durch den er in den niederen Bereichen der devachanischen Welt Ausdruck gefunden hat, abwirft und der Auflösung überläßt. Befreit von diesem Mentalkörper, weilt er nun in seiner eigenen Welt, um jenen Teil seiner Ernte, der in dieser hohen Region geeigneten stofflichen Ausdruck finden kann, weiter zu verarbeiten.

Viele Seelen berühren die niederste Unterebene der formlosen Welt sozusagen nur für einen Augenblick, um dort für kurze Zeit Zuflucht zu suchen, nachdem alle niederen Hüllen weggefallen sind. Diese Seelen befinden sich aber in einem so unentwickelten Zustand, daß sie noch nicht genügend Kraft aufbringen können, um dort unabhängig tätig zu sein; sie verlieren das Bewußtsein, sobald ihnen der Mentalkörper entgleitet, um sich aufzulösen. Dann werden sie für einen Augenblick wieder zum Bewußtsein erweckt, ein Erinnerungsblitz erleuchtet ihre Vergangenheit und sie erkennen deren folgenschwangere Ursachen; und ein Blitz von Vorausschau erleuchtet ihre Zukunft, so daß sie die Wirkungen sehen, die im kommenden Leben eintreten werden. Das ist alles, was die allermeisten Menschen bis jetzt in den formlosen Welten zu erleben vermögen. Denn auch hier, wie überall, entspricht die Ernte der Saat; und wie sollten jene, die für diese erhabene Region nichts gesät haben, dort irgendeine Ernte erwarten dürfen?

Aber viele Seelen haben während ihres Erdenlebens durch tiefes Nachdenken und durch einen edlen Lebenswandel viel Saat ausgestreut, deren Ernte in diese f ü n f t e devachanische Region gehört, in den untersten der drei Himmel der formlosen Welt. Groß ist nun ihr Lohn für das Hinauswachsen über die Fesseln des Fleisches und der Leidenschaften, und es beginnt sich ihnen jetzt das wirkliche Leben des Menschen, das erhabene Dasein der Seele selbst, die nun durch Gewänder, die den niederen Welten angehören, nicht mehr behindert ist, zu erschließen. Sie erkennen nun Wahrheiten durch unmittelbare Schau und sehen die Grundursachen, deren Ergebnisse alle konkreten Dinge sind. Sie erforschen die zu Grunde liegenden Übereinstimmungen, deren Vorhandensein in den niederen Welten durch die Verschiedenheit unbedeutender Einzelheiten verkleidet ist. So gewinnen sie eine gründliche Kenntnis des Gesetzes, lernen dessen unabänderliches Walten unter den anscheinend widersprechendsten Wirkungen erkennen und bauen auf diese Weise in ihren ständigen Körper feste, unwandelbare Überzeugungen ein, die sich im irdischen Leben in Form einer tiefen, intuitiven Gewißheit der Seele offenbaren werden, einer Gewißheit, die über jedes Urteilen hinausgeht und unabhängig von ihm ist. Hier erforscht der Mensch auch seine Vergangenheit und entwirrt sorgfältig die von ihm gesetzten Ursachen; er beobachtet ihre Wechselwirkungen, die sich daraus ergebenden Folgen und vermag auch etwas von ihren Wirkungen in späteren Leben zu erkennen.

Im s e c h s t e n Himmel sind weiter vorgeschrittene Seelen, welche während ihres Erdenlebens für dessen Vergänglichkeiten nur wenig Anziehung fühlten und die ihre ganzen Kräfte dem höheren geistigen und sittlichen Leben geweiht hatten. Für sie ist die Vergangenheit nicht verschleiert, ihre Erinnerung ist vollkommen und lückenlos und sie bereiten für ihr nächstes Leben den Einsatz von Energien vor, die viele der hinderlichen Kräfte binden und dafür förderliche Kräfte stärken sollen. Dieses klare Erinnern ermöglicht es ihnen, bestimmte und feste Entschlüsse darüber zu fassen, welche Handlungen vollbracht und welche vermieden werden müssen; sie werden dann imstande sein, diese Willensentschlüsse bei ihrer nächsten Wiedergeburt auch den niederen Körpern einzuprägen, und dadurch bestimmte Arten von Übel unmöglich machen, als etwas, das der innersten Natur entgegen ist; andererseits werden sie bestimmte Arten von Gutem unausweichlich machen, als die unwiderstehliche Forderung einer inneren Stimme, der nicht widersprochen werden kann. Diese Seelen werden dann mit guten und edlen Eigenschaften geboren, die eine niedrige Art der Lebensführung ausschließen und schon das Kind in der Wiege zu einem der Pioniere der Menschheit stempeln.

Der Mensch, der diesen sechsten Himmel erreicht hat, sieht die unermeßlichen Schätze des göttlichen Denkens in seiner schöpferischen Tätigkeit vor sich ausgebreitet und vermag die Urbilder aller Formen zu studieren, die in den niederen Welten nach und nach zur Entfaltung kommen. Hier kann er in den unergründlichen Ozean der göttlichen Weisheit tauchen, die mit der Verwirklichung jener Urbilder verknüpften Probleme enträtseln und erkennen, wie auch das dem beschränkten Blick des im Fleisch gefangenen Menschen als Böse erscheinende teilweise zum Guten wirkt. Diese erweiterte Schau ermöglicht es ihm, die Erscheinungen in ihrem richtigen Verhältnis zueinander zu sehen und zu erkennen, wie gerechtfertigt Gottes Wege sind, denn sie sind für ihn nicht mehr „unerforschlich", so weit sie die Entwicklung der niederen Welten betreffen. Die Fragen, mit denen er sich auf Erden grübelnd beschäftigt hatte und deren Beantwortung den eifrigen Bemühungen seines Verstandes versagt blieb, vermag er hier durch eine Einsicht zu lösen, welche die Schleier der Erscheinungen durchdringt und die verbindenden Glieder wahrnimmt, die die Kette vervollständigen. Hier steht die Seele auch in der unmittelbaren Gegenwart der größeren Seelen, die aus unserer Menschheit hervorgingen, und ist mit ihnen in enger Gemeinschaft. Und von den Fesseln befreit, die das entstehen lassen, was wir auf Erden „die Vergangenheit" nennen, erfreut sich die Seele eines endlosen und ununterbrochenen Lebens. Jene aber, die wir hier unsere „großen Toten" nennen, sind dort die glorreichen Lebenden, und die Seele genießt die Wonne ihrer Gegenwart, ja sie wird ihnen immer ähnlicher, da die kraftvollen, harmonischen Rhythmen jener Großen die persönlichen Schwingungen der Seele in Einklang mit sich bringen.

Noch erhabener und wunderbarer erstrahlt der siebente Himmel, in dem die Meister und Eingeweihten ihr intellektuelles Heim haben. Keine Seele kann hier weilen, ehe sie während ihres Erdenlebens die enge Pforte der Einweihung durchschritten hat, den schmalen Torweg, der „in das ewige Leben führt"[5]. Diese Welt ist der Ursprung der stärksten moralischen und intellektuellen Triebkräfte, die zur Erde niederströmen; ihr entfließen die belebenden Ströme erhabenster Energien. Dort entspringt alles intellektuelle Leben der Erde; von dort empfängt der Genius seine lautersten Inspirationen. Für die Seelen, die dort weilen, ist es von wenig Belang, ob sie zur Zeit mit niederen Körpern verbunden sind oder nicht; sie erfreuen sich ständig ihres erhabenen Selbstbewußtseins und ihrer Verbundenheit mit allem um sie her. Ob sie während einer „Verkörperung" in ihre niederen Hüllen so viel von diesem Bewußtsein einfließen lassen, als diese aufnehmen können, ist Sache ihrer eigenen freien Wahl — sie können geben oder zurückhalten, je nach ihrem Willen. Und mehr und mehr wird ihr Wollen von dem Willen jener Großen geleitet, deren Wille eins ist mit dem Willen des Logos, mit jenem Willen, der immer das Beste für seine Welten sucht. Denn hier werden die letzten Spuren der Getrenntheit[6] in allen ausgetilgt, welche noch nicht die endgültige Befreiung erlangt haben, d. h. die noch nicht Meister geworden sind. Und in dem Maße, als diese Spuren verschwinden, gelangt ihr Wille immer mehr in Einklang mit jenem Willen, der die Welten lenkt.

Das war eine Skizze der „sieben Himmel", von denen der eine oder der andere zur gegebenen Zeit den Menschen aufnehmen wird, nach der „Veränderung, welche der Mensch Tod nennt". Denn der Tod ist bloß eine Veränderung, die der Seele eine teilweise Befreiung schafft, indem sie sie aus den schwersten ihrer Ketten löst. Er bedeutet nur die Geburt in ein freieres Leben, die Rückkehr der Seele in ihre wahre Heimat, nach einer kurzen Verbannung, den Übergang aus einem Gefängnis in freie Höhenluft. Der Tod ist die größte aller irdischen Täuschungen; es gibt keinen Tod, es gibt nur Änderungen der Lebensbedingungen. Das Leben ist an

---

[5] Vergl. Kapitel XI, „Der Aufstieg des Menschen". Der Eingeweihte hat den normalen Entwicklungsweg verlassen und beschreitet einen kürzeren und steileren Pfad zur menschlichen Vollendung.

[6] Ahamkara, das „Ich"-bildende Prinzip, das notwendig ist, damit das Selbstbewußtsein zur Entfaltung gelangen kann, über welches aber hinausgeschritten werden muß, sobald seine Arbeit getan ist.

sich fortdauernd, ununterbrochen und ununterbrechbar; „ungeboren, ewig, uralt und immerwährend", vergeht es nicht, wenn die Körper vergehen, in die es sich hüllt. Wir könnten ebenso gut dem Gedanken Raum geben, daß der Himmel einstürzt, wenn ein Topf zerbricht, als uns vorzustellen, daß die Seele vergeht, wenn der Körper zerfällt[7].

*

Die physische, die astrale und die mentale Ebene sind „die drei Welten", welche die Seele während ihrer Pilgerfahrt immer wieder zu durchwandern hat. In diesen drei Welten dreht sich das Rad des menschlichen Lebens, auf das die Seelen während der Zeit ihrer Entwicklung gebunden sind und welches sie der Reihe nach immer wieder in jede dieser drei Welten bringt. Wir sind jetzt in der Lage, eine vollständige Lebensperiode der Seele zu verfolgen. Die Gesamtheit aller dieser Perioden macht ihr Leben aus. Wir können nun auch klar zwischen Persönlichkeit und Individualität unterscheiden.

Wenn ihr Aufenthalt in der formlosen Welt des Devachan zu Ende ist, beginnt für die Seele eine neue Lebensperiode; sie sendet jene Energien aus, die in der Formenwelt der Mentalebene wirken und die das Ergebnis der vorhergehenden Lebensperioden sind. Diese ziehen, wenn sie nach außen treten, aus dem Stoff der vier niederen mentalen Unterebenen Stoff an, der passend ist, sie auszudrücken; so wird der neue Mentalkörper für die bevorstehende Geburt gebildet. Die Schwingungen dieser mentalen Energien erwecken ihrerseits die Energien der Wunschnatur, so daß auch diese in Schwingung versetzt werden; sobald diese letzteren erwachen und zu schwingen beginnen, ziehen sie aus der Astralebene solche Stoffe an, die passend sind, ihnen Ausdruck zu verleihen. Daraus wird der neue Astralkörper für die nahende Wiedergeburt gebildet. Auf diese Weise wird der Denker mit seinen mentalen und astralen Gewändern bekleidet, die genau den Fähigkeiten Ausdruck geben, die er während der vergangenen Perioden seines Lebens entwickelt hat. Er wird nun durch Kräfte, die wir später erklären werden[8], zu jener Familie hingezogen, die ihn mit einem geeigneten physischen Gehäuse versehen soll, und er tritt mit diesem Gehäuse durch seinen Astralkörper in Verbindung. Während des vorgeburtlichen Lebens wird der Mentalkörper mit den niedrigeren Hüllen verknüpft und diese Verbindung wird im Laufe der frühen Kinder-

[7] Ein Gleichnis, das in der Bhagavad Purana verwendet wird.
[8] Siehe Kapitel VII, „Wiederverkörperung".

jahre immer fester, bis sie im siebenten Jahr so vollkommen mit dem Denker verbunden sind, als es die Entwicklungsstufe jeweils gestattet. Jetzt fängt auch der Denker, wenn er entsprechend vorgeschritten ist, sachte an, seine Werkzeuge zu lenken, und das, was wir Gewissen nennen, ist seine mahnende Stimme. Jedenfalls sammelt er Erfahrungen durch diese Hüllen und er speichert diese im weiteren Verlaufe des Erdenlebens in der jeweils entsprechenden Hülle, nämlich in jenem Körper auf, der zu der Ebene gehört, mit der die Erfahrung in Beziehung steht. Wenn das Erdenleben abgelaufen ist, fällt der physische Körper von ihm ab und damit seine Fähigkeit, mit der physischen Ebene Fühlung zu nehmen, seine Kräfte sind nun auf die astrale und die mentale Ebene beschränkt. Zur gegebenen Zeit zerfällt auch der Astralkörper und die Lebensäußerungen des Denkers werden auf die Mentalebene beschränkt; die astralen Fähigkeiten werden gesammelt und er bewahrt sie in sich als latente Kräfte auf. Und wieder zur gegebenen Zeit, nachdem der Mentalkörper seine Assimilationsarbeit vollendet hat, löst auch er sich auf, auch seine Energien werden latent und der Denker zieht sein Leben vollständig in die formlose devachanische Welt, seine eigentliche Heimat zurück. Wenn alle Erfahrungen seiner Lebensperiode in den drei Welten in Fähigkeiten und Kräfte für den künftigen Gebrauch umgewandelt sind und er sie sich einverleibt hat, beginnt der Denker von dort aus seine Wanderschaft von neuem und tritt mit vermehrter Kraft und höherem Wissen in den Kreislauf einer neuen Lebensperiode.

Die Persönlichkeit besteht aus den vergänglichen Hüllen, durch die der Denker in der physischen, der astralen und der niederen Mentalwelt wirksam ist, und aus allen Tätigkeiten in diesen Welten. Diese Hüllen sind durch die Bande der Erinnerung miteinander verbunden, die auf den Eindrücken beruhen, welche die drei niederen Körper empfingen, und dadurch, daß sich der Denker mit seinen Hüllen identifiziert, entsteht das persönliche „Ich". Auf den unteren Stufen der Entwicklung lebt dieses „Ich" im physischen Körper und in der Begierdennatur, da es darin am tätigsten ist; später hat es seinen Sitz in der mentalen Hülle, die dann die Vorherrschaft übernimmt. Auf diese Art bildet die Persönlichkeit mit ihren vergänglichen Gefühlen, Begierden und Leidenschaften eine scheinbar unabhängige Wesenheit, obgleich sie alle ihre Kräfte vom Denker bezieht, den sie umhüllt. Da ihre den niederen Welten entsprechende Eigenart oft mit den bleibenden Interessen des „Bewohners des Körpers" in absolutem Gegensatz steht, entstehen Konflikte, die das eine Mal zu Gunsten des vorübergehenden Vergnügens, das andere Mal zu Gunsten des bleibenden Gewinnes gelöst werden. Das Leben einer Persönlichkeit beginnt, wenn der Denker seinen neuen Mentalkörper bildet, und es dauert so lange, bis sich dieser Mentalkörper nach Beendigung seines Lebens in der Formenwelt des Devachan wieder auflöst.

Die Individualität besteht aus dem Denker selbst, aus dem unvergänglichen Baum, dem alle diese Persönlichkeiten als Blätter entsprießen, um durch den Frühling, Sommer und Herbst eines menschlichen Lebens auszudauern. Alles, was die Blätter aufnehmen und assimilieren, bereichert den Saft, der durch ihre Adern fließt; im Herbst wird dieser in den Stamm zurückgezogen und das trockene Blatt fällt ab und vergeht. Der Denker allein lebt ewig fort; er ist der, „dem keine Stunde schlägt", der ewige Jüngling, der, wie die Bhagavad Gita es ausdrückt, „Körper annimmt und ablegt, gleich wie ein Mensch neue Kleider anzieht und die alten weglegt". Jede Persönlichkeit ist eine neue Rolle für den unsterblichen Schauspieler, der auf der Bühne des Lebens immer wieder auftritt, nur daß in diesem Lebensdrama jede Rollenfigur, die er übernimmt, das Kind seiner vergangenen Rollen und gleichzeitig der Vater der noch folgenden ist, so daß das ganze Lebensdrama eine zusammenhängende Geschichte darstellt, die Lebensgeschichte des Schauspielers, der die verschiedenen Rollen nacheinander spielt.

Auf die drei Welten, welche wir bisher studiert haben, ist das Leben des Denkers beschränkt, so lange er sich auf den frühen Stufen der menschlichen Entwicklung befindet. Es wird aber in der Menschheitsentwicklung eine Zeit kommen, in der sie erhabenere Regionen betreten wird und in der die Wiederverkörperung der Vergangenheit angehören wird. Solange sich jedoch das Rad der Geburten und Tode noch dreht und der Mensch durch Begierden, die den drei Welten angehören, daran gebunden ist, verläuft sein Leben in diesen drei Bereichen.

Wir wollen uns nun jenen Regionen zuwenden, die jenseits davon liegen, wiewohl sich über sie nur wenig sagen läßt, was nützlich und verständlich wäre. So wenig aber auch gesagt werden kann, es ist doch zur Vervollständigung dieser Darstellung des Umrisses der Uralten Weisheit notwendig.

VI. KAPITEL

DIE BUDDHISCHE UND DIE NIRVANISCHE EBENE

Wir haben gesehen, daß der Mensch eine intelligente, selbstbewußte Wesenheit ist — der „Denker", gehüllt in Körper, die der niedermentalen, der astralen und der physischen Ebene angehören — und kommen nun dazu, den Geist zu erforschen, der sein innerstes Selbst ist, die Quelle, der er entspringt.

Dieser göttliche Geist, ein Strahl aus dem LOGOS, der an dessen ureigenstem Wesen teilhat, ist dreifacher Natur wie der LOGOS selbst, und die Entwicklung des Menschen besteht in der schrittweisen Offenbarung dieser drei Aspekte, ihrer Entfaltung aus dem Schlummerzustand zur Wirksamkeit. Der Mensch wiederholt dadurch im Kleinen die Entwicklung des Universums. Man bezeichnet ihn daher auch als Mikrokosmos, im Gegensatz zum Universum als dem Makrokosmos; er wird das Spiegelbild des Universums, das Ebenbild oder der Abglanz Gottes genannt[1]; daher auch der alte Grundsatz: „Wie oben, so unten". Dieser dem Menschen innewohnende Gott ist die Gewähr für seinen schließlichen Triumph; er ist die verborgene Triebkraft, welche die Entwicklung zugleich möglich und unausweichlich macht, die emporziehende Kraft, die mit der Zeit jedes Hindernis und jede Schwierigkeit überwindet. Diese göttliche Gegenwart ahnte wohl Matthew Arnold bei seinen Worten von „der Kraft — nicht wir selbst —, die für Gerechtigkeit wirkt". Aber er irrte, wenn er dachte: „nicht wir selbst", denn es ist das innerste Selbst aller — allerdings sind es nicht unsere abgesonderten „Selbste" — es ist unser aller SELBST[2].

Dieses Selbst ist das Eine, das darum als die Monade[3, 4] bezeich-

---

1 „Lasset uns den Menschen machen, ein Bild das uns gleich sei". Genesis I, 26.

2 Atma, der Abglanz von Paramatma.

3 Es wird immer von der Monade gesprochen, ob es sich nun um die Monade des Geist-Stoffes — Atma — oder um die Monade der Form — Atma-Buddhi — oder um die menschliche Monade — Atma-Buddhi-Manas — handelt. Es ist in jedem Falle eine Einheit und wirkt als Einheit, ob diese sich nun in einem einzigen, in zwei oder in drei Aspekten offenbart.

net wird; wir müssen uns dabei immer erinnern, daß sie das ausgeatmete Leben des LOGOS ist, das keimhaft oder im Zustande der Latenz alle göttlichen Kräfte und Eigenschaften in sich birgt. Diese Kräfte werden durch Impulse zur Wirksamkeit erweckt, die aus der Berührung mit den Dingen des Universums entstehen, in das die Monade hineingestoßen wird. Die dadurch entstehende Reibung ruft in dem ihren Reizen unterworfenen Leben eine Antwort in Form von Schwingungen hervor, und so werden der Reihe nach die verschiedenen Kräfte des Lebens aus der Latenz zur Wirksamkeit erweckt. Die menschliche Monade, wie sie zur Unterscheidung genannt wird, weist, wie schon angeführt, als vollkommenes Ebenbild der Gottheit die drei Aspekte Gottes auf, und diese drei Aspekte werden nur im Laufe des Entwicklungszyklus der Menschheit einer nach dem anderen entfaltet. Diese Aspekte sind die drei wesentlichen Ausdrucksformen des im Universum geoffenbarten göttlichen Lebens: Sein, Seligkeit und Intelligenz[5], welche die drei LOGOI jeweils mit aller innerhalb der Grenzen der Offenbarung möglichen Vollkommenheit zeigen. Im Menschen werden diese Aspekte in umgekehrter Reihenfolge entwickelt — Intelligenz, Seligkeit, Sein —, wobei der Begriff „Sein" die Offenbarung der göttlichen Kräfte einschließt. In der Entwicklung des Menschen konnten wir, so weit wir sie bisher untersucht haben, die Entfaltung des dritten Aspektes der verborgenen Gottheit beobachten, die Entfaltung des Bewußtseins als Intelligenz. Manas, der Denker, die menschliche Seele, ist das Ebenbild des universellen Geistes, des dritten LOGOS, und seine ganze lange Pilgerfahrt durch die drei niederen Welten ist der Entfaltung dieses dritten Aspektes gewidmet, der intellektuellen Seite der göttlichen Natur im Menschen.

Während der Zeit, da dies vor sich geht, können wir annehmen, daß die anderen göttlichen Kräfte gewissermaßen als die verborgene Quelle seines Lebens nur über dem Menschen brüten, sich aber noch nicht in ihm aktiv entfalten. Sie weben noch ungeoffenbart in sich selbst; doch geht die Vorbereitung für ihr Hervortreten bereits vor sich. Sie werden aus dem unoffenbaren Zustand, den

---

[4] In späteren theosophischen Werken wird der Ausdruck Monade allerdings auf die „menschliche Monade" — also auf jenen göttlichen Geistesfunken beschränkt, der sich als Atma-Buddhi-Manas, als menschliches Ego manifestiert; siehe Kapitel I, Anmerkung 7, Seite 44.

[5] Satchitananda ist die in den Hinduschriften oft gebrauchte abstrakte Bezeichnung für Brahman, während die Trimurti (die Hindu-Dreifaltigkeit von Shiva, Vishnu und Brahma — d. Ü.) dessen konkrete Offenbarung ist.

wir als Latenz bezeichnen, durch die immer kräftiger werdenden Schwingungen der Intelligenz aufgerüttelt, und nun beginnt der Seligkeitsaspekt sachte seine ersten Schwingungen auszusenden — zarte Pulsschläge seines sich offenbarenden Lebens schwingen auf. Dieser Seligkeitsaspekt wird in der theosophischen Terminologie Buddhi genannt, ein Wort, das von dem Sanskritausdruck für Weisheit abgeleitet ist; er gehört der vierten oder buddhischen Ebene unseres Universums an, wo zwar noch Dualität, aber keine Trennung mehr besteht. Es fehlen mir die Worte, um eine Vorstellung von dieser Ebene zu vermitteln, denn Worte gehören ja den niederen Ebenen an, wo Dualität stets mit Trennung verbunden ist. Ein annäherndes, mehr ahnendes Verstehen kann aber vielleicht gewonnen werden. Es ist ein Zustand, in dem jeder er selbst ist, und zwar mit einer Klarheit und Lebendigkeit, wie sie auf niedereren Ebenen nie erreicht werden kann, in dem aber jeder dennoch fühlt, daß er alle anderen in sich einschließt, daß er eins mit ihnen ist, ungetrennt und untrennbar[6]. Das diesem Zustand noch am nächsten kommende irdische Gleichnis ist das Verhältnis zwischen zwei Personen, welche durch eine reine, innige Liebe miteinander verbunden sind, die es mit sich bringt, daß sich die beiden als eine Person fühlen, daß sie in ihrem Denken, Fühlen und Handeln, in ihrem ganzen Leben eins sind und keine Schranken, keine Unterschiede, kein Mein und Dein, keine Trennung mehr kennen[7]. Es ist ein entferntes Echo dieser hohen Ebene, das die Menschen dazu treibt, ihr Glück in der Vereinigung mit dem Gegenstand ihrer Zuneigung zu suchen, gleichgültig, um was für einen Gegenstand es sich handeln mag. Vollkommene Isolierung ist gleichbedeutend mit äußerstem Elend. Von allem entblößt zu sein, in völliger Einsamkeit im leeren Raum zu hängen, ringsum nichts, außer dem eigenen einsamen Ich, ausgeschlossen zu sein von allem und eingeschlossen in das abgetrennte Selbst — etwas Schrecklicheres kann sich keine Einbildungskraft vorstellen. Der restlose Gegensatz davon

---

[6] Der Leser möge hier die Einleitung nochmals vornehmen und auf Seite 35 die Beschreibung nachlesen, die Plotin von diesem Zustande gibt und die mit den Worten beginnt: „Ebenso sehen sie in allen Dingen". Und er sollte die Sätze beachten: „Ebenso ist dort jedes Ding gleichzeitig jedes andere Ding" und „In jedem Ding ist eine besondere Eigenschaft vorherrschend".

[7] Aus diesem Grunde finden wir die Seligkeit göttlicher Liebe in vielen Heiligen Schriften durch die innige Liebe zwischen Mann und Frau dargestellt, so in der Bhagavad Purana der Hindus und im Hohen Lied Salomons der Juden und Christen. Dasselbe bedeutet auch die Liebe bei den Sufi-Mystikern und in der Tat bei allen Mystikern.

ist Vereinigung und vollkommene Vereinigung ist vollkommene Seligkeit.

Wenn dieser Seligkeitsaspekt des Selbstes seine Schwingungen auszusenden beginnt, ziehen diese in gleicher Weise wie auf den niederen Ebenen Materie derjenigen Ebene an sich, auf der sie wirken, und so wird allmählich der buddhische oder Seligkeitskörper, wie er zutreffend genannt wird, gebildet[8]. Die einzige Möglichkeit, durch die der Mensch die Bildung dieses herrlichen Körpers fördern kann, ist die Pflege reiner, selbstloser, allumfassender, wohlwollender Liebe, einer Liebe, die „nichts für sich selbst sucht“, die weder parteiisch ist noch irgendeine Erwiderung fordert. Dieses spontane Ausströmen von Liebe ist das auffallendste Kennzeichen des Göttlichen: es ist dies jene Liebe, die alles gibt und nichts begehrt. Reine Liebe war es, die das Weltall zur Entstehung brachte, reine Liebe erhält es, reine Liebe zieht es nach aufwärts zur Vollendung, zur Seligkeit. Und wo immer ein Mensch unterschiedslos auf alle, die dessen bedürfen, Liebe ausstrahlt, ohne einen Lohn zu erwarten, aus reiner natürlicher Freude daran, Liebe auszustrahlen, da entwickelt dieser Mensch den Seligkeitsaspekt der Gottheit in sich und bereitet jenen Körper unaussprechlicher Schönheit und Freude, in den der Denker sich erheben wird, wenn er die Schranken des Gesondertseins zerbricht, um zu erkennen, daß er zwar er selbst ist, aber doch gleichzeitig auch eins mit allem was lebt. Dies ist „das Haus, nicht mit Händen gemacht, das ewig ist im Himmel“, von dem der heilige Paulus, der große christliche Eingeweihte, schrieb — er stellte daher „caritas“, die reine, helfende Liebe, über alle anderen Tugenden, weil durch sie allein der Mensch auf Erden für die Bereitung jener erhabenen Wohnstatt etwas beitragen kann. Aus diesem Grunde nennen die Buddhisten das Gesondertsein „den großen Irrglauben“ und die Hindus betrachten Vereinigung als das Ziel. Befreiung ist das Sicherheben über die Schranken, die uns von einander absondern, und Selbstsucht ist das Grundübel, dessen Vernichtung die Vernichtung allen Leides bedeutet.

*

Die fünfte Ebene, die n i r v a n i s c h e, ist die Ebene des höchsten menschlichen Aspektes der Gottheit in uns, und dieser Aspekt wird von den Theosophen A t m a oder das Selbst genannt. Es ist die Ebene des reinen Seins, die Ebene, auf der die göttlichen Kräfte in unserem fünffachen Universum ihre vollste Offenbarung zeigen.

---

[8] Der Anandamayakosha, die „Seligkeitshülle“ der Vedantisten, sowie der „Körper der Sonne“ oder „Solarkörper“, über den in den Upanishaden und anderswo einiges gesagt wird.

Was jenseits derselben, auf der sechsten und der siebenten Ebene liegt, verbirgt sich unseren Blicken und verschwindet im unvorstellbaren Licht der Gottheit. Das atmische oder nirvanische Bewußtsein, das dem Leben der fünften Ebene angehört, ist das Bewußtsein jener Erhabenen, der Erstlingsfrüchte der Menschheit, welche den Kreislauf der menschlichen Entwicklung schon vollendet haben und Meister[9] genannt werden. Sie haben in sich das Problem gelöst, wie das Wesen des individuellen Seins mit Nicht-Absonderung verbunden werden kann, und leben als unsterbliche Wesen, vollendet an Weisheit, Glückseligkeit und Macht.

Wenn die menschliche Monade aus dem Logos hervortritt, so ist es, als ob aus dem leuchtenden Meer von Atma ein zarter Lichtstreif durch eine dünne Schicht von Buddhi-Materie abgetrennt würde, und als ob von diesem ein Funke herabhinge, der von einem eiförmigen Gehäuse aus Materie der formlosen Unterebenen der Mentalebene umschlossen ist. „Der Funke hängt von der Flamme herab am feinsten Faden von Fohat[10].“ Mit der fortschreitenden Entwicklung nimmt dieses leuchtende Ei an Umfang und schillerndem Farbenglanz zu, und der dünne Faden wird zu einem immer weiteren Stromweg, durch den immer mehr atmisches Leben herabströmen kann. Schließlich verschmelzen diese drei Offenbarungen — die dritte mit der zweiten und diese beiden mit der ersten — wie eine Flamme mit einer anderen verschmilzt, so daß keine Trennungslinie zu sehen ist.

Die Entfaltung auf der vierten und der fünften Ebene gehört einer späteren Periode unserer Menschheit an, doch diejenigen, die den schwierigeren Pfad eines rascheren Fortschrittes erwählen, können diesen schon jetzt betreten, wie später erklärt werden wird[11]. Auf diesem Pfade wird der Seligkeitskörper schnell entwickelt und der Mensch fängt an, sich des Bewußtseins jener erhabenen Region zu erfreuen; er lernt die Seligkeit kennen, die der Wegfall der trennenden Schranken mit sich bringt, und die Weisheit, die einströmt, wenn die Grenzen des Intellekts überschritten werden. Dann ist die Seele dem Rad, das sie an die niederen Welten bindet, entronnen, dann spürt sie die erste Vorahnung der Freiheit, die sie auf der nirvanischen Ebene vollkommen erleben wird.

---

[9] Bekannt auch unter dem Namen Mahatmas, große Geister, und Jivanmuktas, befreite Seelen, die noch mit physischen Körpern verbunden bleiben, um der Menschheit vorwärts zu helfen. Es leben aber auch noch andere große Wesen auf der nirvanischen Ebene.

[10] Vergl. Buch Dzyan, Stanze VII, 5, (Geheimlehre, Band I).

[11] Vergl. Kapitel XI: „Der Aufstieg des Menschen.“

Das nirvanische Bewußtsein ist das Gegenteil von Vernichtung. Es ist ein zu einer Lebendigkeit und Intensität gesteigertes Sein, das für die, welche nur das Leben der Sinne und des Verstandes kennen, unvorstellbar ist. Wie die matte Flamme eines Talglichtes zur strahlenden Mittagssonne, so verhält sich das erdgebundene Bewußtsein zum nirvanischen, und dies letztere als Nichtsein ansehen zu wollen, nur weil die Begrenzungen des irdischen Bewußtseins vergangen sind, wäre dasselbe, als wenn jemand, der nur die Talgkerze kennt, behaupten wollte, daß es ohne einen in Talg getauchten Docht überhaupt kein Licht geben könne. Daß Nirvana Sein bedeutet, dafür haben jene, die sich seiner erfreuen und sein herrliches Leben leben, in den Heiligen Schriften der Welt in vergangenen Zeiten Zeugnis abgelegt; und auch heute noch bezeugen es andere Glieder unserer menschlichen Rasse, welche die stolze Leiter vollendeten Menschentums erklommen haben, aber mit der Erde in Verbindung geblieben sind, damit auch die nachfolgende Menschheit auf ihren Sprossen nicht strauchle.

Im Nirvana halten sich auch jene mächtigen Wesen auf, welche ihre eigene menschliche Entwicklung schon in früheren Universen vollendet hatten, und die mit dem LOGOS hervortraten, als ER sich zu offenbaren begann, um dieses Universum ins Leben zu rufen. Sie sind seine Minister in der Verwaltung der Welten, die vollkommenen Vollstrecker seines Willens. Die Oberherrscher aller Hierarchien der Götter und jener dienenden Wesen niederen Grades, die wir auf den unteren Ebenen wirken sahen, haben hier ihre ständige Wohnstatt, denn Nirvana ist das Herz des Universums, aus dem alle seine Lebensströme hervorquellen. Ihm entströmt auch der Große Atem, der das Leben aller ist, hierher wird er wieder eingezogen, wenn das Universum sein Ziel erreicht hat. Nirvana ist die beseligende Vision, nach der sich die Mystiker sehnen, die unverhüllte Glorie, das höchste Ziel.

*

Die Bruderschaft der Menschheit, nein, die Bruderschaft aller Dinge hat ihre feste Grundlage in den geistigen Ebenen, der atmischen und der buddhischen, denn hier allein besteht Einheit, und nur hier ist vollkommenes Mitgefühl zu finden. Der Verstand ist das trennende Prinzip im Menschen, das scharf zwischen „Ich“ und „Nicht-Ich“ unterscheidet; er ist sich seiner selbst bewußt und sieht alles andere als außer ihm stehend und fremd an. Er ist das kämpferische, ringende und selbstbehauptende Prinzip, und von der Ebene des Verstandes abwärts ist die Welt der Schauplatz von Konflikten, die um so schärfer werden, je mehr sich der Intellekt in sie einmischt. Selbst die Triebnatur ist nur gelegentlich kampflustig, wenn der Trieb von begehrlichen Gefühlen aufgestachelt wird und zwischen sich und dem Gegenstand seines Begehrens etwas im Wege stehend findet. Ihre Angriffslust nimmt aber zu, je mehr das Denken ihre Tätigkeit beeinflußt, denn dann sucht sie, auch für die Befriedigung künftiger Begierden vorzusorgen, und trachtet, sich mehr und mehr von den Gaben der Natur anzueignen. Der Verstand aber ist von sich aus streitsüchtig, besteht doch sein eigentliches Wesen darin, seine Verschiedenheit von anderem zu behaupten; in ihm finden wir die Ursache aller Absonderung, die unerschöpfliche Quelle aller Spaltungen innerhalb des Menschengeschlechtes.

Mit dem Eintritt in die buddhische Welt wird sofort Einheit fühlbar. Es ist so, als ob man von einem besonderen Strahl, der von allen anderen abweicht, in die Sonne selbst eintreten würde, von der alle Strahlen in gleicher Weise ausgehen. Ein in der Sonne stehendes Wesen, das von ihrem Licht durchdrungen ist und dieses ausstrahlt, würde zwischen Strahl und Strahl keinen Unterschied empfinden, sondern würde ihr Licht ebenso mühelos und bereit über den einen wie den anderen Strahl in den Raum senden. Ebenso verhält es sich mit einem Menschen, der einmal bewußt die buddhische Ebene erreicht hat. Er *empfindet* die Bruderschaft, von der andere nur als von einem Ideal sprechen, und er verströmt sich in einen jeden, der seiner bedarf, mentale, moralische, astrale und physische Hilfe spendend, je nach der vorhandenen Notwendigkeit. Er sieht in allen Wesen sich selbst und fühlt, daß alles, was er besitzt, den anderen ebenso gehört wie ihm selbst, ja in vielen Fällen ihnen sogar mehr als ihm, da sie bedürftiger und schwächer sind. So nehmen auch in einer Familie die älteren Brüder Last und Bürde auf ihre Schultern und schützen die Kleinen vor Leid und Entbehrungen. Für den Geist der Brüderlichkeit bedeutet Schwäche ein Recht auf Hilfe und liebevollen Schutz, und nicht eine Gelegenheit zur Unterdrückung. Weil die großen Religionsstifter diese Stufe und noch höhere Stufen erreicht und überschritten hatten, waren sie alle immer durch dieses überquellende Mitleid und Zartgefühl gekennzeichnet, und sie dienten ebenso den physischen wie den inneren Nöten der Menschen, und einem jeden in dem, dessen er bedurfte. Das Wissen um diese innere Einheit, die Erkenntnis des allen Wesen in gleicher Weise innewohnenden EINEN SELBSTES, ist das einzige sichere Fundament der Brüderlichkeit; alles andere ist brüchig.

Dieses Wissen schließt außerdem noch die Erkenntnis ein, daß die von den verschiedenen menschlichen und nichtmenschlichen

Wesen erreichte Entwicklungsstufe hauptsächlich von dem abhängt, was wir ihr Alter nennen könnten. Einige haben ihre Reise viel später begonnen als andere, und wenn auch die Kräfte in allen die gleichen sind, so haben doch manche sie in viel höherem Maße entwickelt als andere, einfach darum, weil ihnen für diesen Prozeß schon mehr Zeit zur Verfügung gestanden ist als ihren jüngeren Brüdern. Sollten wir den Samen tadeln oder verachten, weil er noch nicht zur Blüte, die Knospe, weil sie noch nicht zur Frucht, das Kind, weil es noch nicht zum Manne geworden ist? Ebensowenig dürfen wir die noch im Keimzustand befindlichen kindlichen Seelen um uns tadeln und verachten, weil sie sich noch nicht bis zu der Stufe entwickelt haben, auf der wir selbst stehen. Wir machen auch uns keinen Vorwurf deshalb, weil wir noch nicht Göttern gleichen; zur gebührenden Zeit werden auch wir dort stehen, wo unsere älteren Brüder heute stehen. Warum sollten wir die jüngeren Seelen tadeln, weil sie nicht so weit sind wie wir? Das Wort Bruderschaft selbst schließt doch schon Gleichheit des Blutes, aber Verschiedenheit der Entwicklungsstufe in sich, es drückt genau das Verhältnis aus, das zwischen allen Geschöpfen des Universums besteht: Identität des innewohnenden Lebens, aber Unterschied bezüglich der in der Offenbarung dieses Lebens erreichten Stufe. Wir sind eines Ursprungs, eine Methode leitet unsere Entwicklung und wir haben alle dasselbe Ziel — die Unterschiede im Alter und Reifegrad geben darum nur Gelegenheit zur Bildung zartester und innigster Bindungen. Was ein Mensch für einen leiblichen Bruder täte, den er mehr liebt als sich selbst, ist das Maß für das, was er jedem anderen schuldet, der mit ihm das Eine Leben teilt. Die Menschen verschließen sich den Herzen ihrer Brüder aus Gründen von Rassen-, Standes- und nationalen Unterschieden; der Mensch aber, der weise ist aus Liebe, erhebt sich über diese kleinlichen Unterschiede hinaus; er erkennt, daß das Leben aller aus derselben Quelle fließt und betrachtet alle als Teile einer eigenen Familie.

Die intellektuelle Anerkennung dieser Bruderschaft und das Bestreben, sie im Leben praktisch zu verwirklichen, erweisen sich derart anregend für die höhere Natur des Menschen, daß dies zum einzigen bindenden Zweck, zum einzigen „Glaubensartikel" der Theosophischen Gesellschaft gemacht worden ist, den alle, die der Gesellschaft als Mitglieder beitreten wollen, annehmen müssen. Die Bruderschaft im Leben zu verwirklichen, wenn auch in einem noch so bescheidenen Maße, läutert Herz und Erkenntnisfähigkeit; sie vollkommen zu leben aber würde bedeuten, jeden Makel des Sonderseins auszutilgen und uns von den reinen Strahlen des Selbstes durchdringen zu lassen, wie reines, fehlerloses Glas vom Lichte durchdrungen wird.

Vergessen wir nie, daß diese Bruderschaft tatsächlich existiert, auch wenn die Menschen sie ignorieren oder leugnen. Die Unwissenheit der Menschen kann die Naturgesetze nicht ändern und ihren unabänderlichen, unbeeinflußbaren Lauf auch nicht um Haaresbreite verschieben. Ihre Gesetze zermalmen den, der sich ihnen widersetzt, und zerbrechen in Stücke, was nicht in Harmonie mit ihnen ist. Darum kann kein Volk Bestand haben, das die Bruderschaft mißachtet, und keine Kultur kann bestehen, die auf Prinzipien aufgebaut ist, die ihr widersprechen. Wir brauchen diese Bruderschaft nicht zu schaffen — sie ist da. Wir müssen unser Leben in Einklang mit ihr bringen, wenn wir wollen, daß wir und unsere Werke nicht untergehen.

Es mag manchem sonderbar erscheinen, daß die buddhische Ebene — eine für sie so nebelhafte und unwirkliche Angelegenheit — alle unter ihr befindlichen Ebenen derart beeinflussen und daß ihre Kräfte im Stande sein sollen, alles in den niederen Welten zu zerbrechen, was sich ihnen nicht anzupassen vermag. Und doch ist es so; denn dieses Universum ist ein Ausdruck spiritueller Kräfte, und diese sind die lenkenden, formenden Energien, die alle Dinge durchdringen und sie langsam, aber sicher unter ihre Gewalt bringen. Darum ist auch diese Bruderschaft als geistige Einheit etwas weit Wirklicheres, als irgendeine äußere Organisation. Sie ist keine Form, sondern eine lebendige Wesenheit, die „mächtig und doch lieblich alle Dinge ordnet“. Sie mag unzählbare Formen annehmen, die für die jeweiligen Zeitverhältnisse passen — ihr Leben bleibt immer ein und dasselbe. Glücklich sind jene, die sich seiner Gegenwart bewußt sind und sich zu Stromwegen seiner lebendigen Kraft machen.

*

Der Leser hat nun verschiedene Teile der menschlichen Natur und die Regionen, denen diese Teile angehören, kennengelernt; eine kurze Zusammenfassung soll ihm nun noch einen klaren Überblick über dieses komplizierte Gebilde geben. Die menschliche Monade besteht aus Atma-Buddhi-Manas oder, wie es manchmal übersetzt wird, dem Geist, der spirituellen Seele und der menschlichen Seele des Menschen. Die Tatsache, daß diese drei nichts anderes sind als Aspekte des einen Selbstes, verleiht dem Menschen Unsterblichkeit, und obgleich sich diese drei Aspekte einzeln und nacheinander offenbaren, macht es doch ihre Einheit in der Substanz möglich, daß die menschliche Seele (Manas — d. Ü.) mit der spirituellen Seele verschmilzt und dieser die kostbare Wesenhaftigkeit der Individualität verleiht, und weiter, daß diese individualisierte spirituelle Seele nun ihrerseits mit dem Geist verschmilzt und ihm — wenn der Ausdruck gestattet ist — die besonderen Farbtöne der Individualität verleiht, ohne seine Wesenseinheit mit allen anderen Strahlen des LOGOS und mit dem LOGOS selbst dadurch irgendwie zu beeinflussen. Diese drei bilden den siebenten, den sechsten und den fünften Grundteil des Menschen, und der Stoff, welcher sie begrenzt oder einhüllt, d. h. der ihr In-Erscheinung-Treten und ihre Wirksamkeit ermöglicht, wird jeweils der fünften (nirvanischen), vierten (buddhischen) und dritten (mentalen) Ebene unseres Universums entnommen. Der fünfte Grundteil bildet auf der Mentalebene außerdem noch einen niederen Körper aus, um mit den Erscheinungswelten in Berührung kommen zu können, und dieser verflicht sich dadurch mit dem vierten Grundteil, der Begierdennatur oder Kama, das zur zweiten Ebene, der Astralebene, gehört. Zur ersten, der physischen Ebene, hinuntersteigend, finden wir den dritten, zweiten und ersten Grundteil: die spezialisierte Lebenskraft oder Prana, ihren Träger, den Ätherkörper, und schließlich den dichten Körper, der mit den gröberen Stoffen der physischen Welt in Fühlung steht. Wir haben bereits erfahren, daß Prana zuweilen nicht als „Grundteil" aufgefaßt wird, und daß der miteinander verwobene Astral- und Mentalkörper, auch zusammen als Kama-Manas eingereiht wird. Der reine Intellekt wird als das höhere Manas und der von der Wunschnatur abgesonderte Verstand als das niedere Manas bezeichnet. Die treffendste Vorstellung vom Menschen ist wohl die, welche die Tatsache des einen, unvergänglichen Lebens und der verschiedenen Formen, in welchen es wirkt, welche die Wirkungsweise seiner Energien begrenzen und dadurch die Mannigfaltigkeit seiner Offenbarungen hervorrufen, am deutlichsten zum Ausdruck bringt. Wir erkennen dann das Selbst als das eine Leben, die Quelle aller Kräfte, und die Formen als den buddhischen, kausalen, astralen und physischen (ätherischen und dichten) Körper[12].

Wenn wir diese beiden Betrachtungsweisen ein und derselben

---

[12] Diejenigen unserer Leser, denen die Einteilung der Vedanta vertrauter ist, dürften die folgende Tabelle über die Formseite nützlich finden:

Buddhischer Körper		Anandamayakosha
Kausalkörper		Vignyanamayakosha
Mentalkörper, Astralkörper		Manomayakosha
Physischer Körper	ätherisch	Pranamayakosha
	dicht	Annamayakosha

Sache nebeneinanderstellen, so gelangen wir zu der folgenden Tabelle:

GRUNDTEILE	LEBEN	FORMEN
Atma, Geist	Atma	
Buddhi, spirituelle Seele		Seligkeitskörper
Höheres Manas	menschliche Seele	Kausalkörper
Niederes Manas		Mentalkörper
Kama, tierhafte Seele		Astralkörper
Linga Sharira[13]		ätherischer Doppelkörper
Sthula Sharira		dichter Körper

Daraus ist zu ersehen, daß der Unterschied nur in der Bezeichnungsweise liegt und der sechste, fünfte, vierte und dritte „Grundteil" weiter nichts sind, als Atma, das durch den buddhischen, Kausal-, Mental- und Astralkörper wirkt, während der zweite und der erste Grundteil die zwei niedersten Körper selbst sind. Dieser plötzliche Wechsel in der Benennung kann beim Leser leicht Verwirrung stiften. Aber da H. P. Blavatsky, unsere verehrte Lehrerin, sich sehr unzufrieden über die damalige verwirrende und irreführende Benennungsweise ausgesprochen und mir sowie auch anderen gegenüber den Wunsch nach einer Verbesserung geäußert hat, wurden hier die obigen, bezeichnenden, einfachen und den Tatsachen entsprechenden Benennungen gewählt.

Die verschiedenen feinstofflichen Körper des Menschen, die wir nun beleuchtet haben, bilden in ihrer Gesamtheit das, was man die „A u r a" des Menschen zu nennen pflegt. Diese Aura hat das Aussehen einer eiförmigen leuchtenden Wolke, in deren Mitte sich der physische Körper befindet. Mit Rücksicht auf dieses Aussehen wird von ihr oft so gesprochen, als wäre sie wirklich nichts anderes, als eine solche Wolke. Was man gewöhnlich als Aura bezeichnet, sind jedoch bloß die über die Außenfläche des dichten physischen Körpers hinausragenden Teile der feinstofflichen Körper. Jeder einzelne dieser Körper bildet aber für sich ein vollkommenes Ganzes und durchdringt die anderen, die gröber sind als er; er ist größer oder kleiner, je nach seiner Entwicklungsstufe. Alle Teile dieser Körper, die über die Oberfläche des dichtphysischen Körpers hinausragen, werden zusammen als Aura bezeichnet. Diese besteht somit aus den sich überschneidenden Teilen des Ätherkörpers, des Astralkörpers

---

[13] Linga Sharira war ursprünglich die Bezeichnung für den Ätherkörper und darf nicht mit dem Linga Sharira der Hinduphilosophie verwechselt werden. Sthula Sharira ist der Sanskrit-Ausdruck für den dichtphysischen Körper.

des Mentalkörpers, des Kausalkörpers und in seltenen Fällen des buddhischen Körpers, durchflutet von den Strahlen Atmas. Diese Aura ist zuweilen trüb, derb und schmutzigbraun, zuweilen von eindrucksvoller Größe und prächtig in der Strahlkraft ihres Lichtes und ihrer Farben. Sie entspricht genau der Entwicklungsstufe, die der Mensch erreicht hat, dem Entwicklungsgrad seiner verschiedenen Körper und seines moralischen und mentalen Charakters. Alle seine wechselnden Leidenschaften, Gefühle und Gedanken sind in dieser Aura in Form, Licht und Farbe niedergeschrieben, so daß sie „jeder Vorübergehende lesen kann", der Augen für eine solche Schrift hat. Der Charakter des Menschen ist ihr ebenso aufgeprägt, wie die vorübergehenden Veränderungen, und eine Täuschung, wie sie in jener Maske möglich ist, die wir den physischen Körper nennen, ist hier ausgeschlossen. Das Wachstum der Aura an Größe und Schönheit ist das unverkennbare Zeichen des Fortschrittes eines Menschen: es zeugt von dem Wachstum und der Läuterung des Denkers und seiner Hüllen.

VII. KAPITEL

WIEDERVERKÖRPERUNG

Wir sind nun in der Lage, auf eine der Grundlehren der Uralten Weisheit genauer eingehen zu können, nämlich auf die Lehre von der Wiederverkörperung oder Reinkarnation. Wir werden eine klare und mit der natürlichen Ordnung besser übereinstimmende Ansicht von ihr erhalten, wenn wir sie zuerst als universelles Prinzip betrachten und dann den Sonderfall der Wiederverkörperung der menschlichen Seele ins Auge fassen. Meist wird dieser besondere Fall aus der Naturordnung herausgerissen und, sehr zu seinem Nachteil, als abgetrenntes Bruchstück studiert. Aber die ganze Entwicklung besteht aus sich entfaltendem Leben, das von Form zu Form geht, wobei es die in den einzelnen Formen gewonnenen Erfahrungen in sich aufspeichert. Die Wiederverkörperung der menschlichen Seele bedeutet nicht das Einführen eines neuen Prinzips in die Entwicklung, sondern vielmehr die Anpassung des universellen Prinzips an die durch die Individualisierung des sich unaufhörlich weiter entfaltenden Lebens notwendig gewordenen Bedingungen.

Lafcadio Hearn[1] hat dies treffend ausgedrückt in seiner Betrachtung über den Einfluß der Idee der Präexistenz auf das wissenschaftliche Denken des Westens. Er sagt:

> „Mit der Annahme der Entwicklungslehre stürzten die alten Formen des Denkens in sich zusammen; überall keimten neue Ideen auf und verdrängten die alten, überlebten Dogmen; und wir haben nun das Schauspiel einer allgemeinen intellektuellen Bewegung nach Richtungen hin, die merkwürdig parallel laufen mit der östlichen Philosophie. Die noch nie dagewesene Schnelligkeit und Vielfältigkeit des wissenschaftlichen Fortschrittes während der letzten fünfzig Jahre konnte nicht ermangeln, auch unter den nicht wissenschaftlich Gebildeten eine ebenso beispiellose Erweckung des Intellektes

---

[1] Hearn ist bei der Behandlung der buddhistischen Darstellung dieser Lehre in seiner Ausdrucksweise — aber wie ich glaube, nicht in seiner inneren Auffassung von derselben — fehlgegangen. Der Gebrauch, den er von dem Worte „Ego“ macht, kann den Leser, wenn er den Unterschied zwischen dem wirklichen und dem scheinbaren Ego nicht ständig im Auge behält, leicht irreführen.

zu bewirken. Daß die höchsten und kompliziertesten Organismen sich aus den niedrigsten und einfachsten entwickelt haben; daß ein einziger physischer Lebensträger die Substanz der ganzen lebenden Welt ist; daß zwischen Tier und Pflanze keine Trennungslinie gezogen werden kann; daß der Unterschied zwischen Lebendigem und Leblosem nur ein Unterschied des Grades, nicht der Art ist; daß die Materie nicht minder unbegreiflich ist wie der Geist, während beide nur verschiedene Offenbarungen ein und derselben unbekannten Wirklichkeit sind — dies alles sind bereits Gemeinplätze der heutigen Philosophie. Nachdem sogar die Theologie die physische Evolution anerkannt hatte, war es ein Leichtes vorauszusagen, daß auch die Anerkennung der psychischen Entwicklung nicht mehr lange würde auf sich warten lassen können; denn die Schranken, welche die alten Dogmen aufgerichtet hatten, um die Menschen daran zu hindern zurückzublicken, waren niedergerissen. Für den Forscher auf dem Gebiete der wissenschaftlichen Psychologie ist heute die Vorstellung von der Präexistenz im Begriffe, aus dem Bereiche der Theorien in den der Tatsachen überzugehen, und die buddhistische Erklärung des Weltmysteriums erscheint als geradeso vertretbar wie jede andere. ‚Nur sehr voreilige Denker', schrieb der verstorbene Professor Huxley, ‚werden sie mit der Begründung verwerfen, daß sie an sich absurd sei. Wie die Entwicklungslehre, so hat auch die Lehre von der Seelenwanderung ihre Wurzel in der Welt der Wirklichkeit, und sie kann alle Beweise für sich in Anspruch nehmen, welche die Analogie zu liefern vermag.' " (Evolution and Ethics, ed. 1894, Seite 61.)[2]

Wir wollen nun die göttliche Lebenswoge[3], Atma-Buddhi, betrachten. In ihr, dem ausgeatmeten Leben des Logos, liegen alle göttlichen Kräfte verborgen, nur sind sie latent, nicht offenbar und tätig. Sie müssen erst durch äußere Impulse nach und nach erweckt werden, denn es gehört zum Wesen des Lebens, auf Schwingungen zu reagieren, die auf dasselbe einwirken. Da die Lebenswoge[4] alle Schwingungsmöglichkeiten in sich birgt, so wird jede sie treffende Schwingung die ihr entsprechende Schwingungskraft erwecken, und auf diese Weise wird eine Kraft nach der anderen aus dem latenten in den aktiven Zustand[5] übergehen. Hierin liegt das Geheimnis der Entwicklung. Die Umgebung wirkt auf die Form des Lebewesens ein — und wie wir uns erinnern müssen: alle Dinge leben. Diese Einwirkung wird durch die umgebende Form hindurch auf das Leben in ihrem Inneren übertragen und ruft als Antwort Schwingungen hervor, die vom Leben aus nach auswärts die Form durchdringen und deren Partikel ebenfalls in Schwingungen ver-

---

[2] Kokoro: „Hints and Echoes of Japanese Inner Life." Von Lafcadio Hearn, London 1896, Seite 237—239.

[3] Im Original „die Monade der Form".

[4] I. O. „Monade".

[5] Der Physiker würde sagen, aus dem statischen in den kinetischen Zustand.

setzen und sie dann zu einer, dem ursprünglichen Impuls entsprechenden oder angepaßten Gestalt anordnen. Dies ist die Wirkung und Rückwirkung zwischen Umgebung und Organismen, die von allen Biologen anerkannt ist und in welcher einige von ihnen eine ausreichende mechanische Erklärung der Entwicklung gefunden zu haben glauben. Ihre geduldigen und sorgfältigen Beobachtungen dieser Wechselwirkungen lassen jedoch die Ursache unerklärt, warum der Organismus auf diese Weise auf die Anstöße reagiert, und wenn man das Geheimnis der Entwicklung entschleiern will, muß man wohl auf die Uralte Weisheit zurückgreifen und auf das im Herzen jeglicher Form befindliche Selbst hinweisen, diese verborgene Haupttriebfeder aller Bewegung in der Natur.

Nachdem wir diese grundlegende Vorstellung erfaßt haben, daß das Leben die Fähigkeit in sich trägt, auf jede Schwingung der Außenwelt zu reagieren, wobei seine tatsächlichen Reaktionen durch das Einwirken der äußeren Kräfte nach und nach hervorgerufen werden, ist der nächste Grundgedanke, mit dem wir uns auseinandersetzen müssen, jener der Kontinuität von Leben und Form. Formen übertragen ihre Besonderheiten auf andere aus ihnen hervorgehende Formen. Diese sind ein Teil ihrer eigenen Substanz und trennen sich ab, um ein unabhängiges Dasein zu führen. Durch Spaltung, durch Sprossung, durch Ausstreuen von Samen, durch Entwicklung der Nachkömmlinge innerhalb des mütterlichen Schoßes wird die physische Kontinuität bewahrt, indem sich jede neue Form von einer vorhergehenden Form ableitet und deren charakteristische Merkmale reproduziert[6]. Die Wissenschaft faßt diese Tatsachen unter der Bezeichnung „Vererbungsgesetz" zusammen; ihre Feststellungen über die Fortpflanzung der Form sind beachtenswert und beleuchten das Wirken der Natur in der Welt der Erscheinungen. Man darf aber nie vergessen, daß sie sich nur auf den Aufbau des physischen Körpers beziehen, in den die von den Eltern gelieferten Baustoffe eintreten.

Das verborgene Walten der Natur jedoch, das Wirken des Lebens, ohne welches es überhaupt keine Form geben kann, hat keine Beachtung erfahren, da es der physischen Beobachtung unzugänglich ist; diese Lücke kann nur durch die Lehren der Uralten Weisheit ausgefüllt werden, welche von jenen Großen erteilt worden sind, die seit jeher übersinnliche Beobachtungsmethoden angewandt haben. Die Wahrheit dieser Lehren kann jeder Jünger, der geduldig in ihren Schulen lernt, Schritt um Schritt selbst prüfen.

---

[6] Der Leser würde gut daran tun, sich mit den Untersuchungen von Weißmann über die Kontinuität des Keimplasmas vertraut zu machen.

Es gibt eine ununterbrochene Fortdauer des Lebens, ebenso wie es eine Kontinuität der Form gibt, und es ist dieses fortbestehende Leben — dessen latente Energien durch die aufeinanderfolgenden Formen mehr und mehr zur Tätigkeit angeregt werden — welches die Erfahrungen in sich aufnimmt, die es durch sein Eingeschlossensein in den Formen macht; denn wenn eine Form zerfällt, dann hat das Leben das Ergebnis dieser Erfahrungen in den durch sie erweckten Kräften in seinem Besitz, und es ist bereit, sich unter Mitnahme dieses vermehrten Kräftevorrates in neue, von den alten abgeleitete Formen zu ergießen. Während es noch in der früheren Form weilte, wirkte es durch sie und paßte sie sich an, so daß sie jeder neu erweckten Kraft Ausdruck verleihen konnte; die Form gibt diese in ihre Substanz hineingewirkten Anpassungen an den von ihr abgetrennten Teil weiter, den wir ihren Sprößling nennen, und der, da er von ihrer Substanz ist, notwendigerweise auch die besonderen Eigenheiten dieser Substanz haben muß; das Leben ergießt sich mit all seinen erweckten Kräften in diesen Nachkömmling und gestaltet ihn weiter um und so geht es fort. Die moderne Wissenschaft beweist mehr und mehr, daß die Vererbung in der Entwicklung der höheren Lebewesen, je höher sie stehen, eine desto geringere Rolle spielt, daß mentale und moralische Eigenschaften nicht von den Eltern auf ihre Nachkommen übertragen werden und daß diese Tatsache umso deutlicher hervortritt, von je höherer Art diese Eigenschaften sind. Das Kind eines Genies ist oft ein Tölpel, und ganz gewöhnliche Eltern hinwiederum geben einem Genie das Leben. Es muß also ein weiterbestehendes Substrat geben, dem die intellektuellen und moralischen Eigenschaften anhaften, damit sie wachsen können, sonst würde die Natur auf diesem ihren wichtigsten Arbeitsfelde regellose Erzeugung ohne begründete Ursache zeigen, statt geordneter Kontinuität. Darüber schweigt die Wissenschaft, aber die Uralte Weisheit lehrt, daß dieses fortbestehende Substrat das Leben[7] ist, das aufnehmende Gefäß für alle Ergebnisse, das Lagerhaus, in welchem alle Erfahrungen als mehr und mehr aktiv werdende Kräfte aufgespeichert werden.

Sind diese beiden Prinzipien einmal klar erfaßt, — nämlich das der göttlichen Lebenswoge[7] mit ihren Potentialitäten, die zu Kräften werden, und das Prinzip der Fortdauer von Leben und Form — dann können wir an das Studium ihrer Auswirkungen im Einzelnen gehen; und wir werden entdecken, daß sie sowohl viele der verwirrendsten Probleme der modernen Wissenschaft lösen, als auch die das Herz noch mehr berührenden Fragen, welche den Menschfreund und den Weisen beschäftigen.

*

Wir wollen die Lebenswoge[7] zunächst betrachten, wie sie den ersten Einwirkungen aus der formlosen Unterabteilung der Mentalebene ausgesetzt ist, also den Uranfang der Formentwicklung. Ihr erstes, leises, antwortendes Erbeben zieht etwas Stoff dieser Ebene um sie herum und damit beginnt die allmähliche Entwicklung des bereits erwähnten ersten Elementalreiches[8]. Es gibt sieben große Grundtypen des Lebens; manchmal werden sie den sieben Farben des Sonnenspektrums gleichend dargestellt, die von den drei Grundfarben abgeleitet sind[9]. Jeder einzelne Typus hat seine besondere Eigenart; diese bleibt die gleiche während des ganzen äonenlangen Zyklus seiner Entwicklung und beeinflußt alle Reihen von Lebewesen, die von ihm beseelt werden. Nun beginnt in jedem dieser Typen der Teilungsprozeß, der in immer weiteren Unterabteilungen sich so lange fortsetzt, bis das Einzelwesen erreicht ist. Die Ströme, welche die beginnende Auswärtsstrahlung der Lebensenergien in Tätigkeit setzt — es genügt hiebei, nur einer einzigen Entwicklungslinie nachzugehen, da die anderen sechs dieser im Prinzip gleich sind — haben nur ein kurzes Formleben; aber die Erfahrungen, die durch sie gewonnen werden können, bewirken stärkere Reaktionen des Lebens, das ihre Quelle und Ursache ist. Und da diese Reaktionen aus einander oft widerstrebenden Schwingungen bestehen, so ergibt sich in der Lebenswoge[7] eine Tendenz zur Teilung, indem sich die im Einklang schwingenden Kräfte sozusagen zu gemeinschaftlichem Wirken sammeln, bis sich verschiedene Teilwogen[10] — wenn diese Bezeichnung für einen Augenblick gestattet ist — gebildet haben, die in ihren Hauptmerkmalen übereinstimmen, in Einzelheiten aber gleich den Schattierungen ein und derselben Farbe voneinander abweichen. Diese Teilwellen werden durch Reize, die sie von den niederen Unterabteilungen der Mentalebene aus erhalten, zu dem beseelenden Leben[7] des zweiten Elementarreiches, das zur Form-Region dieser Ebene gehört. Der Prozeß setzt sich weiter fort, wobei die Lebenswoge[7] beständig an Reaktionsfähigkeit zunimmt; jede Teilwoge[7] haucht zahllosen Formen Leben ein, durch die sie Schwingungen empfängt, und wenn sich die alten Formen wieder auflösen, erfüllt sie immer wieder

[7] I. O.: „die Monade".
[8] Vergl. Kapitel IV, über „Die Mentalebene".
[9] „Wie oben, so unten." Man erinnert sich hier unwillkürlich an die drei Logoi und an die sieben uranfänglichen Söhne des Feuers bzw. in der christlichen Symbolik an die Dreieinigkeit und die „sieben Geister vor dem Throne" oder im Zoroasterglauben an Ahuramazdao und die sieben Ameshaspentas.
[10] I. O.: Unter-Monaden.

neue mit Leben. Auch der Vorgang der Unterteilung setzt sich aus dem schon oben erwähnten Grunde fort. Jede Teilwoge[7] des Lebens verkörpert sich auf diese Weise fortwährend in Formen und speichert die Ergebnisse, die sie durch die von ihr beseelten Formen erzielt hat, als erweckte Kräfte in sich auf. Wir können diese Teile der Lebenswoge[11] gut als die Seelen von Formengruppen ansehen; und mit fortschreitender Entwicklung zeigen diese Formen mehr und mehr Eigenschaften, die durch die Formen, in denen sie sich verkörpert, geoffenbarten Kräfte der Gruppenseele. Die zahllosen Gruppenseelen[10] dieses zweiten Elemental-Reiches erreichen später eine Entwicklungsstufe, auf welcher sie auf die Schwingungen von Astralmaterie zu reagieren beginnen, und sie beginnen auf der Astralebene zu wirken, indem sie zu Gruppenseelen[12] des dritten Elemental-Reiches werden und in dieser dichteren Welt alle Vorgänge wiederholen, die sie schon auf der Mentalebene ausgeführt haben. Diese Gruppen-Seelen werden immer zahlreicher und zeigen immer größere Unterschiede in den Einzelheiten, während die Zahl der Formen, die durch jede einzelne beseelt wird, in demselben Maße abnimmt, als die Spezialisierung ihrer Merkmale zunimmt. Nebenbei kann bemerkt werden, daß der vom Logos beständig ausgehende Lebensstrom mittlerweile auf den höheren Ebenen neues Leben ausströmt, so daß die Entwicklung stetig ohne Unterbrechung weitergeht; sobald sich die entwickelten Gruppenseelen in den niederen Welten verkörpern, wird ihr Platz in den höheren durch neu ausgeströmte Wogen[13] des göttlichen Lebens eingenommen.

Durch diesen sich fortlaufend wiederholenden Vorgang der Wiederverkörperung der der göttlichen Lebenswoge entströmten Gruppenseelen in der Astral-Welt schreitet ihre Entwicklung weiter, bis sie fähig werden, auch auf Anstöße aus der physischen Welt zu reagieren. Wenn wir uns daran erinnern, daß die kugelförmigen Hüllen der Grundatome jeder Ebene aus dem gröbsten Stoff der nächst höheren Ebene bestehen, so ist leicht zu verstehen, wie die Lebenswoge für die Impulse einer Ebene nach der anderen empfänglich wird. Nachdem die Lebenswoge im ersten Elemental-Reich einmal daran gewöhnt war, auf den Anstoß der Materie dieser Ebene mitschwingend zu reagieren, konnte sie bald auch auf Schwingungen zu antworten beginnen, die sie durch die gröbsten Formen dieser Materie von der Materie der nächst darunter befindlichen Ebene

---

[11] I. O.: diese Monaden.
[12] I. O.: zu Monaden.
[13] I. O.: Monaden.

empfing. So wurde sie, in ihre Gewänder aus den gröbsten Stoffen der Mentalebene gehüllt, für die Schwingungen der Astral-Materie empfänglich, und sobald sie sich dann in Formen aus gröbstem Astralstoff verkörperte, konnte sie in ähnlicher Weise auch auf die Einwirkungen des atomischen physischen Äthers reagieren, dessen kugelförmige Hüllen aus dem gröbsten Astralstoff bestehen. So erreicht die göttliche Lebenswoge, das Leben des zweiten Logos, die physische Ebene und hier beginnt sie nun, oder genauer ausgedrückt, beginnen alle einzelnen Gruppen-Seelen, sich in schleierartigen physischen Formen zu verkörpern, den ätherischen Gegenstücken der zukünftigen dichten Minerale der physischen Welt. In diese schleierartigen Formen bauen dann die Naturgeister die dichteren physischen Stoffe hinein und so entstehen Minerale aller Arten, die starrsten Hüllen, in die das sich entfaltende Leben sich einschließt, jene Hüllen, durch welche am wenigsten von seinen Kräften zum Ausdruck gelangen kann. Jede Gruppen-Seele hat ihre eigenen mineralischen Ausdrucksformen, in denen sie sich verkörpert, und die Spezialisierung hat nun schon einen hohen Grad erreicht. Diese Gruppen-Seelen werden manchmal in ihrer Gesamtheit die mineralische Monade genannt, das sich im Mineralreiche verkörpernde Leben des Zweiten Logos.

Von dieser Zeit an spielen die erwachten Energien der göttlichen Lebenswoge in der Entwicklung eine weniger passive Rolle. Sie beginnen, sobald sie einmal zur Tätigkeit erweckt sind, in gewissem Maße aktiv nach Ausdruck zu suchen und auf die Formen, in welche sie eingeschlossen sind, einen deutlich gestaltenden Einfluß auszuüben. Sobald sie für ihre mineralischen Gehäuse zu tätig werden, zeigen sich die Anfänge der bildsameren Formen des P f l a n z e n r e i c h e s; die Naturgeister unterstützen diese Entwicklung durch alle physischen Reiche hindurch. Im Mineralreich hatte sich bereits Neigung zu einer bestimmten Ordnung der Form gezeigt; gewisse Richtungen[14] wurden festgelegt, entlang welcher das Wachstum fortschritt. Diese Tendenz beherrscht von da an jegliche Formbildung und ist die Ursache des feinen Ebenmaßes der Dinge in der Natur, das jedem Beobachter bekannt ist. Die Gruppenseelen im Pflanzenreich machen nun, infolge der noch größeren Vielfalt der Antriebe, denen sie ausgesetzt sind, mit wachsender Geschwindigkeit eine Teilung nach der anderen durch; auf diesen unsichtbaren Teilungsvorgängen beruht die Entwicklung der Familien, Gattungen und Arten. Wenn eine Gattung mit ihrer Gat-

[14] Die Achsen, welche das Wachstum der Form bestimmen. In den Kristallen erscheinen sie ganz deutlich.

tungs-Gruppenseele stark wechselnden Bedingungen unterworfen wird, d. h. wenn die mit ihr verbundenen Formen sehr verschiedenen Einwirkungen ausgesetzt sind, dann wird in der Gruppenseele eine erneute Neigung zu weiterer Teilung erweckt; es werden verschiedene Arten entwickelt, deren jede ihre ganz besondere Gruppenseele besitzt. Wird die Natur sich selbst überlassen, so geht dieser Prozeß nur langsam vonstatten, obgleich die Naturgeister zur Differenzierung der Arten viel beitragen. Sobald aber der Mensch auf der Bildfläche erscheint und seine künstlichen Züchtungssysteme beginnt, die Entfaltung bestimmter Kräfte fördert, andere hinwiederum ausschaltet, kann diese Differenzierung ziemlich rasch vor sich gehen und besondere Unterschiede können sich leicht ausbilden. Solange in der Gruppenseele selbst die tatsächliche Teilung noch nicht stattgefunden hat, könnte die Neigung zur Sonderbildung durch Vereinheitlichung der Einflüsse wieder beseitigt werden; ist diese Teilung aber einmal vollzogen, dann sind die neuen Gattungen endgültig und fest begründet und bereit, ihre eigenen Sprößlinge auszusenden.

In einigen der länger lebenden Glieder des Pflanzenreiches beginnt sich nun das Element der Persönlichkeit zu zeigen, da die Beständigkeit des Organismus diese Andeutung individuellen Seins ermöglicht. Bei einem Jahrzehnte lang lebenden Baum verursacht die Wiederkehr ähnlicher Bedingungen ähnliche Antriebe; die Jahr um Jahr wiederkehrenden Jahreszeiten, die von ihnen veranlaßten aufeinanderfolgenden inneren Bewegungen, das Aufsteigen des Saftes, das Treiben von Blättern, die Berührung von Wind, Sonnenstrahlen und Regen — all diese äußeren Einflüsse in ihrer rhythmischen Aufeinanderfolge — verursachen in der Gruppenseele entsprechende Erregungen, und da die Reihenfolge sich durch ihre ständige Wiederholung einprägt, so führt die Wiederkehr einer Schwingungsart zu der undeutlichen Erwartung ihrer oft erlebten Nachfolgerin. Die Natur entwickelt niemals eine Eigenschaft plötzlich; und dies sind die ersten schwachen Andeutungen von dem, was einmal Gedächtnis und Vorgefühl sein wird.

Im Pflanzenreich erscheinen auch die ersten Anzeichen von Empfindungen, die sich in seinen höheren Gliedern zu dem entwickeln, was die Psychologie des Westens „massive“ Empfindungen der Freude oder des Unbehagens bezeichnen würde[15]. Man muß sich daran erinnern, daß die Lebenswoge Stoffe der Ebenen, durch die

---

[15] Die „massive“ Empfindung ist eine solche, die den Organismus durchdringt, ohne an einer Stelle mehr gefühlt zu werden als an einer anderen. Sie ist der Gegensatz zur „akuten“ Empfindung.

sie herabgestiegen ist, an sich gezogen hat und daher imstande ist, Antriebe von diesen Ebenen zu empfangen, wobei sich die kräftigsten und die am meisten mit den gröbsten Stoffarten verbundenen zuerst fühlbar machen. Der Sonnenschein und die Kälte bei seiner Abwesenheit prägen sich dem Bewußtsein der Gruppenseele mit der Zeit ein und ihre in leise Schwingungen versetzte astrale Hülle verursacht die erwähnte schwache „massive" Empfindung. Regen und Dürre, welche auf die mechanische Beschaffenheit der Form einwirken, und auf deren Fähigkeit, Schwingungen auf ihre Gruppenseele zu übertragen — sind auch eines dieser „Paare von Gegensätzen", deren Spiel jenes Erkennen von Unterschieden erweckt, das die Wurzel aller Gefühle und später aller Gedanken ist. Auf diese Weise entwickeln sich die Gruppenseelen im Pflanzenreich durch ihre wiederholten Pflanzenverkörperungen, bis diejenigen, welche die höchst entwickelten Glieder des Reiches beseelen, für den nächsten Schritt bereit sind.

Dieser Schritt führt sie in das T i e r r e i c h und hier entwickeln sie in ihren physischen und astralen Hüllen langsam eine sehr bestimmte Persönlichkeit. Da das Tier Bewegungsfreiheit hat, kann es sich einer größeren Vielfalt von Verhältnissen aussetzen, als die an einer Stelle wurzelnde Pflanze sie erfahren kann, und diese Vielfalt fördert, wie immer, die Bildung von Unterschieden. Aber die Gruppenseele, welche eine Anzahl von wilden Tieren derselben Art beseelt, verändert sich nur langsam, während sie die verschiedensten Antriebe erhält, weil die meisten von diesen sich fortwährend wiederholen, und von allen Gliedern der Gruppe geteilt werden.

Diese Antriebe unterstützen die Entwicklung der physischen und astralen Körper und die Gruppenseele sammelt durch sie viele Erfahrungen. Wenn die Form eines Gliedes der Gruppe zu Grunde geht, dann wird die durch diese Form gesammelte Erfahrung in der Gruppenseele aufgespeichert und färbt dieselbe gewissermaßen; das dadurch etwas vermehrte Leben der Gruppenseele, das alle Formen durchströmt, die diese Gruppe bilden, gibt die Erfahrungen der zu Grunde gegangenen Form an alle anderen weiter und auf diese Weise erscheinen ständig wiederholte, in der Gruppenseele aufgespeicherte Erfahrungen in den entstehenden Formen als Instinkte, als „vererbte Erfahrungen". Nachdem zahllose Vögel eine Beute von Falken wurden, ducken sich schon die gerade erst ausgeschlüpften Hühnchen beim Herannahen ihres Erbfeindes, denn das Leben, das in ihnen verkörpert ist, kennt die Gefahr und der angeborene Instinkt ist eben der Ausdruck dieses Wissens. Auf diese Art bilden sich die wunderbaren Instinkte aus, welche die Tiere vor unzähligen gewohnten Gefahren schützen, während eine neue Gefahr sie unvorbereitet findet und sie nur verwirrt.

Sobald die Tiere unter den Einfluß des Menschen kommen, entwickelt sich die Gruppenseele viel rascher, und durch ähnliche Ursachen, wie die, welche die Kulturpflanzen beeinflussen, wird auch hier die Unterteilung des sich verkörpernden Lebens beschleunigt. Jetzt entwickelt sich auch eine „Persönlichkeit" und wird immer stärker ausgeprägt; in den Anfangstadien kann man fast sagen, daß sie kollektiver Natur ist — so wird eine ganze Herde wilder Tiere handeln, als wäre sie von einer einzigen Persönlichkeit geleitet, so vollständig werden diesen Formen von der gemeinsamen Seele beherrscht, und diese wiederum wird beeinflußt von den Impulsen der Außenwelt. Gezähmte Tiere höherer Art, wie Elefanten, Katzen, Pferde und Hunde, zeigen eine individuellere Persönlichkeit; zwei Hunde z. B. können unter Einwirkung derselben Umstände ganz verschieden reagieren. Je näher der Zeitpunkt der vollkommenen Individualisierung rückt, desto geringer wird die Anzahl der Formen, in welchen sich die Gruppenseele verkörpert. Der Begierdenkörper, die kamische Hülle, erhält eine beträchtliche Entwicklung und besteht noch eine Weile nach dem Tode des physischen Körpers fort, indem sie eine unabhängige Existenz in Kamaloka führt. Schließlich sinkt die Zahl der von einer Gruppenseele belebten Formen auf eins herab und sie beseelt in einer Reihe aufeinanderfolgender Verkörperungen nur mehr eine einzige Form — ein Zustand, der sich von der menschlichen Wiederverkörperung nur durch das Fehlen von Manas mit seinem Kausal- und Mentalkörper unterscheidet. Der von der Gruppenseele mitheruntergebrachte Mentalstoff beginnt aber nun für Anstöße aus der Mentalebene empfänglich zu werden, und nun ist das Tier bereit, die dritte große Lebensausgießung des LOGOS zu empfangen — die Wohnstatt für die Aufnahme der menschlichen Monade ist vorbereitet.

*

Die menschliche Monade ist, wie wir sahen, von dreifältiger Natur; ihre drei Aspekte werden als Geist, spirituelle Seele und menschliche Seele — Atma, Buddhi und Manas bezeichnet. Zweifellos würde das sich nach aufwärts entwickelnde Leben des Zweiten Logos im Verlaufe von Äonen der Entwicklung Manas durch fortschreitendes Wachstum entfaltet haben können, allein dies war weder in der Vergangenheit bei der menschlichen Rasse der Lauf der Natur, noch ist er es bei den Tieren in der Gegenwart. Sobald das Haus fertig war, wurde vielmehr der Bewohner herabgesandt. Aus den höheren Ebenen des Daseins stieg das atmische

Leben, sich in Buddhi hüllend, gleich einem goldenen Faden hernieder; und als sein dritter Aspekt Manas, sich auf den höheren Unterabteilungen der formlosen Welt der Mentalebene zeigte, wurde der Keim von Manas in der Form (in der Tierseele — d. Ü.) befruchtet und durch die Vereinigung der beiden der embryonale Kausalkörper gebildet. Dies ist die Individualisierung des Geistes, sein Eingeschlossenwerden in die Form; und dieser in den Kausalkörper eingeschlossene Geist ist die Seele, das individuelle Wesen, der wirkliche Mensch. Dies ist seine Geburtsstunde; denn wenn auch sein Wesen ewiger Natur ist, ungeboren und unsterblich, so ist doch seine Geburt als Einzelwesen zeitlich bestimmt.

Dieses ausströmende Leben erreicht die sich entwickelnden Formen jedoch nicht direkt, sondern durch Mittler. Als die menschliche Rasse dafür bereit war, pflanzten gewisse große Wesen, genannt die „Söhne des Intellektes“[16], dem Menschen den monadischen Funken von Atma-Buddhi-Manas ein, der für die Bildung der embryonalen Seele nötig ist. Und einige dieser Großen verkörperten sich selbst in menschlichen Formen, um die Führer und Lehrer der jungen Menschheit zu werden. Diese „Söhne des Intellektes“ hatten ihre eigene intellektuelle Entwicklung in anderen Welten vollendet und kamen nun zu dieser jüngeren Welt, unserer Erde, um auf diese Weise die Entwicklung der menschlichen Rasse zu unterstützen. Sie sind in Wahrheit die geistigen Väter des Hauptteiles unserer Menschheit. Andere Wesen eines viel niedrigeren Grades, Menschen, die sich in vergangenen Zyklen in einer anderen Welt entwickelt hatten, verkörperten sich unter den Abkömmlingen jener Rasse, welche auf die eben beschriebene Art ihre neugeborenen Seelen erhielt. Als sich diese Rasse entfaltete, verbesserten sich auch die menschlichen Formen, und Myriaden von Seelen, die auf eine Gelegenheit zur Wiederverkörperung warteten, um ihre Entwicklung fortzusetzen, wurden unter ihren Kindern geboren. Diese nur teilweise entwickelten Seelen werden in den alten Büchern ebenfalls „Söhne des Intellektes“ genannt, weil sie Verstand besaßen, wenngleich dieser nur schwach entwickelt war — wir können sie kindliche Seelen nennen, zum Unterschied einerseits von den embryonalen Seelen der Masse der Menschheit und andererseits von den reifen Seelen der großen Lehrer. Diese kindlichen Seelen bildeten, vermöge ihres entwickelten Verstandes, die führenden Typen der Vorzeit, jene Klassen, welche die Massen der weniger entwickelten Menschen dieser alten Zeit kraft dieses ihres besser entwickelten

[16] Der Fachausdruck lautet: „Manasa-putra“ dies ist jedoch einfach das Sanskritwort für den Namen „Söhne des Intellektes“.

Verstandes, der ihnen die Macht gab, sich Wissen anzueignen, beherrschten. Auf diese Art entstanden in unserer Welt die ungeheuren Unterschiede an intellektueller und moralischer Fähigkeit, welche die höchst entwickelten Rassen von den am wenigsten entwickelten Rassen sondern, und die auch innerhalb der Grenzen einer einzigen Rasse den hohen philosophischen Denker von dem mehr oder minder tierischen Typus der Verworfensten seines eigenen Volkes unterscheiden. Diese Unterschiede sind aber nur Unterschiede in der Entwicklungsstufe, im Alter der Seele, und sie haben während der ganzen Menschheitsgeschichte auf dieser Erde bestanden. Soweit wir die geschichtlichen Aufzeichnungen auch zurückverfolgen mögen, wir werden stets hohe Intelligenz neben erniedrigender Unwissenheit finden, und die noch weiter zurückführenden okkulten Berichte erzählen uns ähnliches von den früheren Jahrtausenden der Menschheitsgeschichte. Dies darf uns nicht bekümmern, als wären etwa die Einen im Lebenskampf ungebührlich begünstigt und andere ungebührlich belastet worden. Die erhabenste Seele hatte einst ihre Kindheit und ihre Jugend, wenn auch in früheren Welten, wo andere Seelen ebenso hoch über ihr standen, wie heute wieder andere unter ihr stehen; die niedrigste Seele wird sich einst zu jener Stufe erheben, auf der unsere Höchsten stehen, und noch ungeborene Seelen werden dann ihren gegenwärtigen Platz in der Entwicklung einnehmen. Die Dinge erscheinen uns nur deshalb ungerecht, weil wir unsere Welt aus ihrem Platz in der Entwicklung herausreißen und isolieren, als hätte sie keine Vorgänger und keine Nachfolger. Es ist nur unsere Unwissenheit, welche Ungerechtigkeit zu sehen vermeint; die Natur behandelt alle gleich und bringt all ihren Kindern Kindheit, Jugend und reifes Alter. Es ist nicht ihr Fehler, wenn unsere Torheit verlangt, daß alle Seelen gleichzeitig dieselbe Entwicklungsstufe einnehmen sollen, und „wie ungerecht!" ausruft, wenn diese Forderung nicht erfüllt wird.

*

Wir werden die Entwicklung der Seele am besten verstehen, wenn wir sie an dem Punkt aufgreifen, wo wir sie verließen, nämlich als der Tiermensch bereit war, die embryonale Seele in sich aufzunehmen, und sie auch empfing. Um einem möglichen Mißverständnis vorzubeugen, soll gesagt werden, daß es von da an nicht zwei Monaden im Menschen gab — nämlich die eine, welche das menschliche Haus aufgebaut hatte, und die andere, die in dieses Haus herabgestiegen war, und deren niederster Aspekt die menschliche Seele war. Um mich wieder eines Gleichnisses von H. P. Blavatsky zu bedienen: so wie zwei Sonnenstrahlen durch eine Lücke eines Fensterladens scheinen können und dann, sich vereinend, nur einen einzigen Strahl bilden, obgleich sie zwei waren, so ist es auch mit den Strahlen der höchsten Sonne, des göttlichen Herrn unseres Universums. Als der zweite Strahl in das menschliche Haus eintrat, vermischte er sich mit dem ersten, und verlieh ihm nur neue Kraft und neuen Glanz. Und so begann die menschliche Monade als eine Einheit ihre große Aufgabe zu erfüllen, nämlich im Menschen die höheren Kräfte jenes göttlichen Lebens zu entfalten, aus dem sie hervorgegangen war.

Die embryonale Seele, der Denker, hatte am Anfang als embryonalen Mentalkörper die Mentalstoffhülle, welche die Tierseele mit sich gebracht, aber noch nicht wirksam aufgebaut hatte. Es war erst der bloße Keim eines Mentalkörpers, angeschlossen an den bloßen Keim eines Kausalkörpers, und noch während vieler Leben beherrschte die starke Begierdennatur die Seele, wirbelte sie auf der Bahn ihrer eigenen Leidenschaften und Gelüste mit sich fort und schleuderte die wilden Wogen ihrer unbeherrschten Tierheit gegen sie. So abstoßend jenes frühe Leben der Seele manchen auf den ersten Blick erscheinen mag, wenn sie es von der höheren Stufe aus betrachten, die wir jetzt erreicht haben, so war es doch notwendig, um die Saatkörner des Verstandes zum Keimen zu bringen. Das Erkennen von Unterschieden, die Wahrnehmung, daß sich ein Ding von einem anderen unterscheidet, ist eine wesentliche Vorbedingung für alles Denken. Und damit diese Wahrnehmung in der noch denkunfähigen Seele erwache, damit sie gezwungen werde, Unterschiede zu erkennen, mußten sie starke, gewaltige Kontraste treffen, eine ausschweifende Vergnügung nach der anderen, ein niederschmetternder Schmerz nach dem anderen. Die äußere Welt hämmerte durch die Wunsch-Natur so lange auf die Seele ein, bis sie langsam Wahrnehmungen zu machen begann und sich diese Wahrnehmungen nach zahllosen Wiederholungen einprägte. Die kleinen Gewinne, die jedes Leben brachte, wurden vom Denker aufgespeichert, wie wir bereits sahen, und auf diese Weise wurde ein langsamer Fortschritt erzielt.

Der Fortschritt war ein wahrhaft langsamer, denn es wurde fast nicht gedacht, und daher auch fast nichts getan, um den Mentalkörper organisch aufzubauen. Erst nachdem viele Wahrnehmungen als mentale Bilder in ihn eingeprägt waren, war Material vorhanden, auf dem sich eine von innen ausgehende mentale Tätigkeit aufbauen konnte; diese setzte ein, sobald zwei oder mehrere dieser mentalen Bilder nebeneinandergestellt und eine wenn auch noch so elementare Folgerung aus ihnen gezogen wurde. Solche Folgerungen waren der Anfang des vernünftigen Denkens, der Keim aller Systeme der Logik, die der menschliche Intellekt seither entwickelt und sich zu eigen gemacht hat. Diese Folgerungen wurden anfangs alle im Dienste der Wunschnatur gemacht, zur Vermehrung von Freuden und zur Verringerung von Schmerzen, aber eine jede verstärkte die Tätigkeit des Mentalkörpers und regte ihn zu gewandterer Arbeit an.

Es ist leicht zu verstehen, daß der Mensch in dieser Zeit seiner Kindheit keine Kenntnis von Gut und Böse hatte; Recht und Unrecht gab es für ihn nicht. Das Rechte ist das, was mit dem göttlichen Willen im Einklang steht, was den Fortschritt der Seele fördert, was die höhere Natur des Menschen stärkt, die Schulung und Unterwerfung seiner niederen Natur fördert. Unrecht ist, was die Entwicklung verzögert, was die Seele in einem niederen Zustand festhält, wenn sie die aus ihm zu ziehenden Lehren bereits gelernt hat, was die Herrschaft der niederen Natur über die höhere begünstigt und den Menschen dem Tier gleich macht, dem er entwachsen soll, statt ihn dem Gott ähnlich zu machen, zu dem er sich entwickeln soll. Ehe der Mensch erkennen konnte, was recht ist, mußte er lernen, daß es Gesetze gibt; und dies konnte er nur erfahren, indem er allem, was ihn in der äußeren Welt anzog, folgte, indem er nach jedem erstrebenswerten Dinge griff, um dann durch süße oder bittere Erfahrungen zu lernen, ob seine Lust mit dem Gesetz im Einklang oder im Widerspruch stand. Wir wollen ein entsprechendes Beispiel wählen, das Einnehmen einer wohlschmeckenden Speise, und zusehen, wie der im Kindheitszustande befindliche Mensch daraus das Vorhandensein eines Naturgesetzes erlernen konnte. Als er sie zum ersten Mal zu sich nahm, wurde sein Hunger gestillt, sein Geschmackssinn befriedigt und die Erfahrung war nur angenehmer Natur, weil seine Handlung in Harmonie mit dem Gesetze stand. Bei einer anderen Gelegenheit wollte er das Vergnügen noch steigern, aß zu viel und litt infolgedessen, denn er hatte sich gegen das Gesetz vergangen. Für den dämmernden Verstand war es eine verwirrende Erfahrung, zu erleben, wie das Angenehme durch Übermaß schmerzhaft wurde. Immer wieder verleitete ihn die Begierde zum Übermaß, und jedesmal verspürte er die schmerzhaften Folgen, bis er endlich Mäßigkeit lernte, d. h. er lernte es, seine körperlichen Handlungen in dieser Hinsicht mit dem physischen Gesetz in Einklang zu bringen; denn er entdeckte, daß es Beschränkungen gab, die auf ihn wirkten und die er nicht beherrschen konnte, und daß er sein physisches Wohlbefinden nur dadurch sichern konnte, daß er sich ihnen unterwarf. Ähnliche Erfahrungen flossen ihm durch alle seine körperlichen Organe mit unbeirrbarer

Regelmäßigkeit zu. Die Ausbrüche seines Begehrens brachten ihm in dem Maße Lust oder Schmerz, als sie mit oder gegen die Naturgesetze wirkten, und die zunehmende Erfahrung begann seine Schritte zu lenken, seine Wahl zu beeinflussen. Es war nicht so, daß er in jedem Leben wieder dieselben Erfahrungen machen mußte; denn bei jeder neuen Geburt brachte er wieder ein wenig größere mentale Fähigkeiten mit, einen stets wachsenden Vorrat.

Ich habe bereits erwähnt, daß das Wachstum in jener frühen Zeit äußert langsam vor sich ging, denn es war erst eine bloße Andeutung mentaler Tätigkeit vorhanden, und wenn der Mensch bei Eintritt des Todes seinen physischen Körper verließ, verbrachte er den größten Teil seiner Zeit in Kamaloka und schlief während der kurzen Periode im Devachan, in der er unbewußt seine kleinen mentalen Erfahrungen verarbeitete; denn für das tätige Himmelsleben, das ihm in späteren Zeiten bevorstand, war er noch nicht genügend entwickelt. Aber der fortdauernde Kausalkörper war bereits vorhanden, um seine Fähigkeiten in sich aufzunehmen und zur weiteren Entfaltung in sein nächstes Erdenleben hinüberzutragen. Die Rolle, welche auf den früheren Entwicklungsstufen die Gruppenseele spielte, ist im Menschen vom Kausalkörper übernommen worden, und es ist diese fortdauernde Wesenheit, welche in allen Fällen Entwicklung möglich macht. Ohne sie wäre die Ansammlung mentaler und moralischer Erfahrungen, die sich in Fähigkeiten äußern, ebenso unmöglich, wie es die Ansammlung physischer Erfahrungen, die sich in Rassen- und Familienanlagen zeigen, ohne die Fortdauer des physischen Protoplasmas wäre. Seelen ohne Vergangenheit, mit deutlich ausgeprägten mentalen und moralischen Eigenheiten, die plötzlich aus dem Nichts heraus ins Dasein treten, sind eine ebenso ungeheuerliche Vorstellung, wie es die von plötzlich aus dem Nichts erscheinenden kleinen Kindern wäre, die, mit niemanden verwandt, doch deutliche Rassen- und Familienmerkmale trügen. Weder der Mensch selbst, noch sein physischer Körper ist ohne Ursache oder durch unmittelbare Anwendung der Schöpferkraft des Logos entstanden; hier kann man, wie in so vielen anderen Fällen, von den sichtbaren Dingen auf die unsichtbaren schließen, denn die ersteren sind in Wirklichkeit nichts anderes als die Abbilder, die Widerspiegelung der unsichtbaren Dinge. Ohne den Fortbestand des Protoplasmas könnten sich keine physischen Eigenarten, und ohne Fortdauer des Intellektes keine mentalen und moralischen Eigenschaften entwickeln. In beiden Fällen würde ohne diese Kontinuität die Entwicklung schon in ihrem Anfangsstadium stecken bleiben, und die Welt wäre ein Chaos zahlloser isolierter Anfänge, anstatt ein Kosmos stetigen Werdens.

Wir dürfen nicht außer acht lassen, daß in diesen frühen Zeiten vielfältige Verschiedenheit in Art und Natur des individuellen Fortschrittes durch die Umgebung verursacht wurde, in die der einzelne gestellt war. Am Ende der Bahn müssen alle Seelen all ihre Kräfte entfaltet haben, aber die Reihenfolge, in welcher sie diese Kräfte entwickeln, hängt von den Umständen und Verhältnissen ab, in welche die Seele gestellt ist. Das Klima, die Fruchtbarkeit oder Unfruchtbarkeit der Natur, ein Leben in den Bergen oder in der Ebene, in den Wäldern des Binnenlandes oder an der Küste des Ozeans — all diese Dinge und zahllose andere regen in einem Falle eine Reihe der erwachenden Verstandeskräfte zur Tätigkeit an, im anderen Falle eine andere. Ein sehr hartes Leben steten Kampfes mit der Natur wird ganz andere Kräfte entfalten als ein Leben in der üppigen Fülle einer Tropeninsel; beide Reihen von Kräften sind notwendig, denn die Seele muß jede Region der Natur erobern, doch können auf diese Art auch in gleichaltrigen Seelen auffallende Unterschiede entstehen, und die eine wird weiter fortgeschritten erscheinen als eine andere, je nachdem, ob der Beobachter die „praktischen" oder die mehr „beschaulichen" Kräfte der Seele höher einschätzt, die tätigen, nach außen wirkenden Energien oder die ruhigen, nach innen gekehrten Fähigkeiten nachdenklicher Art. Die vollkommene Seele besitzt sie alle, aber die werdende Seele muß sie nach und nach entfalten, und das ist wieder ein Grund für die ungeheure Mannigfaltigkeit unter den menschlichen Wesen.

Denn es muß wieder daran erinnert werden, daß die menschliche Entwicklung eine individuelle ist. In einer Gruppe, die von einer einzigen Gruppenseele belebt ist, werden alle Einzelwesen von denselben Instinkten beherrscht, denn das Gefäß, in welchem die Erfahrungen aufgespeichert werden, ist eben diese Gruppenseele, die ihr Leben gleichmäßig in alle von ihr abhängenden Formen gießt. Jeder Mensch aber hat seinen eigenen physischen Träger und nur einen zur gleichen Zeit, und das die Erfahrungen aufnehmende Gefäß ist der Kausalkörper, der sein Leben in seinen einzigen physischen Träger ausströmt und der auf keinen anderen einwirken kann, weil er mit keinem anderen in Verbindung steht. Wir finden daher, daß die Unterschiede zwischen einzelnen Menschen größere sind, als sie unter nahe verwandten Tieren jemals auftreten; darum kann auch die Entwicklung der Eigenschaften beim Menschen niemals in der Masse studiert werden, sondern nur an einem fortbestehenden Einzelwesen. Da die Wissenschaft nicht die Möglichkeit hat, ein derartiges Studium durchzuführen, ist sie auch nicht in der Lage zu erklären, wieso einige Menschen gleich intellektuellen und moralischen Riesen ihre Mitmenschen überragen; sie kann weder die intellektuelle Entwicklung eines Shankaracharya oder eines Pythagoras verfolgen, noch die moralische Entwicklung eines Buddha oder eines Christus.

*

Wir wollen nun die einzelnen, bei der Wiederverkörperung mitwirkenden Umstände besprechen, da ein klares Verständnis derselben zur Erklärung einiger Schwierigkeiten — wie z. B. des angeblichen Verlustes des Erinnerungsvermögens — für diejenigen notwendig ist, die mit dem Gedanken noch nicht vertraut sind. Wir haben gesehen, daß der Mensch, während er durch den physischen Tod, durch Kamaloka und Devachan hindurchgeht, nacheinander seine verschiedenen Körper verliert, den physischen, den astralen und den mentalen. Sie lösen sich alle auf und ihre Bestandteile vermischen sich wieder mit dem Stoff der ihnen entsprechenden Ebene. Der Zusammenhang des Menschen mit der physischen Hülle wird völlig zerrissen und beseitigt[17]. Vom Astral- und Mentalkörper aber übernimmt der eigentliche Mensch, d. h. der Denker, die Keime der Fähigkeiten und Eigenschaften, die sich aus seiner irdischen Tätigkeit ergeben, und diese Samen für seinen nächsten Astral- und Mentalkörper werden im Kausalkörper aufbewahrt. Auf dieser Stufe ist dann nur mehr der Mensch selbst da, der Arbeiter, der seine Ernte eingebracht und von ihr gelebt hat, bis er sie ganz in sich verarbeitet hat. Der Morgen eines neuen Lebens beginnt zu dämmern und abermals muß er an seine Arbeit gehen, bis der Abend wieder hereinbricht.

Das neue Leben beginnt mit der Belebung der mentalen Keime; diese ziehen aus den unteren Schichten der Mentalebene solange Stoff an sich, bis daraus ein neuer Verstandeskörper erwachsen ist, welcher der mentalen Stufe des Menschen genau entspricht und alle seine mentalen Fähigkeiten als Organe zum Ausdruck bringt. Die Erlebnisse der Vergangenheit scheinen in diesem neuen Körper nicht als mentale Bilder auf; als Bilder hörten sie auf zu bestehen, als der alte Verstandeskörper sich auflöste, und nur ihr Wesen, ihre Wirkungen auf die Fähigkeiten sind geblieben. Sie waren die Nahrung des Verstandes, das Material, welches er zu Kräften verarbeitete, und im neuen Körper erscheinen sie daher als Kräfte wieder, sie bestimmen sein Material und bilden seine Organe. Nach-

---

[17] Dieser Satz stimmt mit der in ihrem späteren Buche „A Study in Consciousness“ von Annie Besant ausgearbeiteten Lehre von den sogenannten „permanenten Atomen“ nicht überein. Danach hat die Monade aus jeder Ebene — auch aus der physischen — ein Atom dauernd an sich gezogen. D. Ü.

dem sich der Mensch, der Denker, auf diese Weise mit einem neuen Körper für das kommende Leben auf der unteren Mentalebene umgeben hat, belebt er die astralen Keime, um sich für das Leben auf der Astralebene mit einem Astralkörper zu versehen. Dieser entspricht wieder genau seiner Wunschnatur, er gibt die in der Vergangenheit entwickelten Eigenschaften getreu wieder, so wie der Same den Baum, von dem er stammt, wieder erstehen läßt. So ist der Mensch wieder voll ausgerüstet für seine nächste Verkörperung, die Erinnerung an die Ereignisse seiner Vergangenheit ist aber einzig in seinem Kausalkörper aufbewahrt, in seiner fortdauernden Form, dem einen Körper, der von Leben zu Leben weiterbesteht.

Inzwischen werden außerhalb des Menschen die nötigen Vorgänge vollzogen, um ihn mit einem physischen Körper zu versehen, der zum Ausdruck seiner Eigenschaften geeignet ist. In vergangenen Leben hat er mit anderen menschlichen Wesen Bande geknüpft und ist Verpflichtungen gegenüber solchen eingegangen; einige davon werden zum Teil seinen Geburtsort und seine Familie bestimmen[18]. Er ist für andere eine Quelle des Glückes oder des Unglückes gewesen; dies ist ein Umstand, der die Bedingungen seines kommenden Lebens mitbestimmt. Seine Wunschnatur ist entweder gut beherrscht oder ungezügelt und ausschweifend; dies wird bei der Auswahl der physischen Erbanlagen des neuen Körpers in Rechnung gezogen werden. Er hat gewisse mentale, zum Beispiel künstlerische Fähigkeiten gepflegt, und dies muß in Betracht gezogen werden, da hier, wo ein zartes Nervensystem und Empfindungsvermögen erforderlich ist, die physischen Erbanlagen wieder einen wichtigen Faktor bilden. Und so geht es in endloser Vielfalt weiter. Der Mensch kann und wird auch sicherlich viele einander widersprechende Charakterzüge besitzen, darum muß eine solche Gruppe von ihnen ausgewählt werden, die sich für gleichzeitigen Ausdruck durch einen Körper eignet. All dies wird durch mächtige, geistige Wesenheiten vollzogen[19], die man oft die Herren des Karma nennt, weil es ihre Aufgabe ist, die Auswirkungen der Ursachen zu überwachen, welche fortwährend durch Gedanken, Wünsche und Handlungen ausgelöst werden. Sie halten die Schicksalsfäden, die sich jeder Mensch gesponnen hat, in ihren Händen und leiten den sich wiederverkörpernden Menschen zu der durch seine Vergangen-

[18] Diese und die folgenden, die äußeren Umstände des neuen Lebens bestimmenden Ursachen werden im Kapitel IX, „Karma“, vollständig erklärt.

[19] H. P. Blavatsky spricht von ihnen in der „Geheimlehre“. Es sind dies die Lipika, die Führer der karmischen Bücher, und die Maharajas, welche den praktischen Vollzug der Beschlüsse der Lipika lenken.

heit bestimmten Umgebung, die er sich durch sein vergangenes Leben unbewußt selbst ausgesucht hat.

Nachdem die Rasse, die Nation und die Familie bestimmt worden ist, wird von diesen Großen sozusagen ein Modell für den physischen Körper geschaffen, das geeignet für den Ausdruck seiner Eigenschaften und für das Auswirken der von ihm erzeugten Ursachen ist, und der neue Ätherkörper, ein Abbild dieses Modells, wird mit Hilfe eines Elementals, dessen treibende Kraft der Gedanke des Herrn des Karma ist, im Mutterschoße aufgebaut. Der dichte Körper wird Molekül auf Molekül genau in den ätherischen Doppelkörper eingebaut, und hier haben die physischen Erbanlagen ihre volle Auswirkungsmöglichkeit, da sie das Material bestimmen, welches zur Verfügung steht. Das aufbauende Elemental wird bei seiner Arbeit außerdem von den Gedanken und Leidenschaften der umgebenden Menschen beeinflußt, ganz besonders von jenen der ständig anwesenden Eltern. So beeinflussen die Menschen, mit welchen der sich verkörpernde Mensch in der Vergangenheit Bande geknüpft hat, die physischen Bedingungen, die sich für sein neues Erdenleben heranbilden. Schon sehr früh kommt auch der neue Astralkörper in Verbindung mit dem neuen Ätherkörper und beeinflußt dessen Bildung beträchtlich; und durch ihn wirkt der Mentalkörper auf den Aufbau des Nervensystems ein und bereitet es darauf vor, ein passendes Werkzeug für seinen späteren Ausdruck zu werden. Dieser Einfluß, welcher schon im vorgeburtlichen Leben beginnt — so daß die Gehirnbildung schon bei der Geburt den Grad und die Ausgewogenheit der mentalen und moralischen Eigenschaften des Kindes zeigt — wirkt nach der Geburt weiter fort, und der Aufbau von Gehirn und Nerven und die Herstellung ihrer Beziehung zum Astral- und Mentalkörper erfolgt weiter bis zum siebenten Lebensjahr, zu welcher Zeit dann die Verbindung des Menschen mit seinem physischen Träger vollkommen hergestellt ist; und man kann sagen, daß er von da an mehr durch ihn wirkt als an ihm arbeitet. Bis zu diesem Alter befindet sich das Bewußtsein des Denkers mehr auf der Astralebene als auf der physischen; ein Beweis dafür sind die bei kleinen Kindern häufig auftretenden psychischen Fähigkeiten. Sie sehen unsichtbare Spielgefährten und Märchenlandschaften, hören Stimmen, die für die Erwachsenen unhörbar sind, und haschen nach reizenden zarten Phantasiegebilden aus der Astralwelt. Diese Erscheinungen verschwinden gewöhnlich, sobald der Denker mit Erfolg durch den physischen Körper zu wirken beginnt, und das verträumte Kind wird nun zu einem gewöhnlichen Jungen oder Mädchen, oft zur großen Erleichterung seiner bestürzten Eltern, denen die Ursache für das „seltsame" Benehmen ihres Kindes unbekannt war. Die meisten Kinder haben wenigstens eine Spur von dieser „Seltsamkeit", aber sie lernen sehr bald, ihre Phantasien und Visionen vor den verständnislosen älteren Personen zu verbergen, denn sie fürchten, daß sie bestraft werden, weil sie „Märchen erzählen" oder „lügen", oder aber, wovor sie noch mehr Angst haben, daß man sie auslacht. Wenn Eltern die Gehirne ihrer Kinder sehen könnten, wie sie unter einem unentwirrbaren Gemisch von physischen und astralen Eindrücken, welche die Kinder selbst unmöglich voneinander unterscheiden können, erzittern, und manchmal sogar — so empfänglich sind sie — einen Schauer aus höheren Regionen bekommen, der ihnen eine Vision von ätherischer Schönheit oder von vollbrachten Heldentaten bringt, dann würden sie wohl geduldiger sein und mehr Verständnis haben für das verworrene Geplauder der Kleinen, die sich bemühen, die flüchtigen Berührungen, deren sie sich bewußt sind und die sie zu fassen und festzuhalten versuchen, in das schwierige Ausdrucksmittel ungewohnter Worte zu übersetzen. Der Glaube an die Wiederverkörperung und das Verständnis ihrer Gesetze würde das Leben der Kinder von seinem erschütterndsten Zug befreien, nämlich von den Anstrengungen, welche die Seele ohne jegliche Hilfe machen muß, um Herrschaft über ihre neuen Hüllen zu gewinnen und sich mit ihrem dichtesten Körper fest zu verbinden, ohne dabei die Macht zu verlieren, die feineren Körper auf eine Weise zu beeinflussen, die diese befähigen würde, dem gröberen ihre eigenen feineren Schwingungen mitzuteilen.

VIII. KAPITEL

WIEDERVERKÖRPERUNG

FORTSETZUNG

Die ansteigenden Bewußtseinsstufen, die der Denker während des langen Laufes seiner Wiedergeburten in den drei niederen Welten durchmacht, sind klar gekennzeichnet, und die offensichtliche Tatsache, daß viele Erdenleben notwendig sind, um sie zu erleben, wenn er sich überhaupt entwickeln soll, kann den denkenden Menschen am klarsten von der Wahrheit der Wiedergeburt überzeugen.

Die e r s t e dieser Stufen ist jene, auf der alle Erfahrungen noch durch die Sinne gemacht werden und der einzige Beitrag des Verstandes die Erkenntnis ist, daß die Berührung mit bestimmten Gegenständen Lustgefühle, mit anderen aber Schmerzgefühle mit sich bringt. Diese Gegenstände rufen mentale Bilder hervor, welche bald zu einem Ansporn werden, die Dinge, welche mit Lust verbunden sind, aufzusuchen, wenn sie nicht vorhanden sind. Damit treten die ersten Ansätze zur Entwicklung des Gedächtnisses und zu selbständigem Denken in Erscheinung.

Dieser ersten groben Einteilung der äußeren Welt folgt der kompliziertere Gedankengang, welcher auch den Einfluß der Quantität der Dinge auf die Entwicklung von Lust oder Schmerz abwägt, wie bereits beschrieben wurde.

Auf dieser Entwicklungsstufe ist das Gedächtnis sehr kurzlebig, oder mit anderen Worten, die mentalen Bilder sind flüchtiger Natur. Auf den Gedanken, von Vergangenem auf die Zukunft zu schließen, wenn auch nur im elementarsten Ausmaß, ist der kindliche Denker noch nicht gekommen; seine Handlungen werden ausschließlich von außen her bestimmt durch die Stöße, die er von der Außenwelt erhält, oder höchstens durch die Antriebe seiner Gelüste und Leidenschaften, die nach Befriedigung heischen. Um sie sofort befriedigen zu können, wird er alles andere beiseite werfen, so notwendig das betreffende Ding auch für sein zukünftiges Wohlergehen sein mag; die Forderung des Augenblickes überwältigt jede andere Überlegung. In Reiseschilderungen können viele Beispiele solcher embryonaler menschlicher Seelen gefunden werden, und jeder, der den intellektuellen Zustand der primitivsten Wilden studiert hat und ihn mit demjenigen der Durchschnittsmenschheit unserer Zeit vergleicht, wird die Notwendigkeit vieler Erdenleben erkennen.

Es braucht nicht betont zu werden, daß die Sittlichkeit im Anfange ebenso unentwickelt ist, wie der Verstand. Der Begriff Gut und Böse ist noch nicht erfaßt worden. Es ist auch gar nicht möglich, einem ganz unentwickelten Verstand auch nur einen elementaren Begriff von Gut oder Böse zu vermitteln. Gut und angenehm sind für ihn auswechselbare Begriffe, wie man aus dem wohlbekannten Beispiel eines australischen Wilden ersieht, von dem Charles Darwin erzählt. Von Hunger getrieben, erlegte der Mann mit seinem Speer das nächstbeste Lebewesen, das ihm als Nahrung dienen konnte, und dies war zufällig seine Frau. Ein Europäer hielt ihm die Verworfenheit seiner Handlung vor, konnte aber nicht den geringsten Eindruck auf ihn machen; denn aus dem Vorwurf, daß es sehr schlecht sei, seine Frau zu essen, zog er lediglich den Schluß, daß der Fremde der Ansicht sei, seine Frau schmecke widerlich oder sei unverdaulich; darum belehrte er ihn eines Besseren, indem er sich nach beendeter Mahlzeit friedlich lächelnd auf den Bauch klopfte, und zufrieden erklärte: „Sie ist sehr gut"! Man messe in Gedanken den sittlichen Abstand zwischen diesem Menschen und dem heiligen Franziskus von Assisi, und man wird erkennen, daß es entweder ebenso eine Entwicklung der Seelen geben muß, wie es eine Entwicklung der Körper gibt, oder andernfalls müssen im Reich der Seele dauernd Wunder geschehen, unzusammenhängende Schöpfungsvorgänge.

Es gibt zweierlei Wege für den Menschen, sich langsam aus diesem embryonalen mentalen Zustand zu erheben. Entweder er wird unmittelbar von Menschen, die viel höher entwickelt sind als er selbst, gelenkt und überwacht, oder er kann sich selbst überlassen bleiben und langsam ohne Hilfe wachsen. Im letzteren Falle wären ungezählte Jahrtausende nötig, denn ohne Beispiel und ohne Zucht, nur den wechselnden Antrieben durch äußere Gegenstände und der Reibung mit anderen Menschen überlassen, die ebenso unentwickelt sind wie er selbst, könnten die inneren Kräfte nur sehr langsam erweckt werden. Tatsächlich hat sich aber der Mensch auf dem Wege ausdrücklicher Gebote, unmittelbaren Beispieles und erzwungenen Gehorsams entwickelt. Wir haben bereits gesehen, daß einige der größeren Söhne des Intellektes sich als Lehrer verkörperten, als die Masse der Durchschnittsmenschheit den Funken empfing, der den Denker gebar, und daß auch noch eine lange Reihe von geringeren Söhnen des Intellektes sich auf verschiedenen Entwicklungsstufen als Wellenkamm der fortschreitenden Menschheitsflut verkörperte. Diese regierten, unter dem wohltätigen Einfluß der großen Lehrer, die weniger Entwickelten; und der Zwang, sich den elementaren Regeln rechten Lebens zu fügen — anfangs waren diese Regeln wahrlich sehr primitiv —, beschleunigte die Entwicklung mentaler und moralischer Fähigkeiten in den embryonalen Seelen tatsächlich. Abgesehen von allen anderen Urkunden genügen die riesenhaften Überreste längst verschwundener Kulturen — die Zeugnis geben von einer technischen Geschicklichkeit und einem intellektuellen Planungsvermögen, das weit über alles hinausgeht, wozu die Masse der damaligen kindlichen Menschheit fähig sein konnte — um zu beweisen, daß es damals doch Menschen auf der Erde gab, deren Intellekt sowohl großzügig planen, als auch großzügig ausführen konnte.

*

Wir wollen nun die erste Stufe der Bewußtseinsentwicklung weiter betrachten. Die Sinnesempfindungen regierten den Verstand vollkommen und seine ersten Anstrengungen wurden durch Begierden wachgerufen. Diese führten den Menschen dazu, langsam und unbeholfen vorauszudenken und zu planen. Er begann, einen bestimmten Zusammenhang zwischen gewissen mentalen Bildern zu erkennen, und wenn das eine erschien, erwartete er das Erscheinen des anderen, das ausnahmslos sofort darauf gefolgt war. Er fing an, Schlüsse zu ziehen und sogar im Vertrauen auf diese Schlüsse zu handeln — was einen großen Fortschritt bedeutete. Auch fing er an, hin und wieder zu zögern, dem stürmischen Verlangen seiner Begierden Folge zu leisten, wenn er wieder und wieder die Erfahrung gemacht hatte, daß die gewünschte Befriedigung in seinen Vorstellungen mit darauffolgendem Leid verbunden war. Dieser Vorgang wurde sehr beschleunigt durch den Druck in Worte gekleideter Gesetze. Es wurde ihm verboten, nach bestimmten Befriedigungen zu greifen, mit dem Hinweis, daß auf Ungehorsam Leiden folgen würde. Wenn er dann trotzdem nach dem lustbringenden Gegenstand gegriffen und gefunden hatte, daß tatsächlich Leid auf das Vergnügen gefolgt war, dann machte die erfüllte Vorhersage einen viel stärkeren Eindruck auf seinen Verstand, als es das unerwartete — und daher für ihn zufällige — Eintreten desselben Umstandes getan hätte. Auf diese Weise erhob sich ein ständiger Streit zwischen Gedächtnis und Begierde, und durch diesen wurde der Verstand aktiver und zu lebhafterer Tätigkeit angeregt, ja dieser Zwiespalt kennzeichnete den Übergang zu der z w e i t e n großen Stufe.

In dem geschilderten Konflikt machte sich zum erstenmal der

Keim eines Willens bemerkbar. Wunsch und Wille bestimmen die Handlungen des Menschen und der Wille wurde sogar von manchen als jene Begierde beschrieben, die aus dem Kampf der Begierden siegreich hervorgeht. Dies ist aber eine rohe, oberflächliche Ansicht, die nichts erklärt. Wunsch oder Begierde ist jene vom Denker ausgehende Kraft, deren Richtung von der Anziehung äußerer Gegenstände bestimmt wird. Wille ist jene vom Denker ausgehende Kraft, deren Richtung durch die von der Vernunft aus vergangenen Erfahrungen gezogenen Schlüsse oder durch die Intuition des Denkers selbst bestimmt wird. Mit anderen Worten: Die Begierde wird von außen gelenkt, der Wille von innen.

Zu Anfang der menschlichen Entwicklung herrscht die Begierde vollkommen und jagt den Menschen hierhin und dorthin. In der Mitte seiner Entwicklung liegen Begierde und Wille in ständigem Streit und bald siegt die eine, bald der andere. Am Ende seiner Entwicklung sind die Begierden abgestorben und der Wille regiert mit uneingeschränkter Macht. Ehe der Denker genügend entfaltet ist, um unmittelbar zu sehen, kann er den Willen nur durch die Vernunft leiten; und da die Vernunft ihre Schlüsse nur aus ihrem Vorrat an mentalen Bildern — ihren Erfahrungen — ziehen kann, und da dieser Vorrat begrenzt ist, befiehlt der Wille fortgesetzt falsche Handlungen. Das Leid, welches aus diesen falschen Handlungen entspringt, vermehrt den Vorrat an mentalen Bildern und vergrößert auf diese Art den Vorrat, aus welchem die Vernunft ihre Schlüsse ziehen kann. So wird Fortschritt erzielt und Weisheit geboren.

Das Begehren vermengt sich mit dem Willen, so daß das, was von innen her bestimmt zu sein scheint, in Wirklichkeit zum größten Teil von dem Verlangen der niederen Natur nach Dingen, die sie befriedigen können, eingeflüstert wurde. Statt eines offenen Streites zwischen den beiden, dringt das Niedere unbemerkt in den Strom des Höheren ein und gibt seinem Lauf eine andere Richtung. Im offenen Kampf besiegt, verschwören sich die Begierden der Persönlichkeit auf diese Art gegen den Sieger und gewinnen oft durch List, was sie durch Gewalt nicht erreichen konnten. Während der ganzen Dauer dieser zweiten großen Stufe, auf welcher sich die Fähigkeiten des niederen Verstandes in voller Entfaltung befinden, ist der innere Kampf der Normalzustand, der Kampf zwischen der Herrschaft der Sinne und der Herrschaft der Vernunft.

Das Problem, das von der Menschheit gelöst werden muß, liegt darin, diesen Kampf zu beenden und dabei die Freiheit des Willens zu bewahren; den Willen unabwendbar auf das Beste zu richten, dabei aber die Wahl offen zu lassen, was dieses Beste ist. Das Beste soll gewählt werden, aber durch einen Willensakt aus eigenem Entschluß, der doch mit der ganzen Sicherheit einer vorherbestimmten Notwendigkeit kommen soll. Die Gewißheit eines zwingenden Gesetzes soll durch zahllose Einzelwillen erlangt werden, von denen jeder die Freiheit hat, seine eigene Richtung zu bestimmen. Die Lösung dieses Problemes ist einfach, wenn man sie kennt, obgleich man auf den ersten Blick einen unlöslichen Widerspruch zu sehen meint. Man lasse den Menschen seine Handlungsweise frei wählen, aber jede Handlung ihm ein unabwendbares Ergebnis bringen; man lasse ihn sich frei zwischen all den Gegenständen seiner Wünsche bewegen und ergreifen, was ihm Freude macht, aber man lasse ihn auch alle Folgen seiner Wahl tragen, seien sie nun angenehmer oder schmerzlicher Natur. Mit der Zeit wird er von selbst jene Dinge zurückweisen, deren Besitz ihm letzten Endes Schmerzen bereitet; er wird sie sich nicht mehr wünschen, wenn er im vollen Ausmaß erfahren hat, daß ihr Besitz in Leiden endet. Und mag er noch so kämpfen, um das Angenehme zu halten und Schmerz zu vermeiden, er wird doch zwischen den Mühlsteinen des Gesetzes zerrieben werden, und diese Lehre wird so oft wiederholt werden, als er sie benötigt; die Wiedergeburt bietet so viele Erdenleben, wie selbst der faulste Schüler sie braucht. Allmählich wird der Wunsch nach etwas, das Leid mit sich bringt, ersterben, und auch wenn sich der Gegenstand mit all seinem anziehenden Zauber darbietet, wird er abgelehnt werden, nicht aus Zwang, sondern freiwillig. Er ist nicht mehr begehrenswert, er hat seine Macht verloren. Und so geht es mit einem Gegenstand nach dem anderen; immer mehr wird die Wahl in Einklang mit dem Gesetz kommen. „Der Pfade des Irrtums gibt es viele; der Pfad zur Wahrheit aber ist nur einer." Wenn wir einmal alle Pfade des Irrtums gegangen sein werden und gefunden haben, daß alle im Leid enden, können wir auf dem Weg der Wahrheit nicht mehr beirrt werden, denn unsere Wahl beruht dann auf Wissen.

In den niederen Reichen der Natur herrscht eine Harmonie, die durch das Gesetz erzwungen ist. Das Menschenreich jedoch ist ein Chaos einander widerstreitender, sich gegen das Gesetz auflehnender Willen. Nach und nach aber entwickelt sich daraus eine edlere Eintracht, der harmonische Entschluß freiwilligen Gehorsams — eines Gehorsams, der standhaft ist und von keiner Versuchung mehr ins Wanken gebracht werden kann, da er freiwillig ist, auf Wissen beruht und auf der Erinnerung an die Folgen des Ungehorsams. Unwissend und unerfahren würde der Mensch immer der Gefahr eines Sturzes ausgesetzt sein; als ein Gott aber, der Gut und Böse durch die Erfahrung kennt, ist seine Entscheidung für das Gute für immer und alle Zeit über die Möglichkeit einer Meinungsänderung erhaben.

Auf dem Gebiete der Sittlichkeit wird der Wille gewöhnlich Gewissen genannt; er ist hier denselben Schwierigkeiten ausgesetzt, wie auf seinen anderen Betätigungsfeldern. Solange es um Handlungen geht, die oft und oft wiederholt werden und deren Folgen entweder dem Verstand oder dem Denker selbst schon bekannt sind, spricht das Gewissen rasch und entschieden. Tauchen aber neue Probleme auf, über deren Auswirkungen die Erfahrung schweigt, dann kann das Gewissen nicht mit Sicherheit sprechen; es erhält nur vom Verstand zögernde Antwort, der aber nur zweifelhafte Schlüsse ziehen kann, und der Denker kann sich nicht äußern, wenn seine Erfahrungen die neu aufgetauchten Umstände noch nicht einschließen. Daher trifft das Gewissen oft eine falsche Entscheidung. Dies bedeutet, daß der Wille, dem sowohl vom Verstand als auch von der Intuition keine klaren Richtlinien gegeben werden, die Handlungen in eine falsche Richtung lenkt. Wir dürfen dabei auch jene Einflüsse nicht außer acht lassen, die von außen auf den Verstand einwirken, durch Gedankenformen anderer, von Freunden und Angehörigen, von der Denkweise der Gesellschaftsschichte, der der Betreffende angehört, und von jener der ganzen Nation[1]. Sie alle umgeben und durchdringen den Verstand mit ihrer eigenen Färbung und verzerren die Erscheinungen und entstellen das Maß der Dinge. Derart beeinflußt urteilt oft nicht einmal die Vernunft ruhig nach ihrer eigenen Erfahrung, sondern zieht falsche Schlüsse, da sie den Gegenstand ihrer Beobachtung durch eine verzerrende Zwischenschichte hindurch beobachten muß.

Die Entwicklung sittlicher Fähigkeiten wird durch Gefühle der Zuneigung beträchtlich gefördert, mögen diese im Kindesalter des Denkers auch noch so tierisch und selbstsüchtig sein. Die Gesetze der Sittlichkeit werden von der erleuchteten Vernunft festgelegt, welche die Naturgesetze erkennt und das menschliche Verhalten in Einklang mit dem göttlichen Willen bringt. Aber der Drang, diesen Gesetzen zu gehorchen, auch wenn uns keine äußere Macht dazu zwingt, hat seine Wurzel in der Liebe, in dieser verborgenen Göttlichkeit im Menschen, die immer bestrebt ist, sich zu verströmen, sich an andere zu verschenken. Im kindlichen Denker beginnt die Sittlichkeit sich zu entfalten, wenn er zum ersten Mal von Liebe — sei es Liebe zu seiner Frau, zu seinem Kinde oder zu einem Freund — bewogen wird, eine Handlung zu tun, die dem geliebten Wesen dient, ohne daß er dabei an seinen eigenen Gewinn

[1] Siehe Kapitel II „Die Astralebene“.

denkt. Es ist dies der erste Sieg über seine niedere Natur, deren völlige Unterjochung das Erlangen sittlicher Vollkommenheit bedeutet. Deshalb ist es von so großer Wichtigkeit, die Liebesregungen niemals abtöten oder schwächen zu wollen, wie das in so vielen Arten des niederen Okkultismus üblich ist. Wie unrein und derb diese Regungen auch sein mögen, sie bieten doch Möglichkeiten für eine sittliche Entwicklung, von welchen jene Kaltherzigen, die sich selbst isoliert haben, ausgeschlossen sind. Es ist leichter, Liebe zu läutern, als sie neu erstehen zu lassen, und dies ist der Grund für den Ausspruch großer Lehrer, daß „die Sünder" dem Himmelreich näher seien, als die Pharisäer und Schriftgelehrten.

Auf der d r i t t e n großen Stufe der Bewußtseinsentwicklung vollzieht sich die Entwicklung der höheren Kräfte des Intellektes. Der Verstand weilt nicht mehr ausschließlich bei mentalen Bildern, die durch Sinneswahrnehmungen gewonnen werden, er beschäftigt sich nicht mehr ausschließlich mit konkreten Dingen und mit solchen Eigenschaften, die ein Ding vom anderen unterscheiden. Der Denker hat nun schon gelernt, auf Grund ihrer Unterschiede die Dinge klar auseinander zu halten; er kann nun anfangen, sie nach gemeinsamen Eigenschaften zusammenzufassen, die in einer Anzahl sonst voneinander verschiedener Dinge erscheinen und ein Bindeglied zwischen ihnen bilden. Er greift diese gemeinsame Eigenschaft heraus und sondert alle Dinge, welche sie besitzen, von denen ab, die sie nicht besitzen; auf diese Weise entwickelt er die Fähigkeit, inmitten von Verschiedenheit Übereinstimmungen zu erkennen, und macht den ersten Schritt in Richtung auf die viel später erwachende Erkenntnis des Einen, das der Vielheit zugrunde liegt. Dergestalt teilt er alles, was ihn umgibt, ein; er entwickelt dabei die Fähigkeit zur Synthese und lernt, nicht nur zu analysieren, zu zerlegen, sondern auch aufzubauen. Später geht er noch einen Schritt weiter und erfaßt das den Dingen gemeinsam Eigene als einen Begriff, gesondert von den einzelnen Gegenständen, in welchen es erscheint, und schafft auf diese Weise ein Mentalbild von höherer Art, als es die Bilder konkreter Gegenstände waren — nämlich das Bild eines Begriffes, der keine sichtbare Erscheinung in der Welt der Formen hat, wohl aber auf den höheren Unterebenen der Mentalebene besteht und Stoff liefert, mit dem der Denker selbst arbeiten kann. Der niedere Verstand erreicht den abstrakten Begriff durch die urteilende Vernunft und schwingt sich damit zu seinem höchsten Fluge auf; er berührt die Schwelle der formlosen Welt und erkennt undeutlich das, was darüber liegt. Der Denker sieht diese begrifflichen Vorstellungen und lebt ständig mitten unter ihnen; sobald die Fähigkeit des begrifflichen Denkens entwickelt und geübt wird, erlangt er die Fähigkeit, in seiner eigenen Welt tätig zu wirken. Solche Menschen legen wenig Wert auf das Sinnesleben, sie kümmern sich wenig um äußere Beobachtungen und auf die mentale Verarbeitung äußerer Eindrücke. Ihre Kräfte sind nach innen gerichtet und eilen nicht mehr nach auswärts auf der Suche nach Befriedigung. Sie leben ein ruhiges verinnerlichtes Leben, vertieft in die Fragen der Philosophie und in die wesentlicheren Seiten des Lebens und Denkens. Sie versuchen mehr, die Ursachen zu begreifen, als sich mit den Wirkungen abzumühen, und kommen der Erkenntnis des Einen, das all den Verschiedenheiten der äußeren Natur zugrunde liegt, immer näher.

Auf der v i e r t e n Entwicklungsstufe des Bewußtseins wird jenes Eine gesehen; der Mensch schreitet über die vom Verstand errichteten Schranken hinaus und sein Bewußtsein weitet sich, um die ganze Welt zu umfassen: er sieht alle Dinge in sich enthalten, als Teile seines Wesens, und er sieht sich selbst als einen Strahl des LOGOS, und daher als eins mit IHM. Wo ist der Denker dann? Er ist Bewußtsein geworden. Die spirituelle Seele vermag ihre niederen Körper zu gebrauchen, sofern sie dies will, sie ist aber nicht mehr gezwungen, dies zu tun, und sie bedarf ihrer auch nicht mehr für dieses ihr vollbewußtes Leben. Dann ist der Zwang zur Wiederverkörperung zu Ende; der Mensch hat den Tod überwunden und wahrhaftig Unsterblichkeit erreicht. Dann ist er geworden „eine Säule im Tempel seines Gottes und wird diesen nicht mehr verlassen“.

*

Um diesen Teil unserer Untersuchungen zu vervollständigen, müssen wir verstehen, wie die verschiedenen Träger des Bewußtseins der Reihe nach belebt und zu harmonisch arbeitenden Werkzeugen der menschlichen Seele gemacht werden.

Wir haben gesehen, daß der Denker schon vom allerersten Anfang seines gesonderten Lebens an Hüllen aus mentalem, astralem, ätherischem und dicht-physischem Stoff besaß. Sie sind die Mittler, durch welche sein Leben nach außen schwingt, die Brücken des Bewußtseins, wie wir sie nennen können, über die alle vom Denker ausgehenden Regungen den dicht-physischen Körper erreichen können, und alle von der Außenwelt kommenden Anstöße den Denker. Aber dieser allgemeine Gebrauch der verschiedenen Körper, als Teile eines zusammenhängenden Ganzen, ist etwas ganz anderes, als das Beleben jedes einzelnen, der Reihe nach, damit er als besonderer Träger für das Bewußtsein dienen kann, unabhängig von den unter ihm stehenden. Dieses Beleben der einzelnen Körper ist es, mit dem wir uns nun zu befassen haben.

Der niederste und dichteste von allen, der dichtphysische Körper, ist der erste, der in harmonisch wirkende Ordnung gebracht werden muß. Das Gehirn und das Nervensystem muß entwickelt und für jede leise Regung, die innerhalb der Skala seiner Schwingungsmöglichkeit liegt, fein empfänglich gemacht werden. Auf den frühen Stufen, solange der dichtphysische Körper noch aus den gröberen Stoffarten besteht, ist diese Skala sehr begrenzt und das körperliche Organ des Verstandes kann nur auf die allerlangsamsten Schwingungen antworten, die der Verstand herabsendet. Auf die Anstöße der Außenwelt, verursacht von Gegenständen aus Stoff, der dem seinen gleicht, antwortet es natürlich viel rascher und leichter.

Seine Belebung als Bewußtseinsträger besteht darin, daß er dazu gebracht wird, auf die von innen kommenden Schwingungen zu antworten; und die Raschheit, mit welcher dieses Beleben vor sich geht, hängt davon ab, inwieweit die niedere Natur mit der höheren zusammenarbeitet und ihrem inneren Herrn in pflichtgetreuer Unterordnung dient. Beginnt die niedere Natur nach vielen, vielen Lebensperioden endlich zu erkennen, daß sie nur um der Seele willen da ist, daß ihr ganzer Wert nur in der Hilfe besteht, die sie der Seele bringen kann, und daß sie Unsterblichkeit nur erlangen kann, indem sie mit der Seele verschmilzt, dann geht ihre Entwicklung mit Riesenschritten vorwärts. Bis dahin geht die Entwicklung nur unbewußt vor sich. Zuerst war die Befriedigung der niederen Natur der Lebenszweck, und obgleich dieser Anfangszustand notwendig war, um die Kräfte des Denkers wachzurufen, so trug er doch unmittelbar nichts dazu bei, den Körper zu einem tauglichen Träger des Bewußtseins zu machen. Das unmittelbare Einwirken auf die niedere Natur beginnt, sobald das Leben des Menschen seinen Mittelpunkt in den Mentalkörper verlegt, und das Denken anfängt, die Sinnesempfindungen zu beherrschen. Der Gebrauch der Verstandeskräfte wirkt auf Gehirn und Nervensystem ein, und die gröberen Stoffe werden nach und nach ausgestoßen, um feineren Platz zu machen, welche im Einklang mit den Gedankenschwingungen, die ihnen zugesandt werden, schwingen können. Das Gewebe des Gehirns verfeinert sich und durch immer verwickeltere Windungen vergrößert es die benutzbare Oberfläche und damit die Zahl der Nervenzellen, die auf Gedankenschwingungen antworten können. Das Nervensystem wird immer feiner ausgeglichen, immer sensitiver und empfänglicher für jede leise Verstandesregung. Und wenn die niedere Natur einmal erkannt hat, daß sie ein Werkzeug der Seele ist, wie oben erwähnt, dann fängt sie an, zur Erfüllung dieser Funktion tätig mitzuwirken. Die Persönlichkeit beginnt, sich wohlüberlegt und vorsätzlich in Zucht zu nehmen und die bleibenden Werte der unsterblichen Individualität über ihre eigenen flüchtigen Befriedigungen zu stellen. Die Zeit, die sie früher mit der Jagd nach niederen Vergnügen verbracht hat, widmet sie jetzt der Entwicklung von Verstandeskräften; Tag für Tag wird eine bestimmte Zeit ernstem Studium gewidmet. Das Gehirn wird bereitwillig dazu hergegeben, Antriebe von innen statt von außen entgegenzunehmen; es wird geschult, folgerichtigem Denken nachzukommen, und es wird gelehrt, davon abzusehen, immer wieder seine eigenen nutzlosen, unzusammenhängenden Bilder auftauchen zu lassen, die durch vergangene Eindrücke entstanden sind. Es wird gelehrt, ruhig zu verharren, wenn es nicht von seinem Herrn gebraucht wird, auf Schwingungen zu antworten, nicht aber solche hervorzurufen[2]. Ferner wird in bezug auf die Nahrungsmittel, die das Gehirn mit irdischen Stoffen versorgen, etwas Vorsicht und Unterscheidung geübt werden. Die Verwendung von gröberen Nahrungsmitteln, wie Tierfleisch, Blut und Alkohol, wird abgestellt und reine Nahrung baut einen reinen Körper auf. Mit der Zeit finden die niederen Schwingungen dann keinen Stoff mehr, der imstande wäre, auf sie zu antworten, und auf diese Weise wird der physische Körper ausschließlich zu einem Werkzeug des Bewußtseins, hoch empfänglich für alle Gedankenregungen und überaus sensitiv für die Schwingungen, welche der Denker nach außen sendet.

Der ätherische Doppelkörper folgt dem Aufbau des dichten Körpers so genau, daß es nicht nötig ist, seine Läuterung und Belebung getrennt zu untersuchen. Er dient auch gewöhnlich nicht als gesonderter Bewußtseinsträger, sondern wirkt gleichzeitig mit seinem grobstofflichen Gefährten, und wenn er durch Unfall oder Tod von ihm getrennt wird, dann antwortet er nur sehr schwach auf die von innen kommenden Schwingungen. Seine eigentliche Aufgabe ist es nicht, als Träger des Verstandes-Bewußtseins zu dienen, sondern als Träger des Prana, der spezialisierten Lebenskraft, und seine Trennung von den dichteren Teilchen, denen er die Lebensströme vermittelt, ist daher störend und schädlich.

Der A s t r a l k ö r p e r ist der zweite Bewußtseinsträger, der belebt werden muß, und wir haben bereits die Veränderungen

---

[2] Ein Zeichen dafür, daß dies geschieht, ist das Aufhören des wirren Durcheinanders von unzusammenhängenden Bildern, die während des Schlafes durch die selbständige Tätigkeit des physischen Gehirnes, erzeugt werden. Wenn das Gehirn unter Kontrolle kommt, tritt diese Art von Träumen nur mehr sehr selten auf.

kennengelernt, die er durchzumachen hat, wenn er für seine Arbeit ausgebildet wird[3]. Sobald er gründlich durchgebildet ist, beginnt das Bewußtsein, das bisher nur in seinem Inneren arbeitete und, wenn er während des Schlafes den dichten Körper verließ und in der Astralwelt umherschwebte, von ihm eingeschlossen war, nicht nur durch ihn Eindrücke von astralen Dingen aufzunehmen, welche das sogenannte Traumbewußtsein bilden, sondern es fängt auch an, astrale Dinge mittels seiner Sinne bewußt wahrzunehmen, d. h. es beginnt die empfangenen Eindrücke auf die Dinge zu beziehen, die diese Eindrücke entstehen lassen. Diese Wahrnehmungen sind anfangs verworren — gerade so, wie die Wahrnehmungen, welche das Bewußtsein zuerst durch einen neuen Kindeskörper macht — und sie müssen in dem einen wie in dem anderen Falle durch die Erfahrung berichtigt werden. Der Denker muß langsam die neuen Kräfte entdecken, die er durch diesen feineren Körper betätigen und mittels welcher er die astralen Elemente beherrschen und sich gegen astrale Gefahren verteidigen kann. Doch steht er dieser neuen Welt nicht allein und verlassen gegenüber, er wird vielmehr belehrt, unterstützt und bis zu dem Augenblick, da er sich selbst schützen kann, von solchen geschützt, die in der Astralwelt mehr Erfahrung haben als er. Nach und nach erlangt er vollkommene Herrschaft über den neuen Bewußtseinsträger und das Leben auf der Astralebene wird für ihn ebenso natürlich und vertraut, wie das Leben auf der physischen Ebene.

Der dritte Träger des Bewußtseins, der Mentalkörper, wird nur selten, wenn überhaupt, ohne die persönlichen Anweisungen eines Lehrers für selbständige Tätigkeit belebt; und auf der gegenwärtigen Stufe menschlicher Entwicklung erfolgt seine Betätigung nur im Leben des Jüngers[4]. Wie wir bereits sahen, wird er für das selbständige Wirken[5] auf der Mentalebene neu angeordnet, und auch hier sind wieder Erfahrung und Übung vonnöten, ehe er von seinem Besitzer ganz beherrscht werden kann. Eine Tatsache, die für alle diese drei Bewußtseinsträger gilt, ist, daß sie der Entwicklung unterworfen sind und daß mit ihrer Höherentwicklung ihre Fähigkeit wächst, Schwingungen zu empfangen und auf sie zu antworten. Diese Tatsache wird bei den feineren Körpern gewöhnlich vergessen, während sie beim dichten Körper so offenkundig ist, daß man stets an sie erinnert wird. Um wie viele Farbtöne sieht ein geübtes Auge mehr als ein ungeübtes! Wieviel Obertöne vernimmt

[3] Vergleiche Kapitel II, „Die Astralebene".
[4] Vergleiche Kapitel XI, „Der Aufstieg des Menschen".
[5] Vergleiche Kapitel IV, „Die Mentalebene".

ein geübtes Ohr, wo das ungeübte nur die Grundnote hört! Mit der zunehmenden Verfeinerung der physischen Sinne wird die Welt reicher und reicher. Wo ein Landarbeiter seine Furche und seinen Pflug sieht, nimmt das feinsinnige gebildete Gemüt blühende Hekken wahr und zitternde Espen, das entzückende Lied der Lerchen und das Schwirren kleiner Flügel im nahen Walde, das Huschen der Kaninchen unter den gekräuselten Wedeln des Farngebüsches und miteinander spielende Eichhörnchen in den Buchenzweigen. Es ist sich all der anmutigen Bewegungen der Tiere in der Natur bewußt, all der herrlichen Düfte in Feld und Wald, des wechselnden Zaubers eines wolkenbelebten Himmels und all der sich jagenden Lichter und Schatten in den Hügeln. Sowohl der Landarbeiter, als auch der feinsinnig Gebildete haben Augen, beide haben ein Gehirn — aber welcher Unterschied in der Gabe der Beobachtung, welcher Unterschied in der Fähigkeit, Eindrücke aufzunehmen.

Und so ist es auch in den anderen Welten. Wenn der astrale und der mentale Körper als gesonderte Bewußtseinsträger zu arbeiten beginnen, befinden sie sich sozusagen auf der Landarbeiterstufe der Empfänglichkeit und nur Bruchstücke der Astral- und Mentalwelt, mit ihren seltsamen, flüchtigen Erscheinungen, finden ihren Weg in das Bewußtsein; aber sie entwickeln sich sehr rasch, umspannen immer mehr und mehr und übermitteln dem Bewußtsein ein immer genaueres Abbild seiner Umgebung. Hier wie überall müssen wir dessen eingedenk sein, daß die Grenzen unseres Wissens nicht mit jenen der Naturkräfte identisch sind und daß wir auch in der astralen und mentalen Welt, so wie in der physischen, bloß Kinder sind, die einige schöne, von den Wellen an den Strand gespülte Muscheln auflesen, während die im Ozean verborgenen Schätze noch unerforscht bleiben.

Das Beleben des K a u s a l k ö r p e r s als Bewußtseinsträger folgt der Belebung des Mentalkörpers in angemessener Zeit nach und eröffnet dem Menschen einen noch wunderbareren Bewußtseinszustand, der sich nach rückwärts in eine unbegrenzte Vergangenheit ausdehnt und nach vorwärts in die Weiten der Zukunft hineinreicht. Dann besitzt der Denker nicht nur die Erinnerung an seine eigene Vergangenheit und ist imstande, sein Wachstum durch die lange Reihe seiner Leben innerhalb und außerhalb physischer Verkörperung zu verfolgen, sondern er kann auch nach Gutdünken die geschehnisreiche Vergangenheit der Erde durchstreifen und die gewichtigen Lehren der Geschichte der ganzen Welt in sich aufnehmen, indem er die verborgenen Gesetze erforscht, welche die Entwicklung leiten, und die tiefen Geheimnisse des verborgenen Lebens im Busen der Natur. In diesem erhabenen Träger des Bewußtseins vermag er an die verschleierte Isis heranzukommen und einen Teil des sie verhüllenden Schleiers zu heben; denn hier kann er ihr in die Augen schauen, ohne durch ihre blitzenden Blicke geblendet zu werden, und in dem von ihr ausströmenden Leuchten kann er die Ursachen des Leidens der Welt erkennen und ihre Überwindung — mit einem Herzen, das wohl des Mitleides voll ist, sich aber nicht mehr in hilflosem Schmerz quält. Kraft, Ruhe und Weisheit kommen zu denen, die den Kausalkörper als Träger des Bewußtseins gebrauchen und mit offenen Augen die Herrlichkeit des Guten Gesetzes erschauen.

Wird endlich der buddhische Körper als Bewußtseinsträger belebt, dann geht der Mensch in die Seligkeit des Nichtmehrgesondertseins ein und weiß nun in voller und lebendiger Klarheit um seine Einheit mit allem, was ist. Das vorherrschende Bewußtseinselement im Kausalkörper ist Wissen und letzten Endes Weisheit, im buddhischen Körper ist es Seligkeit und Liebe. Während den einen hauptsächlich die heitere Ruhe der Weisheit kennzeichnet, strömt von dem anderen unerschöpflich das zarteste Mitgefühl aus. Und wenn zu diesen beiden noch die gottähnliche ruhige Kraft kommt, welche das Wirken von Atma kennzeichnet, dann hat das Menschentum seine Krönung mit der Göttlichkeit erfahren, und der Gott-Mensch offenbart sich in der ganzen Fülle seiner Kraft, seiner Weisheit und seiner Liebe.

*

Das Herabbringen jenes Teiles des höheren Bewußtseins, zu dessen Aufnahme die niederen Hüllen fähig sind, folgt jedoch nicht unmittelbar auf die Belebung der einzelnen Körper. In dieser Hinsicht unterscheiden sich die einzelnen Menschen sehr, ihren Lebensumständen und ihrer Arbeit entsprechend; denn dieses Beleben der verschiedenen höheren Körper erfolgt gewöhnlich erst, wenn die Stufe der Probe-Schülerschaft[6] erreicht ist, und dann hängen die zu erfüllenden Pflichten von den Bedürfnissen der betreffenden Zeit ab. Vom Schüler, und auch schon vom Anwärter auf Schülerschaft, wird verlangt, daß er alle seine Kräfte ausschließlich dem Dienste für die Welt widmet, und der Anteil, den das niedere Bewußtsein an dem Wissen des höheren erhält, wird meist durch die Erfordernisse der Arbeit bestimmt, die der Schüler zu verrichten hat. Es ist zwar notwendig, daß der Schüler auf den höheren Ebenen vollen Gebrauch von seinen Bewußtseinsträgern machen kann, da ein großer Teil seiner Arbeit nur in ihnen ge-

---

[6] Siehe Kapitel XI, „Der Aufstieg des Menschen".

leistet werden kann; daß aber der grobstoffliche Körper, der in keiner Weise etwas damit zu tun hat, von dieser Arbeit etwas erfährt, ist von keinerlei Bedeutung; und ob er es erfährt oder nicht, hängt im allgemeinen davon ab, welchen Einfluß dies auf die Wirksamkeit seiner Arbeit auf der physischen Ebene haben würde. Auf der gegenwärtigen Entwicklungsstufe bedeutet es für den physischen Körper eine sehr große Anspannung, wenn ihn das höhere Bewußtsein zwingt, mit ihm mitzuschwingen; und wenn die äußeren Umstände nicht sehr günstig sind, kann diese Spannung zu nervösen Störungen, zu übergroßer Sensivität und ihren üblen Begleiterscheinungen führen. Deshalb halten sich auch jene, die im vollen Besitze der belebten höheren Bewußtseinsträger sind und die ihre wichtigsten Arbeiten außerhalb des dichten Körpers leisten, zumeist von den geschäftigen, lauten Orten der Menschen fern, wenn sie das Wissen, das sie auf höheren Ebenen verwenden, ins physische Bewußtsein herunterbringen wollen. Auf diese Weise schützen sie ihren feinempfindlichen physischen Körper vor der derben Inanspruchnahme und dem Trubel des Alltaglebens.

Um die Schwingungen des höheren Bewußtseins im physischen Körper empfangen zu können, sind vor allem folgende Vorbereitungen vonnöten: die Reinigung des Körpers von derberem Stoff und die Pflege einer ausgeglichenen Gemütsverfassung, einer Gemütsruhe, die durch den Wirbel und die Wechselfälle des äußeren Lebens nicht erschüttert werden kann; die Gepflogenheit ruhigen Meditierens über erhabene Dinge, die den Verstand von den Gegenständen der Sinneswelt und den mentalen Bildern, welche diese hervorrufen, abzieht und an Höheres heftet; das Aufhören der Hast, besonders jener ruhelosen, reizbaren Unruhe des Verstandes, die das Gehirn dauernd arbeiten läßt und es von einem Gegenstand zum anderen hetzt; eine echte Liebe für die Dinge der höheren Welt, welche diese anziehender macht als jene der niederen, so daß das Gemüt gern in ihrer Gesellschaft verweilt, wie in der eines geliebten Freundes.

Tatsächlich sind diese Vorbereitungen ziemlich die gleichen wie diejenigen, welche für die bewußte Sonderung der „Seele“ vom „Körper“ notwendig sind; darüber habe ich an anderer Stelle folgendes gesagt:

„Der Forscher muß damit anfangen, äußerste Mäßigkeit in allen Dingen zu üben und sich eines ausgeglichenen, heiteren Gemütszustandes zu befleißigen: sein Leben muß sauber sein und seine Gedanken rein, sein Körper streng der Seele untertan und sein Verstand geschult, sich mit edlen, erhabenen Dingen zu befassen. Er muß daran gewöhnt sein, anderen Mitgefühl, Zuneigung und Hilfsbereitschaft entgegenzubringen, seinen eigenen Sorgen und Freuden aber Gleichgültigkeit; und er muß sich üben in Mut, Standhaftigkeit und Hingabe. Mit einem Wort: er muß die Religion und Sittlichkeit leben, von der andere Leute zumeist nur sprechen. Nachdem er durch ausdauernde Übungen gelernt hat, seinen Verstand bis zu einem gewissen Grad zu beherrschen, so daß er imstande ist, ihn einige Zeit lang bei einem Gedankengang festzuhalten, muß er mit einer strengeren Ausbildung desselben beginnen, indem er sich täglich in der Konzentration auf einen schwierigen oder abstrakten Gegenstand übt, oder auf einen erhabenen Gegenstand hingebender Verehrung; diese Konzentration bedeutet, daß der Verstand an einem Punkt festhalten muß, ohne abzuschweifen und ohne einer Ablenkung nachzugeben, mag diese von äußeren Gegenständen, von der Tätigkeit der Sinne oder von derjenigen des Verstandes selbst herrühren. Er muß zu einer unwandelbaren Stetigkeit erzogen werden, bis er nach und nach lernt, seine Aufmerksamkeit so vollkommen von der Außenwelt und dem Körper zurückzuziehen, daß die Sinne sich ruhig und still verhalten, während der Verstand äußerst lebendig ist, jedoch all seine Kräfte nach innen gezogen hat, um sie auf einen einzigen Gedanken zu richten, den höchsten, den er erreichen kann. Sobald das Bewußtsein fähig ist, sich verhältnismäßig leicht auf dieser Höhe zu halten, ist es für einen weiteren Schritt bereit. Durch eine starke, ruhige Willensanstrengung kann es sich über den höchsten Gedanken, den es zu erreichen imstande ist, solange es im physischen Gehirn arbeitet, hinausschwingen und sich dadurch zum höheren Bewußtsein erheben, sich mit ihm vereinen und sich so vom Körper befreit finden. Wenn dies erreicht ist, gibt es keine Empfindung des Schlafens oder Träumens und auch keinerlei Verlust des Bewußtseins; der Mensch findet sich einfach außerhalb seines Körpers, aber so, als hätte er nur ein schwer lastendes Hemmnis zurückgelassen, und nicht, als hätte er einen Teil seiner selbst verloren. Er ist nicht wirklich ‚entkörpert', sondern hat sich nur aus seinem groben Körper emporgehoben in einen ‚Körper von Licht', der seinen leisesten Gedanken gehorcht und ihm als schönes, vollkommenes Werkzeug dient, seinen Willen auszuführen. In diesem Körper ist er frei von den niederen Welten, aber er wird seine Fähigkeiten lange und sorgfältig ausbilden müssen, ehe er unter den neuen Verhältnissen zuverlässig Arbeit leisten kann."

„Befreiung vom Körper kann auch auf andere Weise erlangt werden: durch die intensive Verzückung hingebender Verehrung, oder durch besondere Methoden, in welche ein großer Lehrer seinen Schüler einweihen kann. Doch welcher Weg immer es auch sein mag, das Endergebnis ist das gleiche — nämlich die Befreiung der Seele bei vollem Bewußtsein, so daß sie imstande ist, ihre neue Umgebung in Welten, die vom Menschen im Fleische nicht betreten werden können, zu erforschen. Sie kann auch willkürlich wieder in den Körper zurückkehren und in diesem Falle dem Gehirn die Erinnerung an alles, was sie erfahren hat, einprägen und auf diese Weise die Erinnerung an ihre Erfahrungen auch behalten, während sie im physischen Leibe weilt[7]."

*

Wer die Hauptgedanken, die auf den vorhergehenden Seiten skizziert wurden, erfaßt hat, wird fühlen, daß diese in sich selbst die stärksten Beweise dafür sind, daß die Wiederverkörperung eine Tatsache in der Natur ist. Wiederverkörperung ist notwendig, damit der umfassende Entwicklungsprozeß, der sich hinter den Worten „Entwicklung der Seele" birgt, vollbracht werden kann. Wenn wir für einen Augenblick von der materialistischen Auffassung absehen, daß die Seele nur die Summe der Schwingungen einer ganz bestimmten Art groben Stoffes sei, dann bestünde die einzige Möglichkeit darin, daß jede Seele neu erschaffen wird, wenn ein Kind zur Welt kommt, und daß sie von der willkürlichen Laune der schöpferischen Macht mit tugend- oder lasterhaften Neigungen ausgestattet und mit Fähigkeiten oder Dummheit begabt wird. Der Mohammedaner würde sagen, sein Schicksal wird ihm bei der Geburt um den Hals gehängt, denn eines Menschen Geschick hängt von seinen Anlagen und seiner Umgebung ab, und eine neu erschaffene, in die Welt geworfene Seele muß zu Glück oder Elend verurteilt sein, je nach ihrer Umgebung und nach den Anlagen, die ihr eingeprägt wurden. Die Alternative zur Wiederverkörperung besteht also nur in einer Vorherbestimmung abstoßendster Form. Anstatt den Menschen als ein sich langsam entwickelndes Wesen betrachten zu dürfen, so daß der rohe Wilde von heute mit der Zeit die edelsten Eigenschaften eines Heiligen und Helden entwickeln wird, und so in der Welt einen weise geplanten und weise geleiteten Vorgang des Wachstums zu erkennen, werden wir genötigt, in ihr ein Chaos von höchst ungeregt behandelten fühlenden Wesen zu sehen, denen von einem außenstehenden, weder durch Gerechtigkeit noch Milde geleiteten Willen nach Gutdünken Glück oder Elend zugemessen wird, Wissen oder Unwissenheit, Tugend oder Laster, Reichtum oder Armut, Genialität oder Kretinismus — eine wahrhaftige Hölle ohne Vernunft oder Sinn. Und die-

[7] "Conditions of Life after Death", 'Nineteenth Century', Nov. 1896.

ses Chaos sollte den höheren Teil eines Weltalls darstellen, in dessen niederen Bereichen sich überall das geordnete und schöne Wirken eines Gesetzes offenbart, das aus den niederen und einfacheren Formen immer höhere und zusammengesetztere entwickelt und sichtlich auf gerechte Ordnung, Harmonie und Schönheit zustrebt!

Wenn man hingegen zugibt, daß die Seele des Wilden dazu bestimmt ist, zu leben und sich zu entfalten, und daß er nicht in alle Ewigkeit zu seinem jetzigen kindhaften Zustand verurteilt ist, sondern daß seine Entwicklung nach dem Tode und in anderen Welten weitergehen wird, dann ist damit die Tatsache, daß die Seelen sich entwickeln, grundsätzlich zugegeben, und es bleibt nur mehr die Frage des Ortes dieser Entwicklung offen. Wären alle Seelen auf der Erde auf derselben Entwicklungsstufe, dann ließe sich vieles zugunsten der Behauptung anführen, daß zur Entwicklung der Seele über den Kinderzustand hinaus andere Welten nötig seien. Allein wir haben hier um uns weit fortgeschrittene Seelen, die schon mit edlen geistigen und sittlichen Eigenschaften geboren wurden. Logisch folgernd müßten wir annehmen, daß diese Seelen sich vor ihrer einmaligen Geburt auf dieser Welt in anderen Welten entwickelt haben müssen, und wir können nicht umhin, uns zu fragen, warum eine Erde, welche die verschiedensten Bedingungen bietet, die sich sowohl für weniger Entwickelte als auch für Fortgeschrittene eignen, von Seelen aller Entwicklungsgrade nur einen einzigen flüchtigen Besuch erhalten sollte, während sich ihre ganze übrige Entwicklung in anderen Welten abspielt, die doch dieser ähneln müssen, da sie gleichermaßen alle Bedingungen bieten, um die Seelen der verschiedenen Stufen, auf welchen wir sie finden, wenn sie hier geboren werden, entfalten zu können.

Die Uralte Weisheit lehrt tatsächlich, daß die Seele durch viele Welten fortschreitet; sie lehrt aber auch, daß sie in einer jeden von ihnen oftmals geboren wird, solange, bis sie die in der betreffenden Welt mögliche Entwicklung vollendet hat. Diesen Lehren zufolge bilden die Welten selbst eine Entwicklungskette, und eine jede spielt ihre Rolle als Feld für bestimmte Entwicklungsstufen. Unsere eigene Welt bildet ein geeignetes Entwicklungsfeld für das Mineral-, Pflanzen-, Tier- und Menschenreich, und daher spielt sich auf ihr in all diesen Reichen eine kollektive oder individuelle Wiederverkörperung ab. Eine weitere Entwicklung in anderen Welten liegt zwar tatsächlich noch vor uns; aber der göttlichen Ordnung gemäß öffnen sich diese für uns erst dann, wenn wir die Lehren, welche uns unsere eigene Welt zu geben hat, gelernt und gemeistert haben werden.

Wenn wir die Welt um uns her erforschen, öffnen sich uns

noch viele Gedankenwege, aber sie alle führen uns zu demselben Ergebnis, zur Wiederverkörperung. Daß die ungeheuren Unterschiede zwischen Mensch und Mensch eine vergangene Entwicklung der Seele voraussetzen, haben wir bereits erwähnt; und wir haben auch darauf hingewiesen, daß sie den Unterschied der individuellen Wiederverkörperung der Menschen — die doch alle zu einer einzigen Art gehören — von der Wiederverkörperung monadischer Gruppenseelen in den niederen Reichen zeigen. Wir müssen die verhältnismäßig geringen Verschiedenheiten der physischen Körper der Menschen, die doch alle äußerlich als Menschen erkennbar sind, mit den ungeheuren Unterschieden vergleichen, welche zwischen den intellektuellen und sittlichen Fähigkeiten eines sehr edlen Menschen und eines sehr niedrigen Wilden bestehen. Wilde sind körperlich oft ausgezeichnet entwickelt und besitzen viel Schädelinhalt, aber wie verschieden ist ihr Verstand und Gemüt von dem eines Philosophen oder Heiligen!

Falls wir hohe intellektuelle und sittliche Fähigkeiten als Ergebnisse des zivilisierten Lebens betrachten wollten, dann sehen wir uns der Tatsache gegenüber, daß die fähigsten Menschen der Gegenwart von den Geistesriesen der Vergangenheit überragt werden und daß keiner unserer Zeitgenossen an die sittliche Haltung einiger geschichtlicher Heiliger heranreicht. Ferner müssen wir auch beachten, daß ein Genie weder Eltern noch Kinder hat; daß es plötzlich auftaucht und nicht den Höhepunkt einer allmählich emporwachsenden Familie bildet, und daß es selbst meist unfruchtbar ist, oder wenn ihm ein Kind geboren wird, dann ist es ein Kind des Leibes und nicht des Geistes. Noch bezeichnender ist die Tatsache, daß ein musikalisches Genie meist in einer musikbegabten Familie zur Welt kommt, denn diese Art von Genialität benötigt zu ihrer Offenbarung eine Nervenbildung ganz besonderer Art, und die Bildung der Nerven steht unter dem Gesetz der Vererbung. Hat aber eine solche Familie einem Genie einen Körper gegeben, so scheint gar oft ihr Zweck damit erfüllt zu sein; das Licht flackert noch ein wenig und verschwindet nach einigen Geschlechtern in dem Dunkel mittelmäßigen Menschentums. Wo sind die Nachkommen eines Bach, Beethoven, Mozart oder Mendelssohn, die ihren Vätern glichen? Nein, Schöpfergeist vererbt sich wahrlich nicht so vom Vater auf den Sohn, wie es die körperlichen Familienmerkmale der Stuarts und Bourbonen tun.

Wie könnte die Erscheinung der „Wunderkinder" anders erklärt werden, als durch Wiederverkörperung? Nehmen wir als Beispiel den Fall des Kindes, das später Dr. Young wurde, der Entdecker der Schwingungstheorie des Lichtes, ein Mann, dessen Größe heute noch kaum hinreichend bekannt ist. Als zweijähriges Kind konnte er „mit beträchtlicher Geläufigkeit" lesen, und ehe er sein viertes Lebensjahr erreichte, hatte er die Bibel zweimal durchgelesen. Mit sieben Jahren begann er Arithmetik zu lernen und bewältigte Walkinghams „Tutor's Assistant", noch ehe er mit seinem Lehrer die Mitte des Buches erreicht hatte. Einige Jahre später finden wir ihn, während er die Schule besuchte, Latein, Griechisch, Hebräisch, Mathematik, Buchführung, Französisch, Italienisch, Drechseln und die Herstellung von Fernrohren bewältigen und sich an orientalischer Literatur begeistern. Mit vierzehn Jahren sollte er gemeinsam mit einem anderthalb Jahre jüngeren Knaben Hausunterricht bekommen; da aber der zuerst angestellte Lehrer nicht erschien, unterrichtete Young den anderen Knaben selbst[8].

Sir William Rowan Hamilton zeigte noch größere Frühreife. Mit kaum drei Jahren begann er schon Hebräisch zu lernen, und „als er sieben Jahre zählte, erklärte ein Hörer des Trinity College in Dublin, er zeige größere Kenntnisse dieser Sprache, als viele in das College eingetretene Studenten. Im Alter von dreizehn Jahren hatte er sich bereits beträchtliche Kenntnisse in wenigstens dreizehn Sprachen angeeignet. Unter diesen befanden sich neben den alten und zeitgenössischen europäischen Sprachen auch Persisch, Arabisch, Sanskrit Hindustani und sogar Malaiisch... Im Alter von vierzehn Jahren richtete er an den persischen Gesandten, der Dublin besuchte, ein Begrüßungsschreiben, und jener erklärte, er hätte nie gedacht, daß es in Britannien einen Menschen gäbe, welcher ein derartiges Schriftstück in persischer Sprache abfassen könnte." Einer seiner Verwandten erzählte: „Ich erinnere mich noch daran, wie er als kleiner, sechsjähriger Junge schwere mathematische Aufgaben löste und dann vergnügt zu seinem kleinen Karren lief. Mit zwölf Jahren maß er sich mit Colburn, dem jungen amerikanischen Rechenkünstler, der damals als Sehenswürdigkeit in Dublin gezeigt wurde, und er zog nicht immer den Kürzeren dabei." Als er sechzehn Jahre alt war, sagte Dr. Brinkey (Königl. Astronom von Irland) 1823 von ihm: „Dieser junge Mann, ich sage nicht, wird sein, sondern ist der erste Mathematiker seiner Zeit." Auf der Hochschule war seine Laufbahn wohl ohne Beispiel. Unter einer Anzahl von überdurchschnittlichen Mitbewerbern war er der erste in allen Gegenständen und bei jeder Prüfung."[9]

Der nachdenkliche Leser vergleiche nun diese beiden Knaben mit einem Halbidioten oder auch nur mit einem durchschnittlichen

---

[8] "Life of Dr. Thomas Young" von G. Peacock, D. D.

[9] "North British Review", September 1866.

Jungen; er beachte, wie sie schon mit diesen Begabungen in die Welt treten und zu führenden Geistern werden — und dann frage er sich, ob derartige Seelen keine Vergangenheit hinter sich haben.

Familien-Ähnlichkeiten werden gewöhnlich dem „Gesetz der Vererbung“ zugeschrieben, aber die Unterschiede in den intellektuellen und moralischen Anlagen, die immer und immer innerhalb des Kreises einer Familie auftauchen, bleiben unerklärt. Die Wiederverkörperung erklärt die Ähnlichkeiten mit der Tatsache, daß eine wiederzuverkörpernde Seele zu einer Familie geleitet wird, welche ihr durch physische Vererbung einen Leib schafft, der ihren wesentlichen Eigenschaften zum Ausdruck verhilft; und sie erklärt die Unterschiede damit, daß sie die intellektuellen und moralischen Anlagen der Individualität selbst zuschreibt; gleichzeitig zeigt sie, daß Bande, die in der Vergangenheit geknüpft wurden, die Seele zusammen mit einem anderen Mitglied der Familie zur Wiederverkörperung geführt haben[10].

„Es ist auch bedeutsam, daß Zwillinge in der Kindheit oft nicht einmal für das scharfe Auge der Mutter und der Kinderfrau voneinander zu unterscheiden sind; später im Leben hingegen, wenn Manas schon an seiner physischen Hülle gearbeitet hat, verändert es diese derart, daß die äußere Ähnlichkeit abnimmt und die Unterschiede in den Charakteren sich den beweglichen Gesichtszügen einprägen“[11]. Körperliche Ähnlichkeit, gepaart mit geistig-sittlicher Unähnlichkeit, scheint ein Zusammentreffen zweier verschiedener Ursachen-Reihen zu bedingen.

Daß Menschen von ungefähr gleicher Verstandeskraft sich oft auffallend in der Fähigkeit unterscheiden, bestimmte besondere Wissensgebiete zu verarbeiten, ist ein weiterer Hinweis auf die Wiederverkörperung. Eine Wahrheit wird von dem einen sofort erkannt, während der andere sie selbst nach langer und sorgfältiger Beobachtung noch nicht erfaßt. Doch kann sich das genaue Gegenteil ereignen, wenn ihnen eine andere Wahrheit vorgelegt wird; diese wird vielleicht der zweite erfassen und der erste nicht. „Zwei Menschen werden zur Theosophie hingezogen und beginnen sie zu erforschen. Am Ende eines Jahres ist der eine vertraut mit ihren Hauptlehren und imstande, sie anzuwenden. Der andere aber fühlt sich verloren wie in einem Irrgarten. Dem einen erscheint jeder Grundsatz auf den ersten Blick vertraut, dem anderen ist er neu, unverständlich und fremd. Wer an die Wiederverkörperung glaubt, versteht, daß diese Lehre für den einen alt, für den anderen

---

[10] Siehe Kapitel IX, „Karma“.
[11] „Reincarnation“ von Anny Besant, S. 64.

aber neu ist. Der eine lernt rasch, weil er sich erinnert; er frischt nur altes Wissen wieder auf. Der andere lernt langsam, weil seine Erfahrung diese Naturweisheiten noch nicht einschließt; er muß sie sich mühevoll zum ersten Mal aneignen."[12] So ist auch gewöhnliche Intuition „nichts anderes als das Wiedererkennen einer in einem Vorleben bereits erkannten Tatsache, der man in diesem Leben aber zum erstenmal wieder begegnet"[13], auch sie ist ein Hinweis auf den Weg, den das Ego in der Vergangenheit gewandert ist.

*

Für viele Leute besteht die Hauptschwierigkeit bei der Annahme der Lehre von der Wiedergeburt in dem Umstand, daß sie sich nicht an ihre Vergangenheit erinnern. Aber sie müssen doch täglich wahrnehmen, daß sie sogar viel von ihrem Leben im jetzigen Körper vergessen haben, daß die Erinnerung an ihre frühe Jugendzeit verschwommen ist, und jene an die ersten Kindheitsjahre völlig ausgelöscht. Sie müßten auch daran denken, daß vergangene Ereignisse, die völlig aus ihrem normalen Wachbewußtsein geschwunden sind, doch in den dunklen Tiefen des Gedächtnisses verborgen liegen und bei bestimmten Krankheiten oder unter dem Einfluß von Hypnose wieder lebendig hervortreten können. Von einem Sterbenden wurde berichtet, daß er eine Sprache sprach, die er nur in seinen ersten Lebensjahren gehört, dann aber während eines langen Lebens nicht mehr gekannt hatte. Im Delirium kommen längst vergessene Ereignisse lebendig ins Bewußtsein zurück. Nichts ist wirklich vergessen, aber vieles ist vor dem begrenzten Blick unseres Wachbewußtseins verborgen, welches die beschränkteste Form unseres Bewußtseins ist, wenngleich es die einzige Bewußtseinsform ist, die von der Masse der Menschheit anerkannt wird. So wie sich die Erinnerung an gewisse Teile unseres jetzigen Lebens nach innen, in für das Wachbewußtsein unerreichbare Zonen zurückgezogen hat und nur zu Zeiten wieder auftaucht, in denen das Gehirn überempfindlich und daher fähig ist, auf Schwingungen zu antworten, die sonst vergebens bei ihm anklopfen, ebenso ist auch die Erinnerung an die vergangenen Leben außerhalb der Reichweite des physischen Bewußtseins aufbewahrt. Nur der „Denker" besitzt sie, der allein von Leben zu Leben fortdauert. Für ihn liegt das ganze Buch der Erinnerung offen, denn er ist das einzige „Ich", das alle Erfahrungen durchgemacht hat, die darin aufgezeichnet sind.

Er kann aber seine Erinnerungen an Vergangenes seinem phy-

---

[12] a. a. O., Seite 67.
[13] a. a. O., Seite 67.

sischen Körper einprägen, sobald dieser genügend gereinigt ist, um die raschen feinen Schwingungen des Denkers aufnehmen zu können. Dann kann der Mensch im Fleische teilhaben an seinem Wissen um die aufgespeicherte Vergangenheit. Daß es so schwer ist, sich zu erinnern, beruht nicht auf Vergeßlichkeit, denn die niedere Hülle, der physische Körper hat ja die vergangenen Leben seines Besitzers gar nicht mitgemacht; sie beruht auf dem Umstand, daß der gegenwärtige Körper völlig von seiner jetzigen Umgebung in Anspruch genommen wird und unfähig ist, jene zarten Regungen aufzunehmen, durch welche allein die Seele sprechen kann. Wer sich an seine Vergangenheit erinnern möchte, darf seine Interessen nicht auf die Gegenwart konzentrieren und muß den Körper läutern und verfeinern, bis er imstande ist, Eindrücke aus den feineren Bereichen zu empfangen.

Immerhin besitzt eine beachtenswerte Zahl von Menschen, welche die nötige Feinfühligkeit des physischen Körpers erlangt haben, Erinnerungen an ihre vergangenen Leben. Für diese Menschen ist natürlich die Wiedergeburt nicht mehr eine blasse Theorie, sondern eine Erfahrung eigenen Wissens. Sie haben gelernt, um wieviel reicher das Leben wird, wenn Erinnerungen aus vergangenen Leben hereinströmen, wenn wir erkennen, daß die Freunde dieses kurzen Lebenstages unsere Freunde aus einer langen Vergangenheit sind, und alte Erinnerungen die Bande der flüchtigen Gegenwart festigen und stärken. Das Leben gewinnt an Sicherheit und Würde, wenn man es mit dem weiten Blick auf die Vergangenheit betrachtet und wenn wir unsere Lieben von einst in denen wiedererkennen, die wir heute lieben. Der Tod verliert seine schreckhafte Bedeutung und erhält seinen ihm gebührenden Platz als ein bloßes Ereignis innerhalb des Lebens, als Wechsel von einem Schauplatz zum anderen, gleich einer Reise, die wohl die Körper voneinander entfernt, aber nicht imstande ist, Freundschaftsbande zu zerreißen. Die Bindungen der Gegenwart erweisen sich als Glieder einer goldenen Kette, die aus der Vergangenheit kommt, und mit dem Gedanken, daß diese Verbindungen auch in kommenden Tagen weiter dauern und einen Teil dieser unterbrochenen Kette bilden werden, können wir der Zukunft mit froher Zuversicht und Sicherheit ins Auge blicken.

Hie und da finden wir Kinder, die eine Erinnerung an ihre unmittelbare Vergangenheit mitgebracht haben, dies meist dann, wenn sie im frühen Kindesalter gestorben waren und sofort wiedergeboren wurden. Im Westen finden sich diese Fälle seltener als im Osten, denn im Westen stoßen die ersten Worte eines solchen Kindes auf Unglauben, und es verliert daher bald das Vertrauen zu seinen eigenen Erinnerungen. Im Osten hingegen, wo der Glaube an die Wiederverkörperung fast allgemein anerkannt ist, hört man das Kind an und überprüft seine Erinnerungen, falls sich eine Gelegenheit hiezu bietet.

In bezug auf das Gedächtnis ist noch ein weiterer wichtiger Punkt erwähnenswert. Die Erinnerung an vergangene Ereignisse hat, wie wir bereits gesehen haben, nur der Denker; aber die Ergebnisse dieser Ereignisse stehen auch dem irdischen Menschen als Fähigkeiten zu Gebote. Würde die ganze ungeordnete Masse der vergangenen Erfahrungen ohne Ordnung und Einteilung dem Gehirn einverleibt werden, könnten sie dem Menschen nicht als Hilfe und Führer in der Gegenwart dienen. Wenn er zwischen zwei Handlungsmöglichkeiten wählen soll, so wäre er gezwungen, aus den ungeordneten Tatsachen seiner Vergangenheit ähnliche Ereignisse herauszusuchen und sie bis zu ihren Auswirkungen zu verfolgen; er käme wohl nach langem, mühseligem Forschen zu einem Schluß — aber erst lange nachdem die Notwendigkeit der Entscheidung schon vorüber wäre, und außerdem wäre wahrscheinlich seine Schlußfolgerung durch das Übersehen eines wichtigen Umstandes unrichtig. All die kleinlichen, unwichtigen Ereignisse Hunderter von Leben wären in einem dringenden Falle, der rasch Entscheidung fordert, ein recht schwerfälliges und verworrenes Auskunftsmittel. Der viel wirksamere Plan der Natur behält die Erinnerung an die einzelnen Ereignisse dem Denker vor, und räumt dem Mentalkörper eine lange Zeitspanne außerhalb des irdischen Dasein ein, während welcher alle Ereignisse geordnet und verglichen und ihre Ergebnisse in Gruppen eingeteilt werden; dann werden diese Ergebnisse in Fähigkeiten umgewandelt und diese Fähigkeiten formen den nächsten Mentalkörper des Denkers. Auf diese Weise sind die erweiterten und verbesserten Fähigkeiten für sofortigen Gebrauch bereit, und da die Ergebnisse der Vergangenheit in ihnen eingeschlossen sind, kann ohne Verzug eine Entscheidung im Einklang mit diesen Ergebnissen gefällt werden. Klare, schnelle Einsicht und rasche Urteilsfähigkeit sind nichts anderes als das Ergebnis vergangener Erfahrungen, die für den Gebrauch in eine wirksame Form gebracht wurden; sicherlich sind sie ein nützlicheres Rüstzeug als es eine Menge unverarbeiteter Erfahrungen wäre, aus welchen bei jeder einzelnen zu treffenden Wahl die anwendbaren ausgesucht und verglichen, und aus diesen wieder Schlüsse gezogen werden müßten.

Von all diesen Gedankengängen aber wird unsere Überlegung zu der Überzeugung zurückgeführt, daß die Wiederverkörperung grundlegend notwendig ist, wenn das Leben verständlich werden und Ungerechtigkeit und Grausamkeit nicht der Hilflosigkeit des Menschen spotten sollen. Wenn es eine Wiederverkörperung gibt, ist der Mensch ein würdevolles unsterbliches Wesen, das sich einem Ziele von göttlicher Herrlichkeit zu entwickelt, ohne Wiederverkörperung ist er ein treibender Strohhalm auf dem Strome zufälliger Umstände, ohne Verantwortung für seinen Charakter, seine Handlungen und sein Schicksal. Der Wiederverkörperung entgegensehend, kann er furchtlos und voll Hoffnung in die Zukunft blicken, wie nieder auch die Sprosse der Entwicklung sei, auf der er heute stehen mag, denn er befindet sich auf der Leiter, die zur Göttlichkeit führt, und das Erreichen der Spitze ist nur eine Frage der Zeit; ohne Wiederverkörperung hat er weder einen vernünftigen Grund, zukünftigen Fortschrittes gewiß zu sein, noch überhaupt einer Zukunft für sich gewiß zu sein. Warum sollte auch ein Mensch ohne Vergangenheit eine Zukunft erwarten dürfen? Er ist vielleicht nur eine Luftblase auf dem Meere der Zeit. Wenn er ohne Grund oder Verdienst mit guten oder schlechten Eigenschaften behaftet aus dem Nichts heraus in die Welt geschleudert ist, weshalb sollte er sich dann bemühen, sie aufs beste zu nutzen? Wird nicht seine Zukunft, wenn er überhaupt eine haben sollte, ebenso isoliert auf sich gestellt ohne Ursachen und Beziehungen sein, wie seine Gegenwart? Dadurch, daß die Welt die Lehre von der Wiederverkörperung aus ihren Anschauungen gestrichen hat, hat sie Gott seine Gerechtigkeit genommen und den Menschen seiner Sicherheit beraubt. Er mag „Glück" oder „Unglück" haben — die Kraft und Würde aber, welche das feste Vertrauen auf ein unveränderliches Gesetz verleiht, sind ihm entrissen worden und er treibt verlassen und hilflos auf dem unschiffbaren Meer des Lebens.

IX. KAPITEL

KARMA

Nachdem wir die Entwicklung der Seele auf dem Wege der Wiederverkörperung verfolgt haben, sind wir nun in der Lage, das große Gesetz von Ursache und Wirkung eingehend zu prüfen, unter welchem die Wiedergeburten vor sich gehen, jenes Gesetz, welches „Karma" genannt wird. Karma ist ein Sanskritwort und bedeutet wörtlich „Tat" oder „Handlung", da alle Handlungen Auswirkungen vorausgegangener Ursachen sind, und da jede Wirkung ihrerseits eine Ursache für zukünftige Wirkungen ist, so ist diese Vorstellung von Ursache und Wirkung ein wesentlicher Teil des Begriffes „Tat" und daher wird das Wort Tat oder Karma gleichzeitig für den Begriff der Verursachung, d. h. für diese unterbrochene Kette von Ursachen und Wirkungen, aus der die ganze menschliche Tätigkeit besteht, verwendet. Daher wird manchmal für ein Ereignis der Ausdruck gebraucht: „Das ist mein Karma." Das bedeutet: „Dieser Vorfall ist die Auswirkung einer von mir in der Vergangenheit gesetzten Ursache."

Kein Leben besteht für sich allein. Es ist das Kind aller vorausgegangenen und der Erzeuger aller kommenden Leben im Rahmen der Gesamtheit der Leben, aus denen das fortdauernde Sein der Individualität besteht. Dinge wie „Glück" oder „Zufall" gibt es nicht; jedes Ereignis ist verkettet mit einer vorhergegangenen Ursache und einer darauffolgenden Wirkung. Alle Gedanken, Taten und Umstände sind ursächlich verknüpft mit der Vergangenheit und werden die Zukunft ursächlich beeinflussen. Da unser Unwissen die Vergangenheit und Zukunft gleicherweise vor unserem Blick verbirgt, scheinen uns die Ereignisse oft plötzlich aus dem Nichts zu kommen, „zufällig" zu sein; allein dieser Schein trügt und ist lediglich unserem Mangel an Erkenntnis zuzuschreiben. Ebenso wie der Wilde, in Unkenntnis der Gesetze des sichtbaren Weltalls, Naturereignisse für unverursacht und Ergebnisse ihm unbekannter physikalischer Gesetze für „Wunder" hält, so betrachten viele, die mit den moralischen und mentalen Gesetzen nicht vertraut sind, moralische und mentale Geschehnisse als unverursacht und die

Wirkungen unbekannter moralischer und mentaler Gesetze als „Glück“ oder „Unglück“.

Wenn dem Verstand diese Vorstellung von einem unverletzlichen, unveränderlichen Gesetze in einem Reiche, das bisher unbestimmt dem Zufall zugeschrieben wurde, zum erstenmal aufdämmert, dann ist die Folge meist ein Gefühl von Hilflosigkeit, ja fast von moralischer und mentaler Lähmung. Der Mensch scheint in den Klauen eines eisernen Geschickes gefangen, und das resignierende „Kismet“ des Mohammedaners scheint ihm die einzige philosophisch mögliche Folgehaltung zu sein. Geradeso mag dem Wilden zumute sein, wenn sein staunender Intellekt zum erstenmal den Begriff eines Naturgesetzes zu erfassen versucht und er erfährt, daß jede Bewegung seines Körpers, jede Bewegung in der äußeren Natur unter unveränderlichen Gesetzen vor sich geht. Nach und nach erst lernt er begreifen, daß die Naturgesetze nur die Bedingungen stellen, unter welchen alles Wirken zu geschehen hat, daß sie aber auf dieses Wirken selbst keinen Einfluß nehmen, so daß der Mensch in dem Mittelpunkt seines Wesens stets frei bleibt, während er in seinen äußeren Tätigkeiten durch die Bedingungen der Ebene, auf welcher sie geschehen, beschränkt ist. Ferner lernt er, daß diese Bedingungen ihn nur solange beherrschen und seine größten Anstrengungen vereiteln, als er sie nicht kennt oder trotz ihrer Kenntnis gegen sie kämpft, daß er aber sie beherrscht und sie seine Diener und Helfer werden, sobald er sie versteht, ihre Richtungen kennt und ihre Kräfte berücksichtigt.

Tatsächlich ist Naturwissenschaft auf der physischen Ebene nur deshalb möglich, weil ihre Gesetze wirklich unverletzlich und unveränderlich sind. Gäbe es keine Naturgesetze, könnte es auch keine Naturwissenschaft geben. Ein Forscher macht eine Reihe von Versuchen und aus den Ergebnissen derselben lernt er, wie die Natur arbeitet; auf Grund der so erlangten Kenntnisse kann er berechnen, wie er ein bestimmtes gewünschtes Ergebnis erzielen kann, und wenn er es nicht erreicht, dann weiß er, daß er irgendeine notwendige Voraussetzung zu setzen unterlassen hat — entweder hat sein Wissen Lücken oder er hat sich verrechnet. Er überprüft sein Wissen, ändert sein Verfahren und erneuert seine Berechnungen mit der zuversichtlichen festen Gewißheit, daß die Natur ihm, wenn er seine Frage richtig stellt, mit unveränderlicher Genauigkeit antworten wird. Wasserstoff und Sauerstoff werden ihm nicht heute Wasser und morgen Blausäure ergeben; Feuer wird ihn nicht heute verbrennen und morgen frieren machen. Wenn Wasser heute eine Flüssigkeit und morgen ein fester Körper ist, dann ist das deshalb der Fall, weil die umgebenden Bedingungen verändert worden sind, und die Wiederherstellung der ursprünglichen Bedingungen wird auch wieder das ursprüngliche Ergebnis herbeiführen. Jede neue Erkenntnis über die Naturgesetze bedeutet nicht eine neue Einschränkung, sondern eine neue Macht, denn alle Energien der Natur werden Kräfte, die der Mensch in dem Maße anwenden kann, als er sie versteht. Daher der Ausspruch: „Wissen ist Macht." Denn nur genau im Verhältnis zu seinem Wissen stehen ihm diese Kräfte zu Gebote. Dadurch, daß er jene Kräfte, mit welchen er arbeiten will, auswählt, sie gegeneinander abwägt und hemmende Kräfte, die seine Arbeit stören würden, neutralisiert, kann er das Endergebnis im voraus berechnen und das zustande bringen, was er bezweckt. Wenn er die Ursachen versteht und mit ihnen umzugehen weiß, kann er ihre Auswirkungen voraussagen, und so kann gerade die unbeugsame Strenge der Natur, die anfangs das menschliche Handeln zu lähmen schien, dazu verwendet werden, eine unendliche Vielfalt von Ergebnissen zu erreichen. Die völlige Starrheit jeder einzelnen Kraft ermöglicht die Herbeiführung einer vollkommenen Anpassungsfähigkeit in ihren Verbindungen. Denn da es Kräfte aller Arten gibt, die sich nach allen Richtungen bewegen, und da jede einzelne Kraft berechenbar ist, kann eine Auswahl getroffen werden und die ausgewählten Kräfte können so miteinander verbunden werden, daß sie jedes beliebige gewünschte Ergebnis hervorbringen. Ist das zu erreichende Ziel festgelegt, dann kann es unfehlbar erreicht werden, wenn die als Ursache gestellte Kräftekombination sorgfältig ausgewogen wird. Aber wohlgemerkt, Wissen ist vonnöten, um die Ereignisse dergestalt zu lenken, daß sie die gewünschten Ergebnisse herbeiführen. Der Unwissende stolpert hilflos umher, stößt sich an den unabänderlichen Gesetzen und muß sehen, wie seine Anstrengungen fehlschlagen, während der Wissende stetig vorwärtsschreitet, da er vorausschauend die Ursachen setzt, Hindernissen vorbeugt, sich an die Umstände anpaßt und so das angestrebte Ziel erreicht, nicht weil er Glück hat, sondern weil er Verständnis hat. Der eine ist der Spielball, der Sklave der Natur, der von ihren Kräften hin und her gewirbelt wird; der andere ist der Meister, der ihre Kräfte dazu benützt, sich nach der Richtung tragen zu lassen, die sein Wille sich gewählt hat.

Was für das Reich der physikalischen Gesetze gilt, gilt gleicherweise für die Welt der Moral und des Denkens, die auch ein Reich der Gesetzmäßigkeit ist. Auch hier ist der Unwissende ein Sklave, der Weise hingegen ein Herrscher; auch hier erweist sich die Unverletzbarkeit und Unveränderlichkeit der Gesetze, welche anfangs lähmend empfunden wurden, als die notwendige Voraussetzung für sicheren Fortschritt und eine klarsehende Lenkung der Zukunft.

Der Mensch kann nur deshalb Herr seines Schicksales werden, weil dieses Schicksal in einem Reiche der Gesetzmäßigkeit liegt, in dem Erkenntniskraft die Wissenschaft von der Seele aufbauen und dem Menschen die Macht geben kann, seine Zukunft zu beherrschen — die Macht, sich sowohl seine zukünftigen Anlagen als auch die Umstände seines künftigen Lebens zu erwählen. Das Wissen um das Gesetz von Karma, das zu lähmen drohte, wird zu einer begeisternden, helfenden und erhebenden Kraft.

Karma ist also das Gesetz der Kausalität, das Gesetz von Ursache und Wirkung. Der heilige Paulus, der christliche Eingeweihte, hat dies klar und eindeutig ausgedrückt: „Irret euch nicht, Gott läßt seiner nicht spotten. Denn was der Mensch säet, das wird er ernten"[1]. Der Mensch sendet auf allen Ebenen, auf denen er tätig ist, fortwährend Kräfte aus; diese Kräfte — die ihrerseits nach Menge und Beschaffenheit die Wirkungen seiner früheren Tätigkeit sind — sind Ursachen, welche er in jeder der Welten, die er bewohnt, in Bewegung setzt; diese erzeugen wieder ganz bestimmte Wirkungen sowohl auf ihn selbst als auch auf andere; und da diese Ursachen von ihm als Mittelpunkt auf sein ganzes Tätigkeitsfeld ausstrahlen, ist er auch für die Wirkungen, die sie hervorrufen, verantwortlich. So wie ein Magnet sein „magnetisches Feld" hat, ein je nach seiner Stärke größeres oder kleineres Gebiet, innerhalb dessen all seine Kräfte wirken, so hat auch jeder Mensch ein Einflußfeld, innerhalb dessen Grenzen die Kräfte spielen, die er ausstrahlt. Diese Kräfte wirken jedoch in Kurven, die zu ihrem Sender zurückkehren, die wieder in den Mittelpunkt zurückfließen, aus welchem sie hervorgegangen sind.

Da dieser Gegenstand sehr kompliziert ist, wollen wir ihn unterteilen und dann eine Unterabteilung nach der anderen untersuchen.

*

Der Mensch sendet im gewöhnlichen Leben drei Arten von Kräften aus, den drei Welten entsprechend, die er bewohnt: intellektuelle Kräfte auf der Mentalebene, welche jene Ursachen erzeugen, die wir Gedanken nennen; astrale Kräfte auf der Astralebene, welche jene Ursachen setzen, die wir Wünsche oder Begierden nennen; und physische Kräfte, welche von diesen erweckt werden, auf der physischen Ebene wirken und jene Ursachen setzen, die wir Handlungen nennen. Wir müssen diese einzeln in ihrer Tätigkeit untersuchen und die von ihnen erzeugten Arten von Wirkungen verstehen lernen, wenn wir mit Verständnis die Rolle verfolgen wollen, welche

[1] Galater, 6, 7.

eine jede dieser Kräfte in den verworrenen Verkettungen spielt, die wir verursachen und die in ihrer Gesamtheit „unser Karma" genannt werden. Wenn ein Mensch, der rascher fortschreitet als seine Mitmenschen, die Fähigkeit erlangt, auf höheren Ebenen zu wirken, dann wird er ein Ausgangspunkt für noch höhere Kräfte; für den Augenblick aber können wir dies außer acht lassen und uns auf die gewöhnliche Menschheit beschränken, die den Kreislauf der Wiedergeburten in den drei Welten durchzumachen hat.

Beim Erforschen dieser drei Arten von Energie werden wir zu unterscheiden haben zwischen der Wirkung, die sie auf ihren Erzeuger haben, und ihrer Wirkung auf andere, die in den Bereich seines Einflusses gelangen; denn ein mangelhaftes Verständnis dieses Punktes führt den Lernenden oft in einen Sumpf hoffnungsloser Verwirrung.

Ferner müssen wir daran denken, daß jede Kraft im Verhältnis zu ihrer Stärke sowohl auf ihrer eigenen Ebene wirkt, als auch Rückwirkungen auf den unter ihr gelegenen Ebenen auslöst. Die Ebene, auf der sie erzeugt wird, verleiht ihr ihre besondere Eigenart und bei ihrer Wirkung auf niederere Ebenen setzt sie, je nach dieser Eigenart, Schwingungen im gröberen oder feineren Stoff derselben in Gang. Die Ebene, welcher die Kraft angehört, wird dabei durch den Beweggrund bestimmt, der die Tätigkeit veranlaßt.

Dann wird es notwendig sein, zwischen dem reifen Karma zu unterscheiden, das im gegenwärtigen Leben in unvermeidlichen Ereignissen zum Ausdruck kommt, zwischen dem Karma des Charakters, das sich in Neigungen zeigt, die das Ergebnis angesammelter Erfahrungen sind, und die im gegenwärtigen Leben durch dieselbe Macht (das Ego), die sie in der Vergangenheit erzeugte, abgeändert werden können, und schließlich dem Karma, das jetzt erst geschaffen wird und die Ursache für künftige Ereignisse und künftige Charakteranlagen sein wird[2].

Weiter müssen wir darüber im klaren sein, daß der Mensch, während er sein eigenes individuelles Karma schafft, sich dadurch gleichzeitig auch mit anderen verbindet und auf diese Weise ein Glied verschiedener Menschengruppen wird — einer Familie, eines Volkes, einer Rasse — und dadurch auch Anteil an dem gemeinschaftlichen Karma einer jeden dieser Gruppen erwirbt.

Daraus ist zu ersehen, daß das Studium des Karmagesetzes eine

---

[2] Diese drei Gruppen sind dem Sanskritgelehrten unter folgenden Bezeichnungen bekannt: Prarabdha (Begonnenes, das im Leben ausgewirkt werden muß); Sanchita (Aufgespeichertes, wovon ein Teil in den Neigungen zum Ausdruck kommt) und Kriyamana (in Bildung Begriffenes).

sehr umfangreiche und komplizierte Angelegenheit ist. Hat man aber die wichtigsten Grundzüge seines Wirkens, so wie sie oben angegeben wurden, erfaßt, dann kann man ohne große Schwierigkeiten eine zusammenhängende Vorstellung von seiner allgemeinen Bedeutung erlangen, und seine Einzelheiten können später mit Muße studiert werden, wie sich die Gelegenheit ergibt. Ob wir nun die Einzelheiten verstehen oder nicht, so dürfen wir aber vor allem niemals vergessen, daß jeder Mensch sich selbst sein eigenes Karma schafft und sowohl seine Fähigkeiten als auch seine Beschränkungen selbst erzeugt, und daß er zu jeder Zeit, während er mit diesen selbsterzeugten Fähigkeiten und innerhalb dieser selbstgezogenen Beschränkungen wirken muß, doch immer er selbst ist, die lebendige Seele, und daher diese seine Fähigkeiten kräftigen oder schwächen und seine Begrenzungen erweitern oder verengen kann.

Die Ketten, welche ihn binden, hat er selbst geschmiedet und er hat es in der Hand, sie durchzufeilen oder noch stärker anzuziehen. Das Haus, in dem er lebt, hat er selbst gebaut, und er kann es nach seinem Willen verbessern, verfallen lassen oder umbauen. Wir arbeiten stets mit geschmeidigem Ton und können ihn zuerst nach Gutdünken formen; dann aber wird der Ton eisenhart und behält die Form, die wir ihm gegeben haben. Ein Spruch aus der Hitopadesha lautet:

„Schau, der Ton wird hart wie Eisen,
Den man formte ohne Müh'n,
War der Mensch noch gestern Meister,
Meistert heut das Schicksal ihn."

So sind wir alle Meister unseres „Morgen", wie sehr wir auch heute durch die Folgen unseres „Gestern" behindert sein mögen.

Wir wollen nun der Reihe nach die verschiedenen, schon erwähnten Gesichtspunkte besprechen, von welchen aus Karma betrachtet werden kann.

Die drei Klassen von Ursachen und ihre Auswirkungen auf ihren Erzeuger sowie auf jene, die er beeinflußt.

Die erste dieser Klassen besteht aus unseren Gedanken. Der Gedanke ist der mächtigste Faktor bei der Erzeugung menschlichen Karmas, denn beim Denken arbeiten die Kräfte des Selbstes im Mentalstoff, in jenem Stoff, dessen feinere Unterabteilung den Körper des Egos selbst bildet, und dessen gröbere Unterabteilung auch noch sehr rasch auf jede Schwingung des Selbstbewußtseins antwortet. Die Schwingungen, welche wir Gedanken nennen, die unmittelbare Tätigkeit des Denkers, lassen Formen aus Mentalstoff, mentale Bilder, entstehen, die den Mentalkörper formen, wie wir bereits gesehen haben. Jeder Gedanke verändert diesen Mentalkörper, und die mentalen Fähigkeiten in jedem folgenden Leben werden durch die Denktätigkeit im vorhergehenden Leben geschaffen. Kein Mensch kann irgendwelche intellektuellen Kräfte und Fähigkeiten besitzen, die er nicht selbst durch geduldig wiederholtes Denken geschaffen hätte; andererseits geht kein Gedankenbild, das er auf solche Weise erzeugt hat, je verloren. Es bleibt als Baustoff für Fähigkeiten bestehen, denn die Summe jeder Gruppe von Mentalbildern wandelt sich in eine Fähigkeit, die durch jeden weiteren Gedanken, jedes weitere Mentalbild derselben Art, stärker wird.

Wenn der Mensch dieses Gesetz kennt, kann er sich nach und nach die intellektuellen Anlagen schaffen, die er gerne haben möchte, und er kann dies so bestimmt und sicher tun, wie ein Maurer eine Mauer errichtet. Der Tod unterbricht seine Arbeit nicht, sondern indem er ihn von der Last des Körpers befreit, erleichtert er im Gegenteil den Vorgang der Verarbeitung seiner mentalen Bilder zu jenen Organen, die wir Fähigkeiten nennen; und diese bringt er in das nächste Leben auf der physischen Ebene mit. Ein Teil des Gehirns des neuen Körpers wird derart geformt, daß er als Organ für diese Fähigkeiten dienen kann, auf eine Weise, die wir später noch erklären werden. All diese Fähigkeiten zusammen bilden den Mentalkörper für das neue Erdenleben, und das neue Gehirn und Nervensystem sind so geformt, daß sie diesem Mentalkörper auf der physischen Ebene Ausdruck verleihen können. Die mentalen Bilder, die in einem Leben erzeugt wurden, erscheinen auf diese Weise in einem anderen Leben als Verstandesanlagen und Neigungen wieder. Aus diesem Grunde heißt es in einer der Upanishaden: „Der Mensch ist ein Geschöpf des Nachdenkens; das, worüber er in diesem Leben nachdenkt, das wird er im nächsten Leben“[3]. Dies ist das Gesetz und es legt das Aufbauen unserer intellektuellen Anlagen ganz in unsere Hände; wenn wir gut bauen, ist der Vorteil und die Ehre unser; bauen wir aber schlecht, dann ist unser der Nachteil und die Schande. Intellektuelle Anlagen sind also ein Fall von individuellem Karma in seiner Auswirkung auf den Menschen, der es erzeugt.

Dieser selbe Mensch, von dem wir sprechen, wirkt aber durch seine Gedanken auch auf andere ein. Denn die mentalen Bilder, welche seinen eigenen Mentalkörper formen, strahlen auch Schwingungen aus und reproduzieren sich auf diese Weise in sekundären Formen. Da sie gewöhnlich mit Wünschen vermischt sind, nehmen

[3] Chandogyupanishad, IV, XIV, I.

sie in der Regel etwas Astralstoff an, und darum habe ich diese sekundären Gedankenformen an anderer Stelle[4] astro-mentale Bilder genannt. Derartige Gebilde verlassen ihren Schöpfer und führen ein gewissermaßen unabhängiges Leben, obwohl sie noch ein magnetisches Band mit ihrem Erzeuger verbindet. Sie kommen mit anderen Menschen in Berührung, wirken auf sie ein und erzeugen auf diese Weise karmische Bindungen zwischen diesen anderen und ihm; so beeinflussen sie beträchtlich seine zukünftige Umgebung. Auf diese Weise werden die Bande geknüpft, welche in späteren Leben Menschen zum Guten oder Schlechten zusammenführen, Bande, die uns mit Verwandten, Freunden und Feinden umgeben, die uns auf unserem Wege hilfreiche und hindernde Menschen entgegenführen, Menschen, die uns wohltun oder uns schaden, Menschen, die uns lieben, ohne daß wir es in diesem Leben verdient haben, oder die uns hassen, obwohl wir in diesem Leben nichts getan haben, was diesen Haß rechtfertigen würde. Wenn wir diese Wirkungen untersuchen, lernen wir ein großes Grundprinzip begreifen — nämlich, daß unsere Gedanken in ihrer Auswirkung auf uns selbst unsere sittlichen und intellektuellen Anlagen erzeugen, während sie durch ihre Wirkungen auf andere mit dazu beitragen, unsere menschlichen Gefährten für die Zukunft zu bestimmen.

Die zweite große Gruppe von Kräften besteht aus unseren Wünschen und Begierden — unserem Hinstreben nach Dingen, die uns in der äußeren Welt anziehen. Da sich beim Menschen immer auch ein mentales Element in sie mischt, können wir sie in den Ausdruck „mentale Bilder" mit einbeziehen, obwohl sie sich hauptsächlich im Astralstoff ausdrücken. In ihrer Auswirkung auf ihren Erzeuger bilden und formen sie seinen Wunsch- oder Astralkörper, gestalten sein Schicksal, wenn er nach dem Tode in Kamaloka eingeht und bestimmen die Natur seines Astralkörpers bei seiner nächsten Geburt. Sind diese Begierden tierischer, trunksüchtiger, grausamer, unreiner Natur, dann verursachen sie[5] angeborene Krankheiten, schwache krankhafte Gehirnbildung, die wiederum Epilepsie, Katalepsie und nervöse Störungen aller Art zur Folge hat sowie körperliche Mißbildungen und Gebrechen und in äußersten Fällen Monstrositäten. Tierische Gelüste abnormer Art oder Stärke können in der Astralwelt Bande schmieden, welche die Egos, die in Astralkörper gehüllt sind, welche durch diese Gelüste geformt wurden, eine Zeitlang an die Astralkörper von Tieren ketten, denen diese Gelüste ordnungsmäßig zukommen, und auf diese Weise ihre Wiedergeburt

---

[4] „Karma", Seite 25 (Theosophical Manual Nr. IV).
[5] In einem folgenden Leben, d. Ü.

verzögern. Wenn der Mensch diesem Geschick entgangen ist, dann prägt der tierisch geformte Astralkörper manchmal dem sich bildenden physischen Körper des kleinen Kindes während des vorgeburtlichen Lebens seine Merkmale auf und erzeugt jene halb tierischen Scheusale, die gelegentlich geboren werden.

Begierden ziehen, da sie ausstrahlende Kräfte sind, die sich an Dinge heften, den Menschen stets in eine Umgebung hinein, in welcher die Möglichkeit zu ihrer Befriedigung besteht. Verlangen nach irdischen Dingen, das die Seele an die Außenwelt kettet, zieht ihn zu jenem Ort hin, wo die gewünschten Dinge am leichtesten erreichbar sind, und deshalb heißt es, daß der Mensch seinen Wünschen gemäß geboren wird[6]. Sie sind eine der Ursachen, welche den Ort der Wiedergeburt bestimmen.

Die astro-mentalen Bilder, welche durch Begierden zum Entstehen gebracht werden, wirken ebenso wie die von Gedanken erzeugten auch auf andere Menschen ein. Sie verketten uns daher ebenfalls mit anderen Seelen, und oft durch die stärksten Bande von Liebe und Haß, denn auf der gegenwärtigen Entwicklungsstufe sind die Begierden eines Durchschnittsmenschen für gewöhnlich stärker und anhaltender als seine Gedanken. Daher spielen sie eine große Rolle in der Bestimmung der ihn umgebenden Menschen in zukünftigen Leben, und sie können Personen und Einflüsse in diese Leben bringen, von deren Verbundenheit mit ihm er nichts ahnt. Nehmen wir den Fall an, daß ein Mensch durch das Aussenden eines bitteren Haß- und Rachegedankens dazu beigetragen hat, in einem anderen den Entschluß zu einem Mord entstehen zu lassen. Der Schöpfer dieses Gedankens ist mit dem Verbrecher karmisch verknüpft, obwohl sie sich auf der physischen Ebene nie getroffen haben; und das Unrecht, das er ihm dadurch angetan hat, daß er ihn mit zu einem Verbrechen veranlaßt hat, wird als ein Schaden zu ihm zurückkehren, bei dessen Herbeiführung der damalige Verbrecher beteiligt sein wird. Gar mancher „Blitz aus heiterem Himmel", der als gänzlich unverdient empfunden wird, ist die Auswirkung einer derartigen Ursache; die Seele erhält dabei eine Lehre, welche sie sich wohl merkt, während das niedere Bewußtsein sich unter dem Gefühl der Ungerechtigkeit auflehnt. Nichts kann einen Menschen treffen, was er nicht verdient hätte; das Fehlen einer Erinnerung kann das Wirken des Gesetzes nicht aufheben.

So lernen wir also, daß unsere Begierden in ihrer Auswirkung auf uns selbst unsere Wunschnatur bilden und durch diese in hohem

---

[6] Vergleiche die Brihadaranyakupanishad, IV/IV, 5—7.

Grade bei unserer nächsten Geburt unseren physischen Körper beeinflussen, und daß auch der Ort der Geburt zum großen Teil von ihnen bestimmt wird. In ihrer Auswirkung auf andere aber helfen sie, unsere menschlichen Gefährten in kommenden Leben an uns heranzuziehen.

Die dritte große Gruppe von Kräften, die sich auf der physischen Ebene in Taten äußert, erzeugt viel Karma durch ihre Wirkung auf andere, die direkte Beeinflussung des inneren Menschen durch sie ist aber nur gering. Diese Taten sind Auswirkungen seiner vergangenen Gedanken und Wünsche, und das Karma, welches sie darstellen, erschöpft sich zum größten Teil schon in ihrem Geschehen. Indirekt wirken sie in dem Maße auf ihn ein, als er durch sie zu neuen Gedanken, Wünschen und Gefühlen angeregt wird, aber die schöpferische Kraft liegt in diesen und nicht in den Handlungen selbst. Wenn Handlungen oft wiederholt werden, erzeugen sie allerdings eine körperliche Gewohnheit, die für den Ausdruck des Egos in der äußeren Welt eine Beschränkung bedeutet. Diese vergeht jedoch mit dem physischen Körper und beschränkt dadurch das Karma der Handlung auf ein einziges Leben, soweit es die Wirkungen auf die Seele betrifft.

Ganz anders jedoch verhält es sich, wenn wir die Auswirkungen der Handlungen auf andere prüfen, das Glück oder Unglück, das sie hervorrufen, und den Einfluß, den sie durch ihr Beispiel ausüben. Durch diese Einflüsse binden sie uns an andere und sind auf diese Art der dritte Faktor, der unsere Mitmenschen in zukünftigen Leben bestimmt; und sie sind der Hauptfaktor bei der Bestimmung dessen, was man als unsere nicht-menschliche Umwelt bezeichnen könnte. Ganz allgemein kann man sagen, die günstige oder ungünstige Natur der physischen Umgebung, in die wir geboren werden, hängt davon ab, ob unsere früheren Handlungen anderen Menschen Freude oder Leid gebracht haben. Was wir anderen physisch Gutes oder Schlechtes getan haben, wirkt sich in der Gunst oder Ungunst unserer physischen Umgebung im kommenden Leben aus. Haben wir andere körperlich glücklich gemacht, indem wir von unserem Reichtum oder unserer Zeit opferten, und es uns Mühe kosten ließen, dann bringt uns das günstige irdische Verhältnisse, die zu physischem Wohlergehen führen. Haben wir hingegen auf der physischen Ebene viel Elend unter den Menschen verursacht, dann werden die karmischen Folgen elende physische Zustände sein, die zu körperlichem Leid führen. Diese Wirkung tritt ein, gleichgültig was unser Beweggrund gewesen sein mag. Dieser Umstand führt uns nun zu der Betrachtung eines weiteren Gesetzes:

Jede Kraft wirkt auf ihrer eigenen Ebene.

Wenn ein Mensch auf der physischen Ebene andere glücklich macht, dann erntet er auch für sich selbst auf dieser Ebene günstige Umstände; sein Beweggrund für die guten Taten beeinflußt dieses Ergebnis nicht. Ein Mann kann Weizen säen mit der Absicht, damit zu spekulieren, um seinen Nachbar zugrunde zu richten; aber trotz seiner bösen Absicht wird der Weizen nicht als Löwenzahn aufgehen. Beweggründe sind mentale oder astrale Kräfte, je nachdem ob sie aus dem Wollen oder aus dem Wünschen entspringen, und sie wirken auf die sittliche und mentale Charakterbildung oder auf die Wunschnatur. Die Verursachung körperlicher Freuden aber ist eine physische Kraft, die auf der physischen Ebene wirkt.

„Durch seine Handlungen beeinflußt der Mensch seine Mitmenschen auf der physischen Ebene. Er verbreitet Glück oder Trübsal und vermehrt oder verringert dadurch die Summe menschlichen Wohlergehens. Diese Vermehrung oder Verminderung des Glücks kann auf sehr verschiedene Beweggründe zurückzuführen sein — auf gute, schlechte oder gemischte. Ein Mensch kann etwas, was vielen Menschen Freude bringt, aus reinem Wohlwollen tun, aus dem Bedürfnis, seine Mitmenschen glücklich zu machen. Er schenkt zum Beispiel aus diesem Beweggrund einer Stadt einen Park zur freien Benützung für ihre Bewohner. Ein anderer tut ähnliches aus reiner Großmannssucht, aus dem Verlangen, die Aufmerksamkeit derer auf sich zu lenken, die gesellschaftliche Auszeichnungen verleihen können; er macht dieses Geschenk etwa, um sich damit einen Titel zu erkaufen. Ein dritter mag seinen Park aus gemischten Gründen herschenken, teils selbstloser, teils selbstsüchtiger Art. Ein jeder dieser Beweggründe wird den Charakter des betreffenden Menschen in seiner nächsten Verkörperung beeinflussen, zum Besseren, zum Schlechteren, oder ohne besondere Wirkung. Aber die Wirkung, daß diese Handlung einer großen Zahl von Menschen Freude verschafft hat, ist von dem Beweggrund des Spenders unabhängig; die Menschen erfreuen sich an dem Park, gleichgültig was für ein Beweggrund der Anlaß für die Schenkung gewesen sein mag. Und diese Freude, die der Spender mit dieser Gabe hervorgerufen hat, gibt ihm eine karmische Forderung an die Natur und die Natur wird ihm ihre Schuld peinlich genau zurückzahlen. Da er viel körperliche Freude bereitet hat, wird er eine physisch bequeme oder gar luxuriöse Umgebung erhalten, und sein Opfer an physischem Reichtum wird ihm den gebührenden Lohn bringen, die karmische Frucht seiner Handlung. Dies ist sein Recht. Aber der Gebrauch, den er von dieser seiner Lage machen wird, das Glück, das er aus seinem

Reichtum und seiner Umgebung schöpfen wird, wird vor allem von seinem Charakter abhängen, und auch hier wird ihm der gerechte Lohn erwachsen, denn j e d e r Same trägt die ihm entsprechende Frucht"[7].

Wahrlich, Karma wirkt gerecht! Es versagt dem schlechten Menschen nicht den Lohn, der gerechterweise aus einer Tat entspringt, welche Glück verbreitet; aber gleichzeitig gibt es ihm den verschlechterten Charakter, den er sich durch seinen bösen Beweggrund verdient hat, so daß er inmitten seines Reichtums unzufrieden und unglücklich sein wird. Aber auch der gute Mensch kann physischem Leid nicht entgehen, wenn er, wenn auch in der besten Absicht, durch eine falsche Handlung jemandem körperliches Elend verursacht. Das Elend, welches er hervorgerufen hat, wird ihm eine elende irdische Umgebung schaffen, aber seine gute Absicht wird seinen Charakter verbessern und ihm eine innerliche Quelle dauernden Glückes bereiten, und er wird inmitten seiner Schwierigkeiten geduldig und zufrieden sein. Wenn wir diese Grundsätze auf die Tatsachen anwenden, die wir um uns herum beobachten, dann werden sich uns viele Rätsel lösen.

Diese Auswirkungen der Beweggründe und der Ergebnisse von Handlungen sind dem Umstand zuzuschreiben, daß jede Kraft die Eigentümlichkeiten jener Ebene hat, auf welcher sie erzeugt wird, und je höher die Ebene, desto wirkungsvoller und dauerhafter ist die Kraft. Daher ist die Absicht viel wichtiger als die Handlung, und eine falsche Handlung, getan aus guter Absicht, bringt dem Handelnden mehr Gutes als eine gute Tat, aus schlechter Absicht getan. Da die Absicht auf den Charakter rückwirkt, löst sie eine lange Kette von Wirkungen aus, denn die von diesem Charakter gelenkten zukünftigen Handlungen werden alle durch seine Verbesserung oder Verschlechterung beeinflußt; die Handlung selbst hingegen, die ihrem Ausführer je nach ihren Auswirkungen auf andere körperliches Wohlergehen oder Elend bringt, hat an und für sich keine zeugende Kraft, sondern erschöpft sich in ihren Ergebnissen.

Ist ein Mensch durch den Widerstreit offenbarer Pflichten im Zweifel, welches die richtige Handlungsweise sein möge, dann versucht der Kenner des Karma-Gesetzes sorgfältig den besten Weg zu wählen, indem er seine Vernunft und Urteilskraft aufs äußerste anstrengt; er prüft mit peinlicher Genauigkeit seine Beweggründe, schaltet selbstsüchtige Erwägungen aus und reinigt sein Herz. Dann handelt er furchtlos; und wenn es sich herausstellt, daß er das Falsche getan hat, nimmt er das Leiden, das aus seinem Mißgriff

---

[7] Vergleiche A. Besant: „Karma."

entsteht, willig auf sich und läßt es sich eine Lehre für die Zukunft sein. Gleichzeitig aber hat seine hochstehende Absicht seinen Charakter für alle Zukunft veredelt.

Die allgemeine Regel, daß die Kraft der Ebene angehört, auf welcher sie hervorgebracht wird, ist von weitreichender Bedeutung. Wird sie mit der Absicht erzeugt, irdische Dinge zu erlangen, dann wirkt sie auf der physischen Ebene und heftet den handelnden Menschen an diese. Zielt sie auf Dinge im Devachan, dann wirkt sie auf der Devachan-Ebene und bindet den Menschen an jene. Hat sie aber keinen anderen Beweggrund als den, Gott zu dienen, dann wird sie auf der spirituellen Ebene freigesetzt und kann daher den Menschen nicht binden, da er selbst nichts begehrt.

Die drei Arten des Karma

Reifes Karma ist jenes, das für die Ernte bereit und daher unvermeidlich ist. Vom gesammelten Karma der Vergangenheit kann innerhalb der Grenzen eines einzigen Lebens immer nur ein Teil ausgeschöpft werden. Es gibt manche Arten von Karma, die so grundverschieden sind, daß sie nicht in einem einzigen physischen Leben ausgetragen werden können, sondern für ihren Ausdruck Körper sehr verschiedenen Gepräges benötigen würden. Es bestehen Verpflichtungen gegenüber anderen Seelen, und es werden nicht alle diese Seelen zur selben Zeit verkörpert sein. Es gibt Karma, das in einem bestimmten Volk oder in einer ganz bestimmten gesellschaftlichen Stellung ausgewirkt werden muß; derselbe Mensch hat aber auch noch anderes Karma, das eine ganz andere Umgebung erfordert. Daher kann nur ein Teil seines Gesamtkarmas in einem bestimmten Leben ausgewirkt werden; dieser Teil wird von den großen Herren des Karma — über welche später mehr zu sagen sein wird — ausgewählt, und die Seele wird in einer Familie, in einem Volke, an einem Orte und in einem Körper zur Wiederverkörperung geleitet, die zur Austragung jener Summe von Ursachen geeignet sind, die miteinander ausgewirkt werden können. Diese Summe von Ursachen bestimmt die Länge dieses besonderen Lebens und gibt dem Köper seine Eigenheiten, seine Kräfte und seine Beschränkungen; sie bringt mit dem Menschen jene Seelen in Berührung, die während seiner Lebenszeit verkörpert sind und denen gegenüber er Verpflichtungen eingegangen ist, und umgibt ihn so mit Verwandten, Freunden und Feinden. Diese Ursachen bestimmen die gesellschaftlichen Umstände, in die er hineingeboren wird, mit den dazugehörigen Vor- und Nachteilen; sie wählen die Verstandeskräfte aus, die er zum Ausdruck bringen kann, indem sie das Gehirn und das Nervensystem, mit welchem er zu arbeiten hat, formen; sie bilden die Zusammenfassung aller Ursachen, die in seinem äußeren Lebenslauf Kummer und Freuden zur Folge haben und die in einem einzigen Leben untergebracht werden können.

All dies ist das „reife Karma" und dieses kann von einem fachkundigen Astrologen im Horoskop aufgezeichnet werden. In all diesen Dingen hat der Mensch keine Wahl; sie sind durch die Wahlhandlungen, die er in der Vergangenheit getroffen hat, schon festgelegt, und er muß die eingegangenen Verpflichtungen und Schulden bis auf den letzten Heller und Pfennig abzahlen.

Der physische, der astrale und der mentale Körper, welche die Seele für ein neues Leben annimmt, sind, wie wir bereits gesehen haben, das unmittelbare Ergebnis ihrer Vergangenheit und sie bilden einen sehr bedeutenden Teil dieses reifen Karmas. Sie begrenzen die Seele nach allen Seiten; ihre Vergangenheit steht als Richter vor ihr und setzt ihr die Beschränkungen, die sie sich selbst geschaffen hat. Der Weise nimmt sie frohgemut hin und arbeitet fleißig an ihrer Verbesserung, denn er kann ihnen nicht entfliehen.

Es gibt noch eine andere Art reifen Karmas, die von sehr ernster Bedeutung ist — das Karma unvermeidlicher Handlungen. Jede Tat ist der letzte Ausdruck einer Reihe von Denkakten; wenn wir uns eines Bildes aus der Chemie bedienen wollen, so können wir sagen, wir erhielten eine gesättigte Gedankenlösung, indem wir Gedanken auf Gedanken reihen, so daß ein weiterer Gedanke — oder auch nur ein Anstoß, eine Schwingung von außen — die Verdichtung des Ganzen herbeiführt, zu der Tat, welche den Gedanken Ausdruck verleiht. Wenn wir hartnäckig Gedanken gleicher Art wiederholen, zum Beispiel Rachegedanken, dann erreichen wir schließlich den Sättigungspunkt. Jeder kleine Anstoß wird sie zur Tat verdichten, und das Ergebnis ist ein Verbrechen. Oder wir wiederholen beständig hilfreiche Gedanken für einen anderen bis zum Punkte der Sättigung; und wenn wir dann den Anstoß einer sich bietenden Gelegenheit erhalten, so kristallisieren sie sich zu einer heldenhaften Tat aus.

Es kann sein, daß ein Mensch reifes Karma dieser Art schon mit sich herüberbringt; dann wird die erste Schwingung, die eine derartige Zusammenballung von Gedanken berührt, die bereit sind, sich zur Tat zu verdichten, ihn unbewußt, ohne erneute Willensanstrengung, zur Vollbringung der Tat treiben. Er kann nicht erst innehalten, um nachzudenken; er befindet sich in einem Zustand, in dem die erste Schwingung des Denkens schon zur Handlung führt: er befindet sich in einem labilen Gleichgewicht, indem ihn der geringste Anstoß umwirft. Unter diesen Umständen kann sich ein Mensch selbst darüber wundern, wie er ein bestimmtes Verbrechen begehen oder eine bestimmte erhabene Handlung der Selbstaufopferung vollbringen konnte. Er sagt: „Ich habe es getan, ohne zu denken", und weiß nicht, daß er vorher schon so oft gedacht hatte, daß die Tat unvermeidlich geworden war. Wenn ein Mensch seinen Willen viele Male darauf gerichtet hat, eine bestimmte Handlung auszuführen, dann legt er seinen Willen schließlich unwiderruflich fest und dann ist es nur mehr eine Frage der Gelegenheit, wann er zur Tat schreitet. So lange er zu denken vermag, hat er noch freie Wahl, denn er kann dem alten Gedanken neue Gedanken entgegenstellen und ihn durch die Wiederholung entgegengesetzter Gedanken schließlich austilgen; sobald aber schon die nächste in Antwort auf einen Anreiz erfolgende Regung der Seele Handlung bedeutet, dann ist es mit seiner Macht, eine Wahl zu treffen, vorbei.

Hierin liegt die Lösung der alten Frage: Notwendigkeit oder freier Wille. Eben durch das Ausüben seines freien Willens schafft der Mensch sich nach und nach selbst bestimmte Notwendigkeiten, und zwischen diesen beiden Gegensätzen liegen all jene Verbindungen von Notwendigkeit und freiem Willen, welche die inneren Kämpfe hervorrufen, deren wir uns bewußt sind. Durch das Wiederholen beabsichtigter, vom Willen gelenkter Handlungen erzeugen wir fortwährend Gewohnheiten; solche Gewohnheiten werden mit der Zeit zu Beschränkungen und wir vollführen die Gewohnheitshandlungen automatisch. Vielleicht kommen wir später zu der Erkenntnis, daß die Gewohnheit eine schlechte ist, und wir beginnen die mühevolle Arbeit, sie durch entgegengesetzte Gedanken auszumerzen. Nach vielen Rückfällen wird dann die neue Gedankenströmung den Strom wenden, und wir werden unsere volle Freiheit wieder erlangen, oft allerdings nur, um allmählich neue Fesseln zu schaffen. Auf diese Weise erhalten sich alte Gedankenformen und beschränken unsere Denkfähigkeit als persönliche und nationale Vorurteile. Die meisten Menschen wissen nicht, daß sie derart eingeengt sind und leben heiter dahin, ihrer Ketten unbewußt. Jene aber, welche die Wahrheit bezüglich ihrer eigenen Natur erkennen, werden frei. Die Beschaffenheit unseres Gehirns und Nervensystems ist eine der hervorstechendsten unser Leben bestimmenden Unausweichlichkeiten. Wir haben sie aber selbst unausweichlich gemacht durch unsere früheren Gedanken; sie hemmen uns nun, so sehr wir uns auch gegen sie auflehnen. Langsam und allmählich können wir sie verbessern; die Grenzen können erweitert, aber nicht plötzlich übersprungen werden.

Eine weitere Art dieses reifen Karmas besteht dort, wo früheres böses Denken einen Menschen mit einer Kruste schlechter Gewohnheiten umgeben hat, die ihn einschließt und zu einem schlechten Leben führt. Die Handlungen sind das unvermeidliche Ergebnis seiner Vergangenheit, wie eben erläutert wurde; sie können durch einige Leben zurückgehalten worden sein, weil diese Leben keine Gelegenheit zu ihrer Bekundung boten. Die Seele kann während dieser Zeit gewachsen sein und auch edle Eigenschaften entwickelt haben. In einem Leben nun bietet sich die Gelegenheit, diese Kruste vergangenen bösen Denkens wirksam werden zu lassen; daher vermag die Seele ihre weitere Entwicklung in diesem Leben nicht kundzutun. Wie ein Hühnchen vor dem Auskriechen ist sie in ihrer Schale eingeschlossen, und nur diese ist für das äußere Auge sichtbar. Nach einiger Zeit aber ist dieses Karma dann erschöpft und irgendein scheinbar zufälliges Ereignis — ein Wort eines großen Lehrers, ein Buch, ein Vortrag — zerbricht die Schale und die Seele ist frei. Dies sind die seltenen plötzlichen, aber anhaltenden „Bekehrungen", die „Wunder göttlicher Gnade", von denen berichtet wird. Sie alle sind für den Kenner von Karma vollkommen verständlich und fallen nicht aus dem Reich des Gesetzes heraus.

*

Das angesammelte Karma hingegen, das sich im Charakter zeigt, ist zum Unterschied vom reifen Karma immer Veränderungen zugänglich. Man kann sagen, es besteht aus stärkeren oder schwächeren Neigungen, je nach der Kraft der Gedanken, die sie hervorgebracht haben, und sie können auch fernerhin durch neue Ströme von Gedankenkraft, die ausgesandt werden, um mit ihnen oder gegen sie zu arbeiten, verstärkt oder geschwächt werden. Wenn wir in uns Anlagen finden, die wir mißbilligen, können wir uns anschicken, sie auszumerzen. Oft mag es uns nicht gelingen, einer Versuchung zu widerstehen, da die aus uns hervorbrechende Begierde uns gleich einem Strome mit sich fortreißt. Je länger wir aber standhalten können, auch wenn wir schließlich doch unterliegen, desto näher sind wir dem Sieg. Jede derartige Niederlage ist ein Schritt zum Erfolg, denn der Widerstand nimmt der Versuchung einen Teil ihrer Kraft, so daß sie in Zukunft schwächer auftreten wird.

Das Karma, welches wir erst zu schaffen im Begriffe sind, haben wir bereits untersucht.

Kollektives Karma

Wenn wir eine zusammengehörige Gruppe von Menschen vom Gesichtspunkte des Wirkens des Karmagesetzes betrachten, dann führt das Spiel der karmischen Kräfte, das auf die Gruppe wirkt, auch in das Karma ihrer Mitglieder als Einzelwesen einen neuen Faktor ein. Wir wissen, daß ein Körper, wenn mehrere Kräfte auf ihn einwirken, sich nicht in der Richtung einer dieser Kräfte bewegt, sondern in der Richtung der Resultante dieser Kräfte. Ebenso ist das Karma einer Gruppe die Resultante der aufeinander einwirkenden Kräfte der einzelnen Menschen, aus denen sie sich zusammensetzt, und alle Angehörigen der Gruppe werden nach der Richtung dieser Resultante fortgetragen.

Nehmen wir folgenden Fall an: Ein Ego wird durch sein persönliches Karma in eine Familie gezogen, weil es in vergangenen Leben enge Bande mit einigen anderen Egos geknüpft hat, die zur selben Familie gehören. Die Familie hat von einem Großvater viel geerbt und lebt im Wohlstand. Da taucht ein Erbe auf, ein Nachkomme des älteren Bruders des Großvaters, von dem man annahm, daß er kinderlos gestorben sei. Der Reichtum geht auf ihn über und der Familienvater gerät in schwere Schulden. Es ist sehr wohl möglich, daß unser Ego mit diesem Erben in der Vergangenheit keinerlei Verbindung hatte — nur der Vater war karmisch an ihn verschuldet, was zu dem Unglück führte; und doch muß es unter diesem Geschehen mitleiden, da es mit in das Familienkarma verstrickt ist. Scheint in der eigenen persönlichen Vergangenheit des Egos irgendeine schlechte Tat auf, die durch dieses Familienkarma getilgt werden kann, dann wird es darin verstrickt bleiben; wenn aber nicht, dann wird es durch irgendwelche „unvorhergesehene Umstände“ davon befreit, vielleicht durch einen wohlwollenden Fremden, der auf den Einfall kommt, das Kind zu adoptieren und ausbilden zu lassen; und dieser Fremde ist sein Schuldner aus vergangenen Zeiten.

Noch deutlicher kommt dies bei Eisenbahnunfällen, Schiffbrüchen, Überschwemmungen, Wirbelstürmen u. dgl. zur Geltung. Ein Zug verunglückt; die unmittelbare Schuld an dem Unheil tragen Zugführer, Bahnwärter, Direktoren, Erbauer oder Angestellte dieser Strecke, die in der Meinung, es sei ihnen irgendein Unrecht geschehen, Gedankenballen der Unzufriedenheit und des Zornes auf den ganzen Betrieb gerichtet haben. Menschen, die in ihrem angesammelten — wenn auch nicht notwendigerweise in ihrem reifen Karma — die Schuld eines Lebens haben, das plötzlich abgeschnitten wird, wird gestattet, in dieses Unglück hineinzufahren und ihre

Schuld zu zahlen; ein anderer Mensch jedoch, der mit demselben Zuge zu fahren beabsichtigt, aber keine derartige vergangene Schuld trägt, wird „von der Vorsehung“ dadurch gerettet, daß er den Zug versäumt.

Kollektives Karma kann einen Menschen auch in die Schwierigkeiten verwickeln, welche die Folge davon sind, daß das Volk, dem er angehört, einen Krieg führt. Auch hier kann er wieder Schulden aus der Vergangenheit zahlen, die nicht notwendigerweise zum reifen Karma dieses Lebens gehören müssen. In keinem Falle aber kann ein Mensch etwas erleiden, das er nicht verdient hätte; bietet sich aber eine unvorhergesehene Gelegenheit, sich einer alten Schuld zu entledigen, dann ist es gut, dies zu tun und ihrer für immer ledig zu werden.

*

Die „Herren des Karma“ sind die großen geistigen Wesenheiten, welche die karmischen Aufzeichnungen bewahren und das verwickelte Wirken des Karmagesetzes regeln. H. P. Blavatsky nennt sie in der „Geheimlehre“ die Lipika, die Aufzeichner des Karma, und die Maharajas[8] mit ihren Heerscharen, die „Mittler des Karma auf Erden“[9]. Die Lipika kennen das karmische Schuldbuch eines jeden Menschen und mit allwissender Weisheit wählen sie Teile dieser Rechnung aus und verbinden sie, um den Plan für ein bestimmtes Leben aufzustellen. Sie bestimmen das Vorbild, die „Idee“ des physischen Körpers, der das Gewand für die sich verkörpernde Seele sein und ihre Fähigkeiten und Begrenzungen zum Ausdruck bringen soll. Dieses Bild wird von den Maharajas aufgegriffen und zu einer in alle Einzelheiten gehenden Musterform verarbeitet, welche einem ihrer untergeordneten Helfer zur Nachbildung übergeben wird. Dieses Abbild ist der Ätherkörper, die Gußform des dichten Körpers; die Baustoffe für diese beiden Körper werden von der Mutter genommen und sind der körperlichen Vererbung unterworfen. Die Rasse, das Land und die Eltern werden nach ihrer Fähigkeit ausgewählt, geeignete Baustoffe für den physischen Körper des zur Inkarnation kommenden Egos und eine geeignete Umgebung für seine ersten Lebensjahre zu bieten. Die körperlichen Erbanlagen der Familie bieten bestimmte Typen und bestimmte Eigenheiten stofflicher Verbindungen; erbliche Krankheiten und erbliche Feinheiten des Nervensystems beruhen auf ganz bestimmten Verbindungen physischen Stoffes, die vererbbar sind. Ein Ego,

---

[8] Die Mahadevas oder Chaturdevas der Hindus.

[9] „Die Geheimlehre“, Bd. I, Kommentar zu Stanze V, Vers 5 und 6.

das in seinem Mental- und Astralkörper Besonderheiten entwickelt hat, die zu ihrem Ausdruck ganz bestimmte körperliche Eigenarten erfordern, wird zu Eltern geführt, deren körperliche Erbanlagen imstande sind, diese Forderungen zu erfüllen. So wird z. B. ein Ego mit hohen musikalischen Fähigkeiten so geleitet, daß es seinen physischen Körper in einer musikalischen Familie erhält, in welcher die Stoffe zum Aufbau des ätherischen und dichten Körpers schon dafür vorbereitet sind, sich seinen Bedürfnissen anzupassen, und die ihm vererbte Art des Nervensystems ihm den empfindlichen Apparat liefert, der für den Ausdruck seiner Fähigkeiten nötig ist. Ein Ego von sehr böser Art wird zu einer rohen, lasterhaften Familie geführt, deren Körper aus den gröbsten Stoffverbindungen aufgebaut sind, Verbindungen, die ihm einen Körper schaffen können, der fähig ist, den Impulsen seines Mental- und Astralkörpers zu folgen. Ein Ego, das seinem Astralkörper und seinem niederen Verstand gestattet hat, es zu Ausschweifungen zu führen, und das sich z. B. der Trunkenheit hingab, wird zur Wiedergeburt in eine Familie geführt werden, deren Nervensystem durch Ausschweifungen geschwächt ist; es wird trunksüchtige Eltern erhalten, die ihm für seine körperliche Hülle krankhafte Stoffe liefern werden.

Auf diese Weise paßt die Führung der Herren des Karma die Mittel den Zweck an und sichert das Wirken der Gerechtigkeit. Das Ego bringt seinen karmischen Schatz an Fähigkeiten und Wünschen mit sich und erhält den physischen Körper, der geeignet ist, ihr Träger zu sein.

*

Da die Seele so lange immer wieder zur Erde zurückkehren muß, bis sie alle ihre Verpflichtungen erfüllt und damit ihr gesamtes individuelles Karma erschöpft hat, und da in jedem Leben die Gedanken und Wünsche wieder neues Karma erzeugen, erhebt sich naturgemäß die Frage: „Wie kann man diesen sich ewig erneuernden Fesseln entrinnen? Wie kann die Seele endlich Freiheit erlangen?“ So kommen wir zum „Erlöschen des Karma“ und haben zu untersuchen, wie dies erfolgen kann.

Dabei müssen wir uns zu allererst über das bindende Element im Karma klar werden. Die von der Seele nach außen strömende Kraft heftet sich an etwas und die Seele wird durch dieses Band an den Ort zurückgezogen, wo diese Bindung durch Vereinigung mit dem Gegenstand ihres Verlangens erfüllt werden kann. Solange die Seele an irgend einem Ding hängt, muß sie an den Ort zurückkehren, wo sie sich dieses Dinges erfreuen kann. Gutes Karma bindet die Seele ebensosehr wie schlechtes, denn jeder Wunsch nach etwas, sei es nun auf der Erde oder im Devachan, muß die Seele an den Ort hinziehen, wo sie ihn befriedigen kann.

Handlungen werden durch Wünsche veranlaßt; eine Handlung wird nicht um ihrer selbst willen getan, sondern um damit etwas Gewünschtes zu erlangen, um ihrer Ergebnisse willen, oder wie der Fachausdruck lautet, um „ihre Früchte" zu genießen. Die Menschen arbeiten nicht, weil sie gerne graben oder bauen oder weben, sondern weil sie die Früchte des Grabens, Bauens oder Webens haben wollen in Form von Geld oder Gütern. Ein Rechtsanwalt spricht vor Gericht nicht etwa deshalb, weil es ihm Freude macht, die trockenen Einzelheiten eines Falles darzulegen, sondern weil er Wohlstand, Ansehen und Rang gewinnen möchte. Die Menschen, die uns von allen Seiten umgeben, arbeiten alle um etwas Bestimmtes; der Ansporn für ihre Tätigkeit liegt in den Früchten, die sie einbringt, und nicht in der Arbeit selbst. Das Begehren nach den Früchten der Handlung treibt sie zur Tätigkeit und das Genießen dieser Früchte belohnt ihre Anstrengungen.

Wünschen und Begehren ist also das bindende Element im Karma. Sobald die Seele nichts mehr begehrt, weder im Himmel noch auf Erden, ist sie von dem Rad der Wiedergeburten, das sich durch die Welten dreht, befreit. Taten allein haben keine Macht, die Seele zu halten, denn einmal vollbracht, gehören sie schon der Vergangenheit an. Aber das ewig erneute Verlangen nach der Frucht treibt die Seele immer wieder zu neuen Tätigkeiten und auf diese Weise werden fortgesetzt neue Ketten geschmiedet.

Es darf uns aber nicht leid tun, wenn wir sehen, wie die Menschen ununterbrochen durch die Peitsche des Verlangens zu Handlungen getrieben werden, denn das Begehren dient zur Überwindung von Müßiggang und Trägheit, von „inertia"[10], und spornt die Menschen zu Tätigkeiten an, die ihnen Erfahrungen bringen. Betrachten wir z. B. einen müßig im Gras dahinbrütenden Wilden. Er wird durch Hunger, durch den Trieb nach Nahrung zum Handeln getrieben und gezwungen, Geduld, Geschicklichkeit und Ausdauer zu üben, um seinen Trieb zu befriedigen. Solcherart entwickelt er Verstandesfähigkeiten. Ist sein Hunger aber gestillt, sinkt er wieder auf die Stufe eines dahindösenden Tieres zurück. Wie sehr ist doch die Entwicklung der mentalen Fähigkeiten von Wünschen und Be-

---

[10] Der Leser wird sich daran erinnern, daß diese Eigenschaften das Vorherrschen der tamasischen Guna dartun; und solange diese herrscht, können sich die Menschen nicht von der niedersten der drei Stufen ihrer Entwicklung erheben.

gehren abhängig und wie nützlich hat sich oft das Verlangen nach Ehre und Nachruhm erwiesen! Solange der Mensch sich noch nicht der Göttlichkeit nähert, braucht er den Antrieb des Begehrens. Je höher er steigt, desto reiner und selbstloser werden seine Wünsche wohl; aber immer sind es noch Wünsche und als solche zwingen sie ihn zur Wiedergeburt. Will er ganz frei sein, dann muß er sie vernichten.

Wenn ein Mensch anfängt, sich nach der Befreiung zu sehnen, dann wird er gelehrt, „Verzicht auf die Früchte der Handlungen" zu üben, d. h. er rottet nach und nach in sich den Wunsch aus, etwas zu besitzen. Er versagt sich dann zuerst freiwillig und vorsätzlich einen Gegenstand und gewöhnt sich auf diese Weise daran, auch ohne ihn zufrieden zu sein; nach einiger Zeit vermißt er ihn gar nicht mehr und findet, daß das Verlangen danach aus seinem Gemüt verschwunden ist. Auf dieser Stufe ist er sorgfältig darauf bedacht, keine Arbeit, die eine Pflicht ist, zu vernachlässigen, weil ihm die Ergebnisse der Arbeit gleichgültig geworden sind, und er übt sich darin, jede Pflicht mit ernster Aufmerksamkeit zu erfüllen, sich jedoch um die Früchte, die sie ihm bringt, nicht im mindesten zu kümmern. Wenn er darin vollkommen geworden ist und nichts mehr begehrt oder verabscheut, dann erzeugt er kein Karma mehr. Da er weder von der Erde noch vom Devachan mehr etwas verlangt, wird er auch nicht zu ihnen hingezogen. Er hat nach nichts mehr Verlangen, was die beiden ihm bieten können und so zerreißen alle Bindungen zwischen ihm und diesen Reichen. Das ist das Erlöschen des individuellen Karma, soweit es sich um die Erzeugung von neuem Karma handelt.

Doch die Seele muß nicht nur aufhören, neue Ketten zu schmieden, sie muß sich auch ihrer alten Ketten entledigen. Sie kann diese alten Ketten sich allmählich abnützen lassen oder sie vorsätzlich zerbrechen. Für dieses Sprengen der Ketten benötigt man Wissen; ein Wissen, das in die Vergangenheit blicken und die Ursachen erkennen kann, die sich gegenwärtig auswirken. Nehmen wir den Fall an, daß jemand, der auf diese Weise seine vergangenen Leben rückschauend überblickt, bestimmte Ursachen sieht, die zu einem Ergebnis führen sollen, das noch in der Zukunft liegt; wir wollen uns ferner vorstellen, daß diese Ursachen Gedanken des Hasses sind, wegen eines Unrechtes, das man ihm angetan hat, und daß diese Gedanken in einem Jahr dem Übeltäter Leid verursachen werden. Dieser Mensch kann nun eine neue Ursache hinzusetzen, die sich in die vergangenen Ursachen mischt; er kann diesen alten Ursachen mit starken Gedanken der Liebe und des guten Willens entgegenwirken und auf diese Weise das sonst unvermeidliche Ereignis verhindern, welches seinerseits wiederum neue karmische Verwicklungen geschaffen hätte. Dergestalt kann er Kräfte, die aus der Vergangenheit wirken, dadurch aufheben, daß er ihnen entgegengesetzte und gleich starke Kräfte entgegenschickt, und „sein Karma durch Wissen verbrennt". In ähnlicher Weise kann er auch Karma auslöschen, das er erst in diesem Leben erzeugt hat und das sich erst in kommenden Leben auswirken würde.

Der Mensch kann aber auch durch seine alten Schulden bei anderen Seelen behindert sein, durch Böses, das er ihnen angetan hat oder Verpflichtungen, die er nicht erfüllte. Mit Hilfe seines Wissens kann er diese Seelen ausfindig machen, seien sie nun in dieser Welt oder in einer der beiden anderen, und Gelegenheiten suchen, ihnen zu dienen. Eine solche andere Seele, der er karmisch verpflichtet ist, kann während seines Lebens ebenfalls verkörpert sein. Er kann diese Seele suchen und seine Schulden zahlen und sich dadurch von einer Fessel befreien, die, ließe er den Dingen ihren Lauf, seine eigene Wiederverkörperung erforderlich gemacht oder ihn in einem kommenden Leben gehindert hätte. Manche rätselhafte, seltsame Handlung von Okkultisten findet manchmal hierin ihre Erklärung — der Wissende geht manchmal Verbindungen mit einer Person ein, die nach Meinung der unwissenden Zuschauer und Kritiker ganz und gar keine passende Gesellschaft für ihn ist; aber dieser Okkultist trägt damit ruhig eine karmische Schuld ab, die sonst seinen Fortschritt hindern und verzögern würde.

Aber auch jene Menschen, die nicht genügend Wissen besitzen, um ihre vergangenen Leben zu überblicken, können wenigstens viele Ursachen, die sie in diesem Leben setzten, wieder austilgen. Sie können ihr Leben, so weit es ihnen noch in Erinnerung ist, sorgfältig im Geiste überprüfen und feststellen, wo sie einem Menschen Unrecht taten oder wo ihnen jemand Unrecht zufügte. Im ersteren Falle werden die Kräfte der gesetzten Ursachen dadurch erschöpft, daß sie Gedanken der Liebe und des Dienens ausströmen und der verletzten Person Dienste leisten, wo dies möglich ist, auch auf der physischen Ebene; im zweiten Falle aber dadurch, daß sie Gedanken der Vergebung und des guten Willens aussenden. So verringern sie ihre karmischen Verpflichtungen und bringen den Tag der Befreiung näher.

Unbewußt erschöpfen fromme Menschen, die dem Gebote aller großen Religionslehrer folgen und Böses mit Gutem vergelten, von ihnen in diesem Leben erzeugtes Karma, das andernfalls erst in der Zukunft zur Auslösung kommen würde. Niemand kann mit ihnen ein Band des Hasses weben, wenn sie sich weigern, dem Gewebe ihrerseits Fäden des Hasses hinzuzufügen und beharrlich jede Kraft des Hasses durch Liebe neutralisieren. Wenn eine Seele nach allen Richtungen Liebe und Mitleid ausstrahlt, werden Gedanken des Hasses nichts mehr finden, woran sie sich hängen könnten! „Der Fürst dieser Welt kommt und findet nichts in mir."

Alle großen Lehrer haben das Gesetz und ihre Gebote darauf gegründet; und alle jene, die diese Gebote aus Ehrfurcht und Hingabe für ihren Lehrer befolgen, gewinnen durch das Gesetz, wenn sie auch von den Einzelheiten seines Wirkens nichts wissen. Ein Unwissender, der getreulich die Anweisungen ausführt, die ihm von einem Gelehrten gegeben werden, kann durch sein Arbeiten mit den Naturgesetzen Ergebnisse erzielen, obwohl er die Gesetze selbst nicht kennt. Dasselbe gilt auch für die Welten jenseits der physischen. Viele, denen die Zeit zum Studium fehlt, die aber notgedrungen auf die Autorität der Wissenden hin Regeln annehmen, nach welchen sie ihr tägliches Leben führen, können auf diese Weise unbewußt ihre karmischen Schulden abzahlen.

In Ländern, in denen auch jeder Arbeiter und Bauer die Lehren von Wiedergeburt und Karma als erwiesen ansieht, bewirkt dieser Glaube ein gewisses ruhiges Hinnehmen unvermeidlicher Übel, das viel zur Ruhe und Zufriedenheit im täglichen Leben beiträgt. Ein vom Unglück heimgesuchter Mensch schmäht weder Gott noch seinen Nächsten, sondern sieht in seinen Schwierigkeiten die Ergebnisse seiner eigenen vergangenen Fehler und Übeltaten. Er nimmt sie ergeben hin und sucht das Beste daraus zu machen. So vermeidet er viel von der Selbstquälerei und Aufregung, mit welcher jene, die das Gesetz nicht kennen, die ohnedies schon schweren Sorgen noch verschlimmern. Er ist sich dessen bewußt, daß seine zukünftigen Leben von seinen eigenen Anstrengungen abhängen und daß das Gesetz, welches ihm heute Schmerzen beschert, ihm ebenso unvermeidlich Freuden bringen wird, wenn er die Saat des Guten aussät. Daraus folgen eine weitherzige Geduld und eine philosophische Lebensanschauung, die zu sozialer Stabilität und zu allgemeiner Zufriedenheit führen. Die Armen und Unwissenden beschäftigen sich nicht mit den Einzelheiten tiefgründiger Metaphysik, aber sie begreifen diese einfachen Grundsätze sehr wohl, nämlich, daß jeder Mensch immer wieder auf der Erde geboren wird und daß jedes folgende Leben von dem vorhergehenden geformt wird. Für sie ist die Wiedergeburt so sicher und unvermeidlich wie das Aufgehen und Untergehen der Sonne; sie ist ein Teil des Naturverlaufes, gegen den ein Murren oder Auflehnen sinnlos ist.

Wenn die Theosophie diesen uralten Wahrheiten wieder zu ihrem rechtmäßigen Platz im westlichen Denken verholfen haben wird, dann werden sie allmählich den Weg in alle Gesellschaftsklassen der Christenheit finden; sie werden Verständnis schaffen für die Natur des Lebens und ein ruhiges Hinnehmen dessen bewirken, was man in der Vergangenheit gesät hat. Dann wird auch die ruhelose Unzufriedenheit verschwinden, die hauptsächlich von dem ungeduldigen und hoffnungslosen Gefühl herrührt, daß das Leben unverständlich, ungerecht und nicht zu meistern sei. Sie wird durch die ruhige Kraft und Geduld ersetzt werden, die dem erleuchteten Verstand und der Kenntnis des Gesetzes entspringt und die das vernünftige ausgeglichene Handeln derer kennzeichnet, welche fühlen, daß sie für die Ewigkeit bauen.

X. KAPITEL

DAS GESETZ DES OPFERS

Dem Studium des Karmagesetzes folgt in natürlicher Ordnung das Studium des Gesetzes des Opfers, und die Kenntnis des letzteren ist, wie einmal von einem Meister erwähnt wurde, für die Welt ebenso notwendig, wie die Kenntnis des Karmagesetzes. Durch einen Akt der Selbstaufopferung ward der LOGOS offenbar, um das Universum auszustrahlen. Durch Opfer wird das Universum erhalten und durch Opfer gelangt der Mensch zur Vollkommenheit[1]. In jeder Religion, die aus der Uralten Weisheit hervorgegangen ist, bildet deshalb das Opfer eine der Hauptlehren, und einige der tiefsten Wahrheiten des Okkultismus wurzeln im Gesetz des Opfers.

Ein Versuch, uns ein wenn auch noch so schwaches Bild von der Art des Opfers des Logos zu machen, wird uns vor der allgemein verbreiteten falschen Auffassung bewahren, daß Opfern seinem Wesen nach etwas Leidvolles sei, während es tatsächlich im Gegenteil ein freiwilliges freudvolles Ausströmen von Leben ist, um andere daran teilhaben zu lassen. Leid entsteht nur dort, wo in der Natur des Opfernden zwischen dem Höheren, dessen Freude das Geben ist, und dem Niederen, dessen Genugtuung im Nehmen und Behalten besteht, eine Disharmonie vorhanden ist. Einzig und allein die Disharmonie läßt das Element des Leidens eintreten, in der höchsten Vollkommenheit, im LOGOS aber kann keine Disharmonie bestehen; Er, der Eine ist der volle Akkord des Seins, der Zusammenklang zahlloser wohllautender Harmonien, die alle auf einen einzigen Ton abgestimmt sind, in dem Leben, Weisheit und Seligkeit zu dem einen Grundton des Daseins verschmelzen.

Das Opfer des LOGOS lag darin, daß er sein unendliches Leben freiwillig einschränkte, um sich zu offenbaren. Symbolisch ausge-

---

[1] Der Hindu wird sich der ersten Worte des Brihadaranyakupanishad erinnern, daß der aufdämmernde Uranfang in einem Opfer besteht; der Anhänger des Zoroaster wird sich ins Gedächtnis zurückrufen, wie Ahura-Mazda aus einem Akt des Opfers hervorging; der Christ wird an das Lamm denken — das Symbol des LOGOS —, das seit Anbeginn der Welt geopfert wird.

drückt: im unendlichen Lichtmeer, dessen Mittelpunkt überall und dessen Umkreis nirgends ist, entsteht eine vollgerundete Kugel lebendigen Lichtes, ein LOGOS, und die Oberfläche dieser Kugel ist sein Wille, sich zu begrenzen, auf daß er offenbar werde, sein Schleier[2], in den er sich hüllt, damit ein Universum darin Gestalt annehme. Dasjenige, wofür das Opfer gebracht wird, ist noch nicht da; sein zukünftiges Dasein ruht noch allein im „Denken" des LOGOS; ihm verdankt es die Idee seines Werdens, ihm wird es sein vielfältiges Leben zu verdanken haben. Verschiedenheit konnte in dem „ungeteilten Brahman" nur durch dieses freiwillige Opfer der Gottheit entstehen, die eine Form auf sich nahm, um Myriaden von Formen ausströmen zu lassen, von denen jede einzelne mit einem Funken ihres Lebens und darum auch mit der Kraft ausgestattet ist, sich nach ihrem Ebenbild zu entfalten. „Das ursprüngliche Opfer, das die Geburt von Wesen verursacht, wird Handlung (Karma) genannt", heißt es[3], und dieses Heraustreten aus der Seligkeit der vollkommenen Ruhe des In-sich-Selbst-Seins in die Tätigkeit ist stets als Opfer des LOGOS erkannt worden. Dieses Opfer setzt sich während der ganzen Dauer des Weltalls fort, denn das Leben des LOGOS ist die alleinige Stütze und Nahrung für alle einzelnen „Leben". Er grenzt sein Leben in jede dieser zahllosen Formen ein, die er entstehen läßt, und nimmt alle Einschränkungen und Begrenzungen auf sich, die jeder Form eigen sind. Aus einer jeden von ihnen könnte er zu jedem Zeitpunkt hervorbrechen, als der unbeschränkte Herr, der das Weltall mit seiner Herrlichkeit erfüllt; aber nur durch unendliche Geduld und durch ein langsames allmähliches Wachstum kann jede einzelne Form emporgeführt werden, bis sie gleich ihm ein selbständiges Zentrum unbegrenzter Macht wird. Er schließt sich deshalb in Formen ein und erträgt solange alle Unvollkommenheiten, bis Vollkommenheit erreicht, bis sein Geschöpf ihm gleich geworden und mit ihm eins geworden ist, dabei aber doch seine eigene Erinnerungsreihe behält. So ist dieses Ausgießen seines Lebens in Formen ein Teil des uranfänglichen Opfers und trägt in sich die Seligkeit des ewigen Vaters, der seine Kinder als abgesonderte Lebewesen aussendet, auf daß jedes einzelne eine besondere Eigenart entwickle, die niemals vergeht, und seinen eigenen Ton anschlage, der mit allen anderen zusammenklingen

---

[2] Dies ist die sich selbstbeschränkende Kraft des LOGOS, seine Maya, das begrenzende Prinzip, durch welches alle Formen hervorgebracht werden. Sein Leben erscheint als „Geist", seine Maya als „Stoff", und diese beiden sind während der Offenbarung niemals voneinander getrennt.

[3] Bhagavad Gita VIII, 3.

soll, um den ewigen Gesang der Seligkeit, der Erkenntnis und des Lebens zu verstärken. Das ist das Merkmal der wesentlichen Natur des Opfers, was auch sonst noch für Elemente zu diesen Hauptgedanken hinzutreten mögen; es ist das freiwillige Ausströmen von Leben, um andere daran teilnehmen zu lassen, um andere zum Leben hinzuführen und sie darin zu erhalten, bis sie selbständig bestehen können, und dies ist nur eine Ausdrucksform göttlicher Freude. Jede Ausübung einer Tätigkeit, durch die der Handelnde seine Kraft zum Ausdruck bringen kann, bedeutet Freude; der Vogel freut sich am Erklingenlassen seines Gesanges und bebt vor Entzücken in seinem Singen; gleicherweise freut sich der Maler an dem Schaffen seines Genius, durch welches er seinen Vorstellungen Gestalt gibt. Die Tätigkeit des göttlichen Lebens aber muß ihrem Wesen nach im Geben liegen, da ja nichts Höheres besteht, von dem es etwas empfangen könnte; wenn es überhaupt tätig sein will — und geoffenbartes Leben *ist* tätige Bewegung — muß es sich selbst ausströmen. Darum ist Geben das Merkmal des Geistes, denn der Geist ist das tätige göttliche Leben in allen Formen.

Hingegen besteht die Tätigkeit der Materie ihrem Wesen nach im Empfangen; durch das Empfangen von Lebensimpulsen wird sie zu organischen Formen gestaltet; dadurch, daß sie diese Impulse in sich aufnimmt, werden die Formen erhalten; ziehen sich die Lebensimpulse zurück, so zerfallen die Formen in Stücke. Alle Tätigkeit des Stoffes ist von dieser empfangenden Art, und nur dadurch, daß er empfängt, kann er als Form bestehen. Deshalb sucht Stoffliches immer zu erfassen, sich an etwas zu hängen, es für sich festzuhalten. Das Fortbestehen der Form hängt von ihrer Kraft ab, etwas zu greifen, zu halten; deshalb trachtet die Form danach, alles in sich hineinzuziehen, was ihr möglich ist, und sie widerstrebt allem, was sie auseinanderreißen könnte. Ihre Freude besteht im Ergreifen und Festhalten. Geben bedeutet für sie, den Tod heraufzubeschwören.

Von diesem Standpunkt aus ist es leicht zu begreifen, wie die Meinung entstehen konnte, daß Opfer Leiden bedeute. Während das göttliche Leben Seligkeit darin empfand, die ihm eigene Tätigkeit des Sich-Verschenkens zu üben, und auch wenn es in einer Form verkörpert war, sich nicht darum kümmerte, ob diese dadurch verging, weil es wußte, daß die Form nur ein vorübergehender Ausdruck seiner selbst und nur ein Mittel zu seinem abgesonderten Wachstum war, schrie die Form angstvoll auf, als sie fühlte, daß ihre Lebenskräfte entwichen, und suchte, die ihr eigentümliche Tätigkeit des Festhaltens zu üben und so dem Ausfließen der Kraft entgegenzuwirken. Das Opfer verminderte die Lebensenergie, welche die Form als ihr Eigentum beanspruchte, oder es entzog sie ihr sogar ganz, so daß die Form zu Grunde ging. In der niederen Welt der Formen war dies der einzige erkennbare Aspekt des Opfers, die Form fühlte sich daher zur Schlachtbank hingetrieben und schrie auf in Furcht und Todesangst. Es ist kein Wunder, daß die Menschen mit ihrem durch die Formen getrübten Blick Opfer mit dem Absterben von Formen gleichsetzten, statt mit dem freien Leben, das sich hingibt mit dem Ausruf: „Siehe, ich komme, um Deinen Willen zu tun, o Gott, und ich bin darob zufrieden." Ja, es ist kein Wunder, daß die Menschen, die sich einer höheren und einer niederen Natur bewußt waren, und die ihr Selbstbewußtsein oft mehr mit der niederen als mit der höheren Natur identifizierten, die Kämpfe ihres niederen formhaften Wesens als ihre eigenen Kämpfe empfanden, und glaubten, daß sie es wären, die, einem höheren Willen ergeben, dieses Leid auf sich nahmen, und daß sie Opfer daher als ein solches Aufsichnehmen von Leid in frommer Entsagung ansahen. Erst von dem Augenblick an, da der Mensch sich mit dem Leben statt mit der Form zu identifizieren beginnt, kann das Element des Leidens beim Opfer ausgeschaltet werden. In einem zu voller Harmonie gelangten Wesen kann es keinen Schmerz geben, denn die Form ist dann das vollkommene Werkzeug des Lebens, das mit gleicher Bereitwilligkeit empfängt und gibt. Sobald der Kampf aufhört, hört auch der Schmerz auf. Denn Leiden entsteht aus dem Mißklang, aus der Reibung einander entgegengesetzter Bewegungen; wo aber das ganze Wesen in vollkommener Harmonie zusammenwirkt, da fehlen alle Vorbedingungen für die Entstehung von Leid.

Da demnach das Gesetz des Opfers das Gesetz der Entfaltung des Lebens im Universum ist, so finden wir, daß jede Sprosse der Leiter nur unter Opfern erstiegen werden kann — daß das Leben ausströmt, um in einer höheren Form neu Gestalt anzunehmen, während die alte Form, die es umschloß, zugrunde geht. Jenen, die nur auf die vergehenden Formen blicken, erscheint die Natur als eine große Leichenstätte, während diejenigen, welche erkennen, daß die unsterbliche Seele nur deshalb enteilt, um neue höhere Formen anzunehmen, den Freudengesang des unablässigen Werdens von dem sich emporschwingenden Leben erschallen hören.

*

Im Mineralreich entwickelt sich der Lebensstrom[4] dadurch, daß er diese Formen zerbricht, um Pflanzen hervorzubringen und zu ernähren. Die Minerale zerfallen, damit aus ihren Bestandteilen

[4] Im Original: die Monade.

Pflanzenformen aufgebaut werden können; die Pflanze entzieht dem Boden Nährstoffe, wandelt sie um und verleibt sie ihrer eigenen Substanz ein. Die Formen der Minerale vergehen, damit die Pflanzenformen wachsen können, und das Gesetz des Opfers, das dem Mineralreich auf solche Weise aufgeprägt ist, ist nichts anderes als das Gesetz der Entwicklung von Leben und Form. Das Leben strömt weiter und bringt in seiner weiteren Entfaltung das Pflanzenreich hervor; der Untergang der niederen Formen ist die Vorbedingung dafür, daß die höheren Formen erscheinen und bestehen können.

Dieser Vorgang wiederholt sich im Pflanzenreich, denn auch diese Formen werden wieder geopfert, damit Tierformen entstehen und sich entfalten können. Überall gehen Gräser und Getreide und das Laub der Bäume zugrunde, um der Erhaltung tierischer Körper zu dienen; ihre Gewebe werden zersetzt, damit die Stoffe, aus denen sie bestehen, von Tieren assimiliert und zum Aufbau ihrer Körper verwendet werden können. Auch hier erscheint der Welt das Gesetz des Opfers aufgedrückt, diesmal dem Pflanzenreich; sein Leben entfaltet sich, während seine Formen untergehen; es[4] entfaltet sich weiter, um das Tierreich in Erscheinung treten zu lassen, die Pflanzenformen werden aufgeopfert, damit die Tierformen hervorgebracht und erhalten werden können.

Bis zu diesem Punkte kann sich die Vorstellung von Leid mit der des Opfers noch kaum verknüpfen, denn wie wir im Verlauf unserer Untersuchung gesehen haben, sind die Astralkörper der Pflanzen nicht genügend organisiert, um irgendeine akute Empfindung von Lust oder Schmerz zuzulassen. Betrachten wir aber das Gesetz des Opfers in seiner Wirkung auf das Tierreich, so können wir nicht mehr übersehen, daß mit der Zerstörung der Formen Schmerz verbunden ist. Es ist zwar richtig, daß das Maß an Schmerz, das beim Auffressen eines Tieres durch ein anderes im „Naturzustand" verursacht wird, im einzelnen Falle verhältnismäßig gering ist; aber immerhin wird Schmerz verursacht. Es ist auch wahr, daß der Mensch durch die Rolle, die er bei der Förderung der Entwicklung der Tiere gespielt hat, dieses Maß an Leiden bedeutend vermehrt und die räuberischen Instinkte der fleischfressenden Tiere eher verstärkt als vermindert hat. Er hat ihnen jedoch diese Instinkte nicht eingepflanzt, wenn er auch für seine eigenen Zwecke daraus Vorteil zog; es gibt aber zahllose Tierarten, mit deren Entwicklung der Mensch unmittelbar nichts zu tun hatte, und die einander auffressen, wobei die Formen der einen Gattung der Erhaltung der Formen der anderen dienen, gerade so, wie es im Mineralreich und Pflanzenreich der Fall ist. Der Kampf ums Dasein wütete schon lange, bevor der

Mensch auf der Bildfläche erschien, und beschleunigte in gleicher Weise die Entwicklung des Lebens und der Formen, während dem Leiden, das die Zerstörung der Formen begleitet, die langwierige Arbeit zufiel, der sich entfaltenden Lebenswoge[5] die flüchtige Natur jedweder Form und den Unterschied zwischen den vergänglichen Formen und dem fortdauernden Leben einzuprägen.

Die niedere Natur des Menschen entwickelte sich unter dem gleichen Gesetz des Opfers, das die niederen Naturreiche beherrscht. Doch mit jener Ausgießung des göttlichen Lebens, aus der die menschliche Monade hervorging, trat in der Art und Weise, in der das Gesetz des Opfers als das Gesetz des Lebens wirkt, eine Änderung ein. Im Menschen sollte der Wille entwickelt werden, die sich selbst regende, aus eigener Initiative wirkende Energie; darum durfte der Zwang, der die niederen Reiche auf dem Pfade der Entwicklung lenkte, bei ihm keine Anwendung finden, wenn nicht das Wachstum dieser neuen und wesentlichen Kraft lahmgelegt werden sollte. Von keinem Mineral, von keiner Pflanze und von keinem Tier wurde verlangt, das Gesetz des Opfers als freiwillig erwähltes Lebensgesetz anzunehmen. Es wurde ihnen einfach von außen auferlegt und es erzwang ihre Entwicklung durch eine Notwendigkeit, der sie sich nicht entziehen konnten. Der Mensch aber sollte die für die Entwicklung einer mit Unterscheidungskraft begabten selbstbewußten Intelligenz notwendige Freiheit der Wahl erhalten, und es entstand nun die Frage: „Wie kann dieses Geschöpf trotz der ihm gewährten Freiheit der Wahl lernen, die Wahl so zu treffen, daß es dem Gesetz des Opfers Folge leistet, obwohl es ein empfindsamer Organismus ist, der vor dem Schmerz zurückschreckt, welcher bei der Zerstörung von mit Sinnen begabten Formen unvermeidlich ist?"

Zweifellos würden äonenlange Erfahrungen, verarbeitet von einem Geschöpf, das an Verstandeskraft ständig zunimmt, dieses Geschöpf — den Menschen — von sich aus zur Entdeckung geführt haben, daß das Gesetz des Opfers das Grundgesetz des Lebens ist; doch der Mensch wurde hier, wie auch in vielen anderen Dingen, nicht ohne Hilfe mit seinen eigenen Anstrengungen alleingelassen. Göttliche Lehrer standen ihm auf der Kindheitsstufe seiner Entwicklung zur Seite, ihre Autorität kündete ihm das Gesetz des Opfers und verankerte es in einfachster Form in den Religionen, durch welche sie die aufdämmernde Intelligenz des Menschen schulten. Es wäre nutzlos gewesen, von diesen kindlichen Seelen gleich zu verlangen, sie sollten das, was ihnen als das Wünschenswerteste erschien, die Dinge, von deren Besitz ihr Leben in der Form abhing,

---

[5] I. O. „Monade".

ohne Ersatz hingeben. Sie mußten einen Weg geführt werden, der sie ganz allmählich zu den Höhen des freiwilligen Selbstopfers hinleitete. Zu diesem Zweck wurden sie zuerst belehrt, daß sie nicht isolierte Einzelwesen waren, sondern Teile eines größeren Ganzen, und daß ihr Leben mit dem Leben anderer verknüpft war, die teils über, teils unter ihnen stehen. Ihr physisches Leben wurde durch niedere Lebewesen, durch die Erde und durch Pflanzen erhalten; sie verzehrten diese und luden sich dadurch eine Schuldverpflichtung auf, die sie zu bezahlen hatten. Da sie so von dem hingeopferten Leben anderer Wesen lebten, mußten sie nun auch ihrerseits etwas opfern, was andere Leben erhalten konnte; sie mußten ebenso andere nähren, wie sie selbst ernährt wurden. Da sie die Früchte verzehrten, die durch die Tätigkeit der die physische Natur leitenden Astralwesen hervorgebracht wurden, mußten sie die aufgewendeten Kräfte durch entsprechende Opfer wieder ersetzen. Daraus sind Opfer entstanden, die diesen Naturkräften — wie sie die Wissenschaft nennt — diesen die physische Ordnung leitenden Wesenheiten — wie die Religionen sie stets bezeichnet haben — seit uralter Zeit dargebracht werden. Da das Feuer das Dichtphysische schnell verzehrt, gab es die physischen Partikel der Brandopfer dem Äther rasch wieder zurück; auf diese Weise wurden auch die astralen Partikel schnell frei und konnten von den Astralwesen, die für die Fruchtbarkeit der Erde und für das Wachstum der Pflanzen sorgten, leicht aufgenommen werden. So wurde das Rad in Drehung erhalten und der Mensch lernte, daß er bei der Natur dauernd Schulden machte, die er fortgesetzt zurückzuzahlen hatte. So wurde in seinem Denken das Gefühl des Verpflichtetseins eingepflanzt und genährt, und die Pflichten, die er dem Ganzen, der Nährmutter Natur, schuldete, prägten sich ihm ein. Dieses Gefühl der Verpflichtung war allerdings eng mit der Vorstellung verknüpft, daß die Erfüllung dieser Pflichten für sein eigenes Wohlergehen notwendig sei, und der Wunsch nach fortdauerndem Gedeihen trieb den Menschen dazu an, seine Schulden zu bezahlen. Er war noch eine im Kindheitszustand befindliche Seele, die erst ihre ersten Lektionen zu lernen hatte; und diese Lektion von der gegenseitigen Abhängigkeit aller Lebewesen, die Lektion, daß jedes einzelne Leben von der Aufopferung anderer abhängt, war für sein seelisches Wachstum von lebenswichtiger Bedeutung. Er konnte die göttliche Freude am Geben noch nicht in sich fühlen; der Widerwille der Form, etwas hinzugeben, das sie nährte, mußte zuerst überwunden werden; daher wurde das Opfer zunächst dieser Aufgabe von etwas Wertvollem gleichgesetzt, einem Verzicht, der aus dem Gefühl einer Verpflichtung und dem Wunsch nach Fortdauer des eigenen Wohlergehens heraus geleistet wurde.

Die nächste Lektion verlegte den Lohn für das Opfer in eine Region jenseits der physischen Welt. Zuerst sollte durch das Opfern materieller Güter materielles Wohlergehen gesichert werden. Jetzt sollte dieses Opfer an irdischen Gütern Freude im Himmel, also jenseits des Todes, bringen. Die Belohnung des Opfernden war nun von höherer Art und er lernte, daß verhältnismäßig Dauerndes durch den Verzicht auf Vergängliches gesichert werden konnte — eine Lektion, die insofern wichtig war, als der Mensch dadurch Unterscheidungskraft gewann. Das Hängen der Form an physischen Dingen wurde damit in ein Verlangen nach himmlischen Freuden umgewandelt. In allen exoterischen Religionen finden wir, daß die Weisen ihre Zuflucht zu dieser Methode der Erziehung nahmen, da sie viel zu weise waren, um von kindlichen Seelen die Tugend unbelohnten Heldentums zu verlangen; sie begnügten sich in erhabener Geduld damit, ihre eigensinnigen Schützlinge ganz allmählich auf dem Wege vorwärts zu locken, der für die niedere Natur so dornig und steinig ist. Allmählich wurden die Menschen dazu gebracht, ihre Körper unter ihre Herrschaft zu bringen, durch die tägliche regelmäßige Durchführung oft beschwerlicher religiöser Zeremonien ihre Trägheit zu überwinden, und ihre Tätigkeit zu regeln und auf nützliche Gebiete zu lenken; sie wurden geschult, die Form zu beherrschen und sie dem Leben untertänig zu machen, den Körper daran zu gewöhnen, sich für gute, barmherzige Werke zur Verfügung zu stellen, gehorsam den Forderungen des Intellektes, und zwar auch dann, wenn dieser sich hauptsächlich von dem Verlangen leiten ließ, sich den Genuß eines himmlischen Lohnes zu sichern. Wir können bei den Hindus, bei den Persern und bei den Chinesen sehen, wie der Mensch gelehrt wurde, seine mannigfachen Verpflichtungen zu erkennen, seinen Körper zur Leistung der schuldigen Opfer des Gehorsams und der Ehrerbietung gegenüber Ahnen, Eltern und überhaupt allen älteren Menschen anzuhalten sowie Barmherzigkeit in höflicher Form zu üben und sich allen gegenüber freundlich zu erweisen. Nach und nach wurde der Mensch so dazu gebracht, einen hohen Grad von Heldenhaftigkeit und Selbstaufopferung zu entwickeln, wie dies die Märtyrer bewiesen haben, welche freudig ihren Körper lieber foltern und töten ließen, als ihren Glauben zu verleugnen oder ihm untreu zu werden. Wohl erwarteten sie eine „Krone der Herrlichkeit im Himmel" als Belohnung für die Aufopferung ihrer physischen Form; allein es bedeutete sehr viel, daß sie das Hängen an dieser Form so überwunden hatten und daß die unsichtbare Welt für sie so lebendig und wirklich geworden war, daß sie ihnen wichtiger wurde als die sichtbare.

Die nächste Stufe war erreicht, sobald das Pflichtgefühl endgültig gefestigt war; sobald die Opferung des Niederen zugunsten des Höheren als „recht“ angesehen wurde, ohne Rücksicht auf einen in einer anderen Welt zu empfangenden Lohn; sobald die Verpflichtung, die der Teil dem Ganzen schuldet, erkannt war, und das Bewußtsein erwachte, daß die Form, deren Dasein auf dem Dienste anderer beruht, mit Fug und Recht auch selbst anderen dienstpflichtig war, ohne auf Belohnung Anspruch zu haben. Jetzt erst begann der Mensch das Gesetz des Opfers als das Gesetz des Lebens zu erkennen und freiwillig mit ihm zusammenzuarbeiten; er begann zu lernen, sich in seinen Vorstellungen von der Form, die er bewohnte, zu unterscheiden, und sich mit dem sich entfaltenden Leben zu identifizieren. Dies führte ihn allmählich zu einer gewissen Gleichgültigkeit gegenüber allen Tätigkeiten der Form, mit Ausnahme der „Pflichten, die erfüllt werden müssen“, und er gewöhnte sich daran, alle irdischen Tätigkeiten nur als Stromwege für die Aktivität des Lebens anzusehen, auf die die Welt ein Recht hat, nicht aber als Handlungen, die er selbst aus dem Verlangen nach bestimmten Ergebnissen ausführt. So erreichte der Mensch die schon erwähnte Stufe, auf der er kein Karma mehr erzeugte, das ihn zu den drei Welten hinziehen konnte, und er drehte das Rad des Lebens nur mehr, weil es gedreht werden soll, und nicht deshalb, weil seine Umdrehungen ihm selbst etwas Erstrebenswertes bringen.

Die volle Erkenntnis des Gesetzes des Opfers jedoch hebt den Menschen über die mentale Ebene hinaus, auf welcher die Pflicht als Pflicht erkannt wird, als etwas, „das getan werden muß, weil man es schuldig ist“, und auf die höhere buddhische Ebene empor, auf der alle Selbste als eins empfunden werden und auf der daher alle Tätigkeiten zum Nutzen aller, nicht nur zum Vorteil eines abgetrennten Selbstes geschehen. Erst auf dieser Ebene wird das Gesetz des Opfers als ein freudiges Vorrecht empfunden und nicht bloß verstandesmäßig als wahr und gerecht erkannt. Auf der buddhischen Ebene sieht der Mensch deutlich und klar die Einheit des Lebens, er sieht, daß es beständig als freier Erguß der Liebe des LOGOS ausströmt, und daß ein Leben, das sich absondert, bestenfalls ein niedriges und armseliges ist, und ein undankbares obendrein. Hier auf der buddhischen Ebene wallt das ganze Herz auf in einem mächtigen Strom der Liebe und Verehrung für den LOGOS und gibt sich in freudiger Selbstunterwerfung hin, um als Stromweg SEINES Lebens und SEINER Liebe für die Welt zu dienen. Ein Träger SEINES Lichtes zu sein, ein Bote SEINES Mitgefühls, ein Wirkender in SEINEM Reich — das erscheint als das einzige Leben, das lebenswert ist. Die menschliche Entwicklung zu beschleunigen, dem Guten Gesetz zu dienen, einen Teil der schweren Last der Welt zu heben — bedeutet an der Freude des HERRN selbst Anteil zu haben.

Nur von dieser Ebene aus kann der Mensch als einer der Erlöser der Welt wirken, weil er hier eins ist mit allen übrigen Selbsten. Da er hier, wo die Menschheit eine Einheit ist, sich bewußt mit ihr verbunden hat, kann seine Kraft, seine Liebe und sein Leben in alle und in jedes abgesonderte Selbst herabströmen. Er ist zu einer spirituellen Kraft geworden und die verfügbare spirituelle Kraft des Weltsystems hat sich durch das Einströmen seines Lebens vermehrt. Die Kräfte, die er auf der physischen, der astralen und der mentalen Ebene auszugeben pflegte, um dadurch Dinge für sein abgesondertes Selbst zu gewinnen, werden nun in einem Akt des Opfers gesammelt und ergießen sich, dadurch in spirituelle Energie umgewandelt, als spirituelles Leben über die Welt. Diese Umwandlung wird durch den Umstand bewirkt, daß es der Beweggrund ist, welcher die Ebene bestimmt, auf der eine Energie freigesetzt wird. Ist der Beweggrund eines Menschen der, irdische Dinge zu gewinnen, dann wirkt die von ihm freigesetzte Energie nur auf der physischen Ebene; wünscht er astrale Dinge, so setzt er auf der Astralebene Energien frei; sucht er mentale Freuden, dann wirkt seine Energie auf der Mentalebene. Wenn er sich aber opfert, um zu einem Stromweg des LOGOS zu werden, dann setzt er Energie auf der spirituellen Ebene frei, die überall mit der durchdringenden Gewalt einer spirituellen Kraft wirkt. Für einen solchen Menschen ist Handeln und Nichthandeln dasselbe, denn er tut alles, während er nichts tut, und er tut nichts, während er alles tut. Für ihn ist hoch und niedrig, groß und klein dasselbe. Er füllt jeden Platz aus, der ausgefüllt werden muß: der LOGOS ist an jedem Ort und in jeder Handlung der gleiche. Er kann in jede Form einfließen, er kann in jeder Richtung arbeiten, er weiß nichts mehr von Auswahl und kennt keinen Unterschied. Sein Leben ist durch sein Opfer eins geworden mit dem Leben des LOGOS — er sieht Gott in allem und alles in Gott. Wie könnte unter diesen Umständen der Ort oder die Form für ihn irgendeinen Unterschied bedeuten? Er identifiziert sich nicht mehr mit der Form, sondern ist selbstbewußtes Leben. „Dadurch, daß er nichts besitzt, besitzt er alles“, weil er nichts begehrt, fließt ihm alles zu. Sein Leben ist Seligkeit, denn er ist eins geworden mit Gott, seinem Herrn, der Seligkeit ist; und da er die Formen zum Dienste benützt, ohne sich an sie zu heften, „hat er dem Leid ein Ende gesetzt“.

*

Jene, die etwas von den wunderbaren Möglichkeiten fassen können, die sich uns erschließen, wenn wir uns aus freien Stücken mit dem Gesetz des Opfers verbinden, werden den Wunsch hegen, diese freiwillige Zusammenarbeit aufzunehmen, lange bevor sie sich zu den soeben in matten Andeutungen geschilderten Höhen erheben können. Gleich anderen tiefen geistigen Wahrheiten ist auch dieses Gesetz durchaus auf das tägliche Leben praktisch anwendbar, und keiner, der seine Schönheit empfindet, braucht zu zögern, die Arbeit mit ihm aufzunehmen. Wenn ein Mensch sich dazu entschließt, mit der Praxis solchen Opferns zu beginnen, wird er sich zuerst daran gewöhnen, jeden Tag mit einem Akt der Selbstaufopferung zu beginnen; er wird sich, ehe er sein Tagwerk beginnt, IHM darbringen, dem er sein Leben weiht; sein erster Gedanke beim Erwachen wird es sein, seine ganze Kraft Gott, seinem Herrn, zu weihen. Dann wird er jeden Gedanken, jedes Wort, jede Handlung tagsüber als Opfer darbringen, nicht wegen eines Lohnes, auch nicht als Pflicht, sondern nur, weil dies der Weg ist, auf dem er seinen Herrn im Augenblicke dienen kann. Alles, was über ihn kommt, wird er hinnehmen als Ausdruck des Willens Gottes: Freuden und Beschwerden, Ängste, Erfolge und Mißerfolge, alles ist ihm willkommen, denn es kennzeichnet seinen Weg des Dienens; er wird alles freudig hinnehmen, wie es kommt, und es als ein Opfer anbieten; er wird alles freudig fahren lassen, was sich von ihm löst, denn sein Gehen zeigt, daß sein Herr dessen nicht mehr bedarf. Alle Kräfte, die er besitzt, setzt er freudig für sein Dienen ein; schwinden sie, dann nimmt er dies mit heiterem Gleichmut hin: da sie ihm nicht mehr zur Verfügung stehen, kann er sie eben nicht mehr ausgeben. Selbst Leiden, die auf vergangene, noch nicht erschöpfte Ursachen zurückzuführen sind, können in freiwillige Opfer verwandelt werden, indem er sie bereitwillig willkommen heißt. Dadurch, daß er sie bejaht, werden sie zu seinem Besitz; er kann sie nun als eine Gabe darbieten und verwandelt sie durch dieses Motiv in eine spirituelle Kraft.

Jedes menschliche Leben bietet unzählige Gelegenheiten zu solch einer Ausübung des Gesetzes des Opfers, und jedes menschliche Leben wird zu einer Macht, wenn diese Gelegenheiten ergriffen und ausgenützt werden. Ohne jede Erweiterung seines Wachbewußtseins kann ein Mensch auf diese Weise ein Arbeiter auf den geistigen Ebenen werden und dort Kräfte freisetzen, die in die niederen Welten herabströmen. Seine Selbsthingabe hier im niederen, im Körper eingekerkerten Bewußtsein ruft vom buddhischen Aspekt der Monade, die sein wahres Selbst ist, als Antwort ein Vibrieren des Lebens hervor und beschleunigt so das Kommen jener Zeit, in der die Monade zum spirituellen Ego wird, das sich selbst bestimmt und alle seine Träger beherrscht, nach Gutdünken von jedem einzelnen Gebrauch machend, wie es die Arbeit erheischt, die getan werden muß. Auf keinem anderen Weg kann ein gleich rascher Fortschritt erzielt werden und können alle in der Monade latent vorhandenen Kräfte so rasch zur Entfaltung gebracht werden, wie durch das Verstehen und praktische Befolgen des Gesetzes des Opfers. Deshalb wurde dieses Gesetz von einem Meister „das Gesetz der Entwicklung für den Menschen“ genannt.

Das Gesetz des Opfers besitzt auch noch tiefere und mystischere Seiten als jene, die wir hier erwähnt haben, doch diese werden sich einem liebevollen und geduldigen Herzen, dessen ganzes Leben ein heiliger Opfergang ist, ohne Worte erschließen. Es gibt Dinge, die nur im Schweigen vernommen, Lehren, die nur von der „Stimme der Stille“ ausgesprochen werden können. Zu diesen gehören auch die tieferen Wahrheiten, die im Gesetz des Opfers wurzeln.

XI. KAPITEL

DER AUFSTIEG DES MENSCHEN

So gewaltig ist der Aufstieg, den manche Menschen schon vollbracht haben und den die anderen zu vollbringen im Begriffe stehen, daß wir geneigt sind, zurückzuschaudern, wenn wir versuchen sollen, ihn mit unserer Vorstellungskraft zu zergliedern, da uns schon der bloße Gedanke an einen so langen Entwicklungsweg ermatten läßt. Der Abstand zwischen der unentwickelten Seele eines auf tiefster Stufe stehenden Wilden und der befreiten, triumphierend vollendeten, vergeistigten Seele eines göttlichen Menschen ist ungeheuer, und es erscheint fast unglaublich, daß die erstere schon all das im Keim enthalten kann, was in der letzteren zur Reife gelangt ist, und daß der Unterschied nur darin besteht, daß die eine Seele erst am Anfang, die andere aber bereits am Ende des dem Menschen beschiedenen Aufstieges steht. Unter der einen Seele erstrecken sich die unabsehbaren Rangstufen des Untermenschlichen: die Tiere, Pflanzen, Minerale und Elementalessenzen; über der anderen erhebt sich die unendliche Stufenfolge der über dem Menschen stehenden Wesenheiten: die Chohane, Manus, Buddhas, die Bildner und die Lipikas; wer vermöchte es, die Scharen all jener Mächtigen zu nennen oder aufzuzählen? Wird das Menschentum solcherart nur als eine Stufe in einem weit umfassenderen Leben betrachtet, dann schrumpfen die vielen Abstufungen innerhalb des Menschenreiches zu engeren Maßen zusammen; der Aufstieg des Menschen wird dann bloß als eine Stufe in der Entwicklung jener Lebenskette erkannt, die sich von der Elementalessenz hinauf bis zum geoffenbarten Gott erstreckt.

Wir haben den Aufstieg des Menschen vom Augenblick des Erscheinens der Seele in ihrem Embryo-Zustand an bis zur Stufe des geistig Vorgeschrittenen verfolgt. Durch alle Stufen des Bewußtseins hindurch, vom bloßen Sinnesleben bis zum Leben im Gedanklichen. Wir haben gesehen, wie der Mensch sich immer wieder auf dem Tretrad von Geburt und Tod durch die drei Welten müht, wobei ihm jede dieser Welten ihre Ernte gewährt und ihm Gelegenheiten zum Fortschritt bietet. Wir sind nun in der Lage, ihm auch auf die letzten Stufen der menschlichen Entwicklung zu folgen,

Stufen, die für die große Masse unserer Menschheit in der Zukunft liegen, die aber von ihren ältesten Kindern schon erstiegen worden sind und die auch heutigen Tages von einer kleinen Zahl von Menschen erstiegen werden.

Diese Stufen werden in zwei Gruppen zusammengefaßt; von den unteren wird gesagt, daß sie den „Probepfad“ bilden, während die späteren im „eigentlichen Pfad“ oder „Pfad der Schülerschaft“ enthalten sind. Wir wollen sie in ihrer natürlichen Reihenfolge durchnehmen.

*

Wenn sich die intellektuelle, moralische und geistige Natur des Menschen entwickelt, dann wird er sich des Zweckes des menschlichen Lebens mehr und mehr bewußt und er ist immer mehr darauf bedacht, auch selbst diesen Zweck zu erfüllen. Wiederholtes Verlangen nach irdischen Freuden, gefolgt von deren Vollbesitz und von dem sich daran anschließenden Überdruß, haben ihn allmählich das flüchtige und unbefriedigende Wesen selbst der besten Gaben dieser Erde gelehrt; so oft schon hat er nach ihnen gestrebt, sie errungen, sich ihrer erfreut, sich an ihnen gesättigt und schließlich Ekel für sie empfunden, daß er sich nun unbefriedigt von allem abwendet, was ihm die Erde zu bieten vermag. „Wozu ist das alles nütze?“ seufzt die ermattete Seele. „Alles ist Wahn und Mühsal, hundertmal, ja tausendmal habe ich diese Dinge besessen und schließlich nur Enttäuschungen an ihrem Besitz erlebt. Diese Freuden sind Täuschungen, wie Luftblasen im Wasser eines Stromes, die in zauberhaften Regenbogenfarben glänzen, aber platzen, wenn man sie berührt. Mich dürstet nach dem Wirklichen, ich bin der Schatten überdrüssig; mich verlangt nach dem Ewigen und Wahren, nach Befreiung aus den Schranken, die mich einengen, die mich inmitten dieses wechselnden Schauspieles gefangen halten.“

Dieser erste Schrei der Seele des Menschen nach Befreiung ist eine Folge der Erkenntnis: wäre die Erde wirklich das, was die Dichter erträumt haben, wäre jedes Übel von ihr weggewischt, jeder Sorge ein Ende gesetzt, jede Freude noch verstärkt, jede Schönheit erhöht, ja, wäre alles bis zur Vollkommenheit gesteigert, er würde dessen doch überdrüssig sein und würde all dem, ohne ein Verlangen darnach zu empfinden, den Rücken kehren. Die Erde ist für ihn zu einem Gefängnis geworden, und mag dieses auch noch so schön ausgeschmückt sein, ihn verlangt es nach der freien, schrankenlosen Luft außerhalb seiner beengenden Mauern. Aber auch der Himmel besitzt für ihn nicht mehr Anziehungskraft als die Erde; auch seiner ist er satt; auch seine Freuden haben für ihn den Reiz verloren, und selbst die Genüsse, die der Intellekt und das Gemüt dort finden, befriedigen ihn nicht mehr. Auch sie „kommen und gehen und haben keine Dauer"; gleich den Berührungen der Sinne sind sie beschränkt, flüchtig und unbefriedigend. Der Mensch ist dieses steten Wechsels müde; das ist es, was ihn aufschreien läßt.

Zuweilen ist diese Erkenntnis der Wertlosigkeit von Erde und Himmel das erste Mal bloß ein kurzes Aufleuchten im Bewußtsein und die äußeren Welten gewinnen bald wieder ihre Herrschaft zurück; der Zauber ihrer trügerischen Freuden hüllt dann die Seele erneut in Zufriedenheit. Manches Leben voll edler Arbeit und selbstloser Taten, reiner Gedanken und erhabener Werke mag noch vorübergehen müssen, ehe diese Erkenntnis der Leere alles dessen, was der Welt der Erscheinungen angehört, zum bleibenden Besitz der Seele wird. Früher oder später aber bricht die Seele ein für allemal mit der Erde und dem Himmel und erkennt beide als unzulänglich für die Befriedigung ihrer Bedürfnisse, und dieses endgültige Sich-Abwenden von allem Flüchtigen, der entschlossene Wille, das Ewige zu erreichen, ist die Pforte zum Probepfad. Die Seele verläßt die breite Straße der Entwicklung, um mutig einen steileren Pfad zum Berggipfel einzuschlagen, entschlossen, aus der Gefangenschaft irdischer und himmlischer Leben zu entkommen und die Höhenluft der Freiheit zu atmen.

Die Arbeit, welche der Mensch leisten muß, der den Probepfad betritt, ist rein mentaler und moralischer Art; er muß sich so weit bringen, daß er fähig ist, „seinem Meister von Angesicht zu Angesicht gegenüberzutreten".

Die Worte „seinem Meister" bedürfen hier einer Erklärung. Es gibt gewisse, der menschlichen Rasse angehörende, erhabene Wesen, die ihre menschliche Entwicklung vollendet haben; es wurde bereits erwähnt, daß diese eine Bruderschaft bilden und die Entwicklung der Menschheit leiten und fördern. Die Großen, die Meister, nehmen freiwillig menschliche Körper an, um ein Bindeglied zwischen den Menschen und den übermenschlichen Wesen zu bilden, und sie gestatten solchen Menschen, die gewisse Bedingungen erfüllen, ihre Schüler zu werden, um ihre Entwicklung zu beschleunigen und sich auf diese Weise dafür tauglich zu machen, in die große Bruderschaft einzutreten und an deren glorreichem und wohltätigem Wirken für die Menschheit teilzunehmen.

Die Meister wachen stets über der Menschheit und bemerken jeden, der durch tugendhaftes Handeln, durch selbstloses Wirken für das menschliche Wohl, durch intellektuelle, auf den Dienst an der Menschheit gerichtete Anstrengungen, durch aufrichtige Hingabe, Frömmigkeit und Lauterkeit über die große Masse seiner Mitmenschen hervorragt und sich würdig erweist, besonderen geistigen Beistandes teilhaftig zu werden, über jene Hilfe hinaus, die der Menschheit als Ganzem ständig gewährt wird. Wenn ein einzelner besondere Hilfe erhalten soll, dann muß er auch eine besondere Empfänglichkeit dafür aufweisen. Denn die Meister sind die Verteiler der geistigen Energien, die der ganzen menschlichen Entwicklung voranhelfen, und die Verwendung dieser Energien für die Beschleunigung des Wachstums einer einzelnen Seele ist nur dann erlaubt, wenn diese Seele Eignung für besonders raschen Fortschritt besitzt und daher schnell tauglich werden kann, eine Helferin der Menschheit zu werden; denn dann erstattet sie dieser die Hilfe zurück, die ihr selbst zuteil geworden ist. Wenn sich ein Mensch aus eigener Kraft und unter bestmöglicher Ausnützung der allgemeinen Hilfe, die ihm durch Religion und Philosophie zuteil wird, zum Kamm der vorrückenden Menschenwoge hindurchgekämpft hat, und wenn er ein liebevolles, selbstloses und hilfreiches Wesen zeigt, dann wird er für die wachsamen Hüter des Menschengeschlechtes ein Gegenstand besonderer Aufmerksamkeit und es werden ihm Gelegenheiten gegeben, seine Kräfte zu erproben und seine Intuition zu wecken. In dem Maße, als er diese Gelegenheiten erfolgreich benützt, wird ihm weitere Hilfe zuteil und es werden ihm Einblicke in das wahre Leben gewährt, bis sich seiner Seele die unzulängliche und unwirkliche Natur des irdischen Daseins immer mehr einprägt, mit dem Ergebnis, das schon erwähnt worden ist: jener Weltmüdigkeit, die in ihm die Sehnsucht nach Befreiung auslöst und ihn an die Eingangspforte des Probepfades bringt.

Das Betreten dieses Pfades macht den Menschen zu einem Schüler oder Chela auf Probe, und einer der Meister nimmt ihn unter seine Obhut, er anerkennt ihn damit als einen Menschen, der aus der breiten Straße der Entwicklung herausgetreten ist und der den Lehrer sucht, der seine Schritte auf dem steilen und schmalen Pfade leiten soll, der zur Befreiung führt. Dieser Lehrer erwartet ihn schon am ersten Eingang des Pfades, und wenn auch der Neophyt seinen Lehrer nicht kennt, so kennt doch der Lehrer ihn, er sieht seine Anstrengungen und lenkt seine Schritte, er bringt ihn in Verhältnisse, die seinem Fortschritt am dienlichsten sind, und wacht über ihn mit der zarten Sorgfalt einer Mutter und mit der seiner vollkommenen Einsicht entspringenden Weisheit. Der Weg mag einsam und düster erscheinen und der junge Schüler mag sich verlassen vorkommen, aber „ein Freund, der treuer zu ihm steht als ein Bruder", ist stets nahe und die Hilfe, die den Sinnen vorenthalten wird, wird der Seele zuteil.

Es gibt vier bestimmte „Qualifikationen", denen der Probeschüler entsprechen muß; die Weisheit der großen Bruderschaft hat sie als Bedingungen für die Aufnahme in die vollberechtigte Schülerschaft festgelegt. Es wird nicht verlangt, daß der Schüler sie vollkommen besitzt, aber er muß nach ihnen streben und sie wenigstens zum Teil verwirklicht haben, ehe er zur Einweihung zugelassen werden kann. Die erste dieser Qualifikationen ist die Kraft zur Unterscheidung zwischen dem Wirklichen und dem Unwirklichen, die in der Seele des Schülers schon aufzudämmern begann und die ihn zu diesem Pfad hinzog, den er nun betreten hat. Diese Unterscheidungskraft wird nun in seinem Denken immer klarer und fester umrissen; sie befreit ihn Schritt für Schritt von einem großen Teil der Fesseln, die ihn gefangen halten, denn die zweite Qualifikation, Gleichgültigkeit gegen die äußeren Dinge, folgt, sobald deren Wertlosigkeit klar durchschaut wird, unmittelbar nach. Es wird dem Schüler nun klar, daß der Überdruß, der ihm alle Freude am Leben vergällte, von der Enttäuschung herrührte, die unvermeidlich daraus erwuchs, daß er im Unwirklichen nach Befriedigung suchte, während nur das Wirkliche die Seele zufriedenstellen kann. Er erkennt, daß alle Formen unwirklich und ohne Bestand sind, daß sie sich unter den Antrieben des Lebens ständig wandeln, und daß nichts wirklich ist, außer dem Einen Leben, das wir unter seinen vielen Schleiern unbewußt suchen und lieben. Diese Unterscheidungskraft wird dadurch noch besonders gefördert, daß der Schüler meistens einem sehr raschen Wechsel der Lebensumstände ausgesetzt wird, damit sich ihm die Unbeständigkeit aller äußeren Dinge fest einprägt. Die Erdenleben eines Schülers sind im allgemeinen reich an Stürmen und Drangsalen, damit das Wachstum jener Eigenschaften, zu deren Aneignung gewöhnlich eine lange Reihe von Leben in den drei Welten erforderlich ist, beschleunigt vorangetrieben und zur Vollendung gebracht werden kann. Da Freude und Kummer, Stille und Sturm, Ruhe und Arbeit einander bei ihm unvermittelt ablösen, lernt der Schüler in diesem Wechsel die Unwirklichkeit der Formenwelt zu durchschauen und durch die Formen hindurch das beständige, unveränderliche Leben zu fühlen. Er wird gleichgültig dafür, ob die Dinge, die solcherart kommen und gehen, vorhanden sind oder nicht, und er heftet seinen Blick mehr und mehr auf die unveränderliche Wirklichkeit, die immer gegenwärtig ist.

Während er so immer mehr Einsicht und Beständigkeit erlangt, arbeitet er auch an der Erlangung der dritten Qualifikation, den sechs mentalen Eigenschaften, die von ihm verlangt werden, ehe er den Pfad selbst betreten darf. Er braucht sie nicht alle vollkommen zu besitzen, doch müssen sie ihm wenigstens teilweise zur Verfügung stehen, bevor es ihm gestattet ist, weiterzuschreiten.

Erstens muß er seine Gedanken beherrschen lernen, diese Erzeugnisse des ruhelosen, unlenksamen Verstandes, der so schwer zu bändigen ist wie der Wind[1]. Beharrliche, tägliche Meditation und Konzentration hatte diesen mentalen Rebellen bereits an Ordnung zu gewöhnen begonnen, ehe er noch den Pfad der Prüfung betrat; der Schüler geht nun mit gesammelter Kraft daran, diese Arbeit zu vollenden, denn er weiß, daß die gewaltige Zunahme an Gedankenkraft, die sein rasches Wachstum begleiten wird, sowohl für ihn selbst, als auch für andere gefährlich sein würde, wenn er diese sich entfaltende Kraft nicht gründlich unter seiner Herrschaft hält. Es wäre noch weniger gefährlich, einem Kinde Dynamit zum Spielen zu geben, als einem selbstsüchtigen und ehrgeizigen Menschen die schöpferischen Kräfte des Denkens zur Verfügung zu stellen.

Zweitens muß der junge Chela[2] der inneren Selbstbeherrschung noch die äußere hinzufügen; er muß seine Sprache und seine Handlungen ebenso streng beherrschen lernen wie seine Gedanken. Wie der Verstand seiner Seele gehorcht, so muß seine niedere Natur dem Verstand gehorchen. Die Brauchbarkeit des Schülers in der äußeren Welt hängt ebenso davon ab, ob er durch sein sichtbares Leben ein lauteres und edles Beispiel gibt, wie seine Verwendbarkeit in den inneren Welten von der Stetigkeit und Kraft seiner Gedanken abhängt. Oft wird ein gutes Werk durch Nachlässigkeit in diesen niederen Bereichen der menschlichen Tätigkeit vereitelt; der Aspirant wird daher aufgefordert, das Ideal der Vollkommenheit auf allen Teilgebieten anzustreben, damit er nicht später beim Betreten des Pfades strauchelt und den Spott der Gegner herausfordert. Wie bereits erwähnt, wird auf dieser Stufe noch in keinem dieser Punkte Vollkommenheit gefordert, aber der kluge Schüler wird nach Vollkommenheit streben, dessen bewußt, daß er noch sehr weit von seinem Ideal entfernt ist.

Drittens sucht der Kandidat für vollberechtigte Schülerschaft die erhabene und weittragende Tugend der Duldsamkeit in sich zu erwecken — das ruhige Hinnehmen jedes Menschen und jeder Form

---

[1] Bhagavad Gita VI, 34.

[2] „Chela" ist der Sanskritausdruck für „Schüler".

des Daseins, so wie sie ist, ohne den Wunsch, daß sie anders sein solle, mehr dem eigenen Geschmack entsprechend. Da er zu erkennen beginnt, daß das Eine Leben zahllose Beschränkungen auf sich nimmt, von denen jede an ihrem Ort und zu ihrer Zeit richtig ist, nimmt er jeden solchen beschränkten Ausdruck dieses Lebens hin, ohne den Wunsch zu hegen, ihn in etwas anderes umzugestalten; er lernt die Weisheit verehren, die dieses Weltall geplant hat und es lenkt, und er lernt dessen unvollkommene Teile, die ihren Anteil am Leben ganz allmählich entfalten, mit offenem und heiterem Blick zu betrachten. Der Trunkenbold, der sein Alphabet des Leidens lernen muß, das durch die Herrschaft seiner niederen Natur verursacht wird, leistet auf seiner Stufe ebenso nützliche Arbeit wie der Heilige, der im Begriffe steht, seine letzte Lektion in der irdischen Schule zu lernen, und gerechterweise kann von keinem der beiden mehr verlangt werden, als jeder zu leisten vermag. Der eine steht noch auf der Kindergartenstufe und lernt durch Anschauungsunterricht, während der andere vor seinem Rigorosum steht, bereit, den Doktorgrad des Lebens zu erlangen und die Universität zu verlassen. Beide stehen an dem ihrem Alter und ihrer Entwicklungsstufe entsprechenden Platz, und jedem sollte auf seinem Platz Hilfe und Sympathie entgegengebracht werden. Dies ist eine der Lektionen darüber, was man im Okkultismus unter „Duldsamkeit" versteht.

Viertens muß Ausdauer entwickelt werden, eine Ausdauer, die freudig alles erträgt und nichts übel nimmt, die unbeirrt und geradeaus auf das Ziel zugeht. Nichts kann ihn treffen, was nicht durch das Gesetz bedingt ist, und der Schüler weiß, daß das Gesetz gut ist. Er begreift, daß der Felsensteig, der ihn in gerader Richtung zum Berggipfel führt, seinen Füßen nicht so leicht fallen kann wie die wohlgebahnte, sich allmählich hinaufwindende Fahrstraße. Er ist sich darüber klar, daß er in wenigen kurzen Leben alle karmischen Verpflichtungen abzahlt, die er während seiner langen Vergangenheit angesammelt hat und daß die Zahlungen daher entsprechend groß sein müssen.

Gerade die Schwierigkeiten, in die er verstrickt wird, entwickeln in ihm die fünfte Eigenschaft: Vertrauen — das Vertrauen auf seinen Meister und das Vertrauen auf sich selbst; es ist ein ruhiges starkes Vertrauen, das nicht erschüttert werden kann. Er lernt es, der Weisheit, der Liebe und der Kraft seines Meisters zu vertrauen, und er beginnt, die Gottheit in seinem eigenen Herzen zu erkennen und nicht bloß zu sagen, daß er an sie glaube, an jenes Göttliche, das sich alles zu unterwerfen vermag.

Das letzte mentale Erfordernis — Gleichmut — entwickelt sich in gewissem Maße ohne bewußte Anstrengung während des Strebens nach den fünf vorher genannten Eigenschaften. Schon der auf das Betreten des Pfades gerichtete Wille ist ein Zeichen dafür, daß die höhere Natur sich zu erschließen beginnt und daß die äußere Welt endgültig auf einen niedereren Platz verwiesen wird. Die fortgesetzten Anstrengungen, das Leben eines Schülers zu führen, lösen die Seele aus allen noch vorhandenen Bindungen, die sie an die Welt der Sinne ketten. Dadurch, daß die Seele ihre Aufmerksamkeit den niederen Objekten entzieht, erschöpft sich allmählich auch deren Anziehungskraft für sie. Sie „wenden sich von einem enthaltsamen Bewohner des Körpers ab“[3] und verlieren bald völlig die Macht, seinen Gleichmut zu erschüttern. So lernt der Schüler, sich mitten unter ihnen zu bewegen, ohne von ihnen gestört zu werden; er sucht sie weder auf, noch weist er sie zurück. Er lernt, auch inmitten von mentalen Schwierigkeiten aller Art, im Wechsel zwischen mentalen Freuden und Leiden Gelassenheit zu bewahren, wozu ihm die schon erwähnten, reichen Wechselfälle seines Lebens helfen, durch die ihn die stets wachsame Fürsorge seines Meisters geleitet.

Wenn der Chela auf Probe diese sechs mentalen Eigenschaften bis zu einem gewissen Grad erworben hat, braucht er nur noch die vierte Qualifikation zu erlangen, jenes tiefe, starke Sehnen nach Befreiung, jenes starke Verlangen der Seele nach Vereinigung mit der Gottheit, welche die Verheißung der Erfüllung ihres eigenen Seins ist. Dies ist das letzte, was noch nötig ist, um ihn bereit zu machen, in die eigentliche Schülerschaft einzutreten, denn wenn die Seele einmal von dieser Sehnsucht erfaßt ist, läßt sie diese nie mehr los; eine Seele, die dies gefühlt hat, kann nie mehr ihren Durst an irdischen Quellen löschen; die irdischen Wasser werden ihr immer schal erscheinen, sie wird sich abwenden und sich mit immer tieferem Verlangen nach den wahren Wassern des Lebens sehnen. Auf dieser Stufe angelangt, ist „der Mensch, der reif für die Einweihung ist“, vorbereitet, endgültig „in den Strom zu treten“, der ihn für immer von den Interessen des irdischen Lebens trennt, soweit er nicht seinem Meister durch sie dienen und der Entwicklung der Menschheit voranhelfen kann. Von nun an darf sein Leben nicht mehr ein Leben des Sonderseins sein; es muß auf dem Altar der Menschheit dargebracht werden, als eine freudige Aufopferung

---

[3] Bhagavad Gita II, 59.

seines ganzen Wesens, das fortan dem Allgemeinwohl geweiht sein soll[4].

Während der Jahre, die der Entfaltung der vier Erfordernisse gewidmet waren, wird der Probeschüler noch in manch anderer Beziehung vorangekommen sein. Er wird von seinem Meister manche Belehrung empfangen haben, meistens während sein Körper in tiefem Schlafe lag; seine Seele, gehüllt in ihren gut durchgebildeten Astralkörper, wird sich an diesen als Bewußtseinsträger bereits gewöhnt haben und zu ihren Meistern hingezogen worden sein, um Belehrung und geistige Erleuchtung zu empfangen. Der Probeschüler wird überdies in der Meditation geschult worden sein, und durch seine wirksame Betätigung außerhalb des physischen Körpers werden viele seiner höheren Kräfte erweckt und entwickelt worden sein. Während seiner Meditationen wird er höhere Regionen des Seins erreicht und dabei mehr von dem Leben auf der Mentalebene kennengelernt haben. Er wird unterwiesen worden sein, seine wachsenden Kräfte in den Dienst der Menschheit zu stellen, und während vieler Stunden, in denen sein Körper in

---

[4] Der Leser wird auch die Sanskrit- und Pali-Ausdrücke für diese Stufen kennenlernen wollen, um beim Studium schwierigerer Werke der Fachliteratur über sie im Bilde zu sein:

SANSKRIT (in Hinduschriften)	PALI (in buddhistischen Schriften)
1. VIVEKA: Unterscheidung zwischen dem Wirklichen und dem Nichtwirklichen.	1. MANODVARAVAJJANA: Das Öffnen der Tore des Verstandes; die Überzeugung von der Vergänglichkeit alles Irdischen.
2. VAIRAGYA: Gleichgültigkeit gegenüber dem Unwirklichen, Vorübergehenden.	2. PARIKAMMA: Bereitschaft zum Handeln, aber Gleichgültigkeit gegenüber den Früchten des Handelns.
3. SHATSAMPATTI: Shama: Beherrschung des Denkens. Dama: Beherrschung des Betragens. Uparati: Duldsamkeit. Titiksha: Ausdauer. Shradda: Vertrauen. Samadhana: Gleichmut.	3. UPACHARO: Achtsamkeit oder richtiges Betragen (die Unterteilung ist die gleiche wie bei den Hindus).
4. MUMUKSHA: Verlangen nach Befreiung.	4. ANULOMA: Unmittelbare Reihenordnung oder Folge, weil die Erreichung dieser Stufe auf die anderen drei Stufen folgt.
Der Mensch ist dann ein ADHIKARI.	Der Mensch ist dann ein GOTRABHU.

Schlaf versunken war, wird er emsig auf der Astralebene gearbeitet haben, durch den Tod dorthin versetzten Seelen Hilfe zu spenden oder Verunglückte zu trösten und solche zu belehren, die weniger wissen als er selbst. Auf die mannigfaltigste Weise wird er vielen Hilfe gebracht haben, die eine solche brauchten, und auf diese Weise in bescheidenem Maße das segensreiche Wirken der Meister unterstützt haben. Er ist dadurch mit ihrer erhabenen Bruderschaft als Mitarbeiter verbunden, wenn auch in bescheidener und untergeordneter Art.

Entweder auf dem Probepfad oder später wird dem Chela die Gelegenheit geboten, von seinem Vorrecht Gebrauch zu machen und einen jener Akte der Verzichtleistung zu vollziehen, welche den rascheren Aufstieg des Menschen kennzeichnen. Es wird ihm dann erlaubt, „auf Devachan zu verzichten", d. h. dem glückseligen Leben im Himmel zu entsagen, das ihn nach der Befreiung aus der physischen Welt erwartet, einem Leben, das in seinem Fall größtenteils in der mittleren Arupa-Welt zugebracht werden würde, in Gesellschaft der Meister, mit all den erhabenen Freuden, welche reinste Weisheit und Liebe zu geben vermögen. Wenn er auf diese Frucht seines edlen hingebungsvollen Lebens verzichtet, dann werden die geistigen Kräfte, die er sonst für sein Devachan verbraucht hätte, für den Dienst der Welt freigemacht; er selbst bleibt in der Astralwelt und wartet seine baldige Wiedergeburt auf Erden ab. In diesem Falle wählt und leitet sein Meister die Wiedergeburt; er leitet den Schüler zur Geburt unter Verhältnissen, die seine Nützlichkeit in der Welt fördern und die sowohl für seinen weiteren Fortschritt geeignet sind, als auch für die Arbeit, die von ihm geleistet werden soll, entsprechende Möglichkeiten bieten. Er hat jene Stufe erreicht, auf welcher alle individuellen Interessen dem göttlichen Werk untergeordnet werden, und auf welcher sein Wille kein anderes Ziel kennt, als zu dienen, wo und in welcher Art immer dies von ihm verlangt wird. Er überläßt sich daher frohgemut den Händen dessen, dem er vertraut, und nimmt willig und freudig den Platz in der Welt ein, wo er seinen Dienst am besten verrichten und seinen Teil zu dem herrlichen Werk, die Entwicklung der Menschheit zu fördern, beitragen kann. Gesegnet ist die Familie, in die ein von einer solchen Seele bewohntes Kind geboren wird, denn eine solche Seele bringt den Segen des Meisters mit sich, sie wird sorgsam behütet und angeleitet und es wird ihr jede mögliche Hilfe gewährt, damit sie ihre niederen Körper rasch unter ihre Herrschaft bringen kann. Gelegentlich, wenn auch selten, mag es vorkommen, daß ein Chela sich in einem Körper inkarniert, der während seiner Kindheit und frühen Jugend schon einem weniger fortgeschrittenen Ego als Behausung gedient hatte. Wenn einem Ego nur eine kurze Lebensperiode, etwa 15 bis 20 Jahre, auf Erden bestimmt ist, so wird es in der Zeit der beginnenden Mannbarkeit seinen Körper verlassen, gerade dann, wenn dieser seine erste Schulung hinter sich hat und sich nun schnell zu einem brauchbaren Werkzeug für die Seele entfalten könnte. Wenn nun ein solcher Körper sehr gut ist, und ein Chela gerade auf eine passende Gelegenheit zur Verkörperung wartet, dann wird dieser Körper noch während der Lebenszeit des Egos, für das er ursprünglich gebaut wurde, mit der Absicht behütet, für den Chela verwendet zu werden, sobald das andere Ego ihn nicht mehr braucht. Wenn nun die Lebensperiode dieses Egos zu Ende ist und es den Körper verlassen hat, um auf seinem Weg ins Devachan zunächst in Kamaloka überzugehen, wird sein abgelegter Körper von dem wartenden Chela in Besitz genommen: ein neuer Bewohner zieht in das verlassene Haus ein und der scheinbar tote Körper wird wieder lebendig. Solche Fälle sind zwar ungewöhnlich, aber dem Okkultisten nicht unbekannt, und man kann in okkulten Büchern Hinweise darauf finden.

*

Ob nun die Inkarnation auf normale oder abnormale Weise vor sich geht, die Seele, der Chela selbst, macht weitere Fortschritte und erreicht schließlich jene schon erwähnte Stufe, auf welcher er „reif für die Einweihung" geworden ist. Durch diese Pforte der Einweihung betritt er als endgültig angenommener Chela den Pfad. Dieser Pfad hat vier deutlich unterscheidbare Stufen; der Zugang zu einer jeden dieser Stufen führt durch eine Einweihung. Jede Einweihung ist von einer Bewußtseinserweiterung begleitet, die das verleiht, was „der Schlüssel des Wissens" genannt wird, jenes Wissens, das zu der Stufe gehört, zu welcher der Schlüssel Einlaß gewährt. Er ist zugleich auch ein Schlüssel der Macht, denn Wissen bedeutet wahrhaftig Macht, und zwar in allen Naturreichen. Sobald der Chela den Pfad betreten hat, wird er das, was man den „hauslosen Menschen"[5] genannt hat, denn von nun an betrachtet er die Erde nicht mehr als seine Heimat, er hat dort keine Wohnstatt mehr, denn ihm ist jede Stätte gleich lieb, an der er seinem Meister dienen kann.

Während er sich auf dieser Stufe des Pfades befindet, muß er

---

[5] Der Hindu nennt diese Stufe die des Parivrajaka, des Wanderers. Der Buddhist nennt sie die des Srottâpatti, desjenigen, der den Strom erreicht hat. So wird der Chela nach seiner ersten und vor seiner zweiten Einweihung genannt.

sich von drei Hindernissen für seinen Fortschritt, technisch „Fesseln“ genannt, befreien. Und da er nun sehr rasch zu wirklicher Vollkommenheit heranwachsen soll, wird von ihm verlangt, daß er Mängel seines Charakters gänzlich und von Grund auf beseitigt und die Aufgaben, die seine Stufe stellt, vollkommen erfüllt. Die drei Fesseln, die er von seinen Gliedern abstreifen muß, ehe er zur zweiten Einweihung fortschreiten kann, sind: Die Täuschung des persönlichen Selbstes, Zweifel und Aberglaube. Das persönliche Selbst muß vom Bewußtsein als eine Täuschung empfunden werden und muß für immer die Macht verlieren, sich der Seele als Wirklichkeit aufzudrängen. Der Chela muß sich mit allen eins fühlen, alle müssen in ihm leben und atmen und er in allen. Der Zweifel muß zerstört werden, aber durch Erkenntnis und nicht durch bloße Unterdrückung. Der Chela muß Reinkarnation und Karma sowie die Existenz der Meister als Tatsachen erkannt haben. Er darf sie nicht bloß als intellektuell notwendige Schlußfolgerungen hinnehmen, er muß sie als Naturtatsachen erkannt haben, die er selbst geprüft hat, sodaß kein Zweifel darüber bei ihm mehr aufkommen kann. Der Aberglaube wird überwunden, sobald der Mensch in das Wissen um die Wirklichkeit hineingewachsen ist und er erkennt, welche Rolle Riten und Zeremonien im Haushalt der Natur zukommen. Er lernt dann jedes Mittel zu gebrauchen, aber durch keines gebunden zu sein.

Wenn der Chela diese Fesseln abgelegt hat — eine Aufgabe, die manchmal mehrere Leben erfordert, zuweilen aber auch während eines Teiles eines einzigen Lebens bewältigt wird — dann steht ihm die zweite Einweihung mit ihrem neuen „Schlüssel des Wissens“ und seinem erweiterten Horizont offen. Der Chela hat nun nur mehr eine rasch abnehmende Zeitspanne notwendigen Erdendaseins vor sich, denn, wenn er einmal diese Stufe erreicht hat, dann muß er die dritte und vierte Einweihung in seinem gegenwärtigen oder im nächstfolgenden Leben durchschreiten[6]. Auf dieser Stufe muß er die den feinstofflichen Körpern zugehörigen inneren Fähigkeiten zu voller Wirksamkeit entfalten, denn er braucht sie bei seinem Dienste in den höheren Bereichen des Seins.

Wenn er diese Fähigkeit schon früher entwickelt hat, wird diese Stufe sehr wenig Zeit in Anspruch nehmen, doch wird er vermutlich doch noch einmal durch die Pforte des Todes hindurchschreiten

[6] Den auf der zweiten Stufe des Pfades stehenden Chela nennt der Hindu den Kutichaka, d. h. den Menschen, der eine Hütte baut; er hat eine Stätte des Friedens erreicht. Der Buddhist nennt ihn den Sakridagamin, d. h. den Menschen, der nur einmal mehr wiedergeboren wird.

müssen, ehe er reif ist, die dritte Einweihung zu empfangen, die ihn zum „Schwan" werden läßt, zu jenem wundersamen Vogel des Lebens, von dem so viele Legenden berichten, er ist das Wesen, das ins Empyräum, in den Feuerhimmel aufsteigt[7]. Auf dieser dritten Stufe des Pfades wirft der Chela die vierte und die fünfte Fessel ab — Begehren und Widerwillen. Er sieht das Eine Selbst in allem und der äußere Schleier kann ihn nicht mehr täuschen, ob er nun anziehend oder abstoßend ist. Er blickt unvoreingenommen auf alles und die zarte Knospe der Duldsamkeit, die er auf dem Probepfad gepflegt hat, erblüht jetzt zu einer allumfassenden Liebe, die alles mit der gleichen Zärtlichkeit umschließt. Er ist „der Freund jeglicher Kreatur", „der alles liebt, was lebt", in einer Welt, in der alles lebt.

Als eine lebendige Verkörperung göttlicher Liebe schreitet er rasch weiter zur vierten Einweihung, die ihm die letzte Stufe des Pfades erschließt, wo er „jenseits des individuellen Seins" stehend, der Würdige, der Ehrwürdige[8] wird. Hier verweilt er, so lange er will, sich allmählich der letzten, zarten Fesseln entledigend, die ihn mit wenn auch noch so dünnen Fäden halten, und überwindet alles Hängen am Leben in der Form, und danach das Verlangen nach Leben ohne Form; auch dies sind noch Ketten und er muß frei von allen Ketten werden. Wenn er sich durch die drei Welten bewegt, darf es nicht das Geringste geben, das die Gewalt hätte, ihn festzuhalten; der Glanz der „formlosen Welt" darf ihn ebenso wenig reizen, wie die konkreten Herrlichkeiten der Formenwelt[9]. Dann wirft er — es ist dies die gewaltigste seiner Taten — die letzte Fessel des Sonderseins ab, die Fähigkeit zur „Ich-Bildung"[10] zum Ich, das sich als abgesondert von anderen empfindet, denn er weilt auch in seinem Wachbewußtsein immer auf der Ebene der Einheit, der buddhischen Ebene, wo das Selbst aller als eines erkannt und empfunden wird. Diese Fähigkeit wurde mit der Seele geboren, sie ist das Wesen der Individualität und bleibt so lange bestehen, bis alles, was an der Individualität wertvoll war, in die Monade aufgenommen worden ist. An der Schwelle der Befreiung kann das ich-bildende Prinzip aufgegeben werden: es überläßt der Monade

[7] Der Hamsa, d. h. der, welcher das „Das-bin-ich" der Hindus erkennt; der Anagamin, wie sich die Buddhisten ausdrücken, der Mensch, dem keine Geburt mehr zuteil wird.

[8] Die Hindus nennen ihn den Parahamsa, den jenseits des „Ich" Stehenden; die Buddhisten nennen ihn den Arhat, den Ehrwürdigen.

[9] Vergleiche Kapitel IV, „Die Mentalebene".

[10] Ahamkara, gewöhnlich als Mana — Stolz — erklärt, da der Stolz die feinste Äußerung des sich von anderen unterscheidenden „Ichs" ist.

das unschätzbare Ergebnis seines Wirkens, jenes Empfinden individueller Identität, das so lauter und fein ist, daß es das Bewußtsein der Einheit nicht beeinträchtigt. Leicht fällt dann noch ab, was irgendwie auf störende Berührungen reagieren könnte, und der Chela ist nun angetan mit dem herrlichen Gewand eines unveränderlichen Friedens, den niemand beeinträchtigen kann. Das Ausschalten der Fähigkeit zur Ich-Bildung hat gleichzeitig die letzten Wolkenschleier hinweggefegt, die seine durchdringende Einsicht trüben konnten. Mit der Verwirklichung der Einheit schwindet jegliche Unwissenheit[11] — jene Beschränkung, die alle Absonderung verursacht — und der Mensch ist vollendet, er ist frei.

*

Damit ist das Ende des Pfades erreicht und dieses Ende des Pfades ist die Schwelle von Nirvana. In diesen wundervollen Bewußtseinszustand überzugehen, war der Chela bereits gewohnt, während er noch im Begriffe stand, die Endstufe des Pfades zu ersteigen, wenn er sich außerhalb seines Körpers befand. Jetzt, nach dem Überschreiten der Schwelle wird dieses nirvanische Bewußtsein zu seinem normalen Bewußtsein, denn Nirvana ist das Heim des befreiten Selbstes[12]. Er hat den Aufstieg des Menschen vollendet und steht nun an der Grenze der Menschheit; über ihm gibt es wohl noch Scharen mächtigerer Wesenheiten, aber diese sind von übermenschlicher Art. Die Kreuzigung des Fleisches ist vorüber, die Stunde der Befreiung hat geschlagen und das triumphierende „Es-ist-vollbracht!" ertönt von den Lippen des Siegers. Siehe! Er hat die Schwelle überschritten, er ist im Licht von Nirvana aufgegangen, wieder hat ein Sohn der Erde den Tod überwunden. Welche Geheimnisse sich hinter dem Schleier des erhabensten Lichtes verbergen, wissen wir nicht; wir ahnen bloß, daß dort das höchste Selbst gefunden wird, daß Liebender und Geliebter eins werden. Die lange Suche ist vorbei, der Durst des Herzens ist für immer gelöscht, er ist eingegangen in die Freude seines Herrn.

Aber hat dadurch die Erde ihr Kind verloren? Ist die Menschheit ihres triumphierenden Sohnes beraubt? Nein! Er ist wieder aus dem Lichte aufgetaucht und steht wieder an der Schwelle von Nirvana, ja, er scheint geradezu die Verkörperung dieses Lichtes

[11] Avidya, die erste und letzte Täuschung, das, was die gesonderten Welten schafft, die erste der Nidanas, das was abfällt, wenn die Befreiung erlangt ist.

[12] Der Jivanmukta, das befreite Leben der Hindus; der Asheka, der, welcher nichts mehr zu lernen hat, bei den Buddhisten.

zu sein, herrlich über alle Beschreibung, ein geoffenbarter Sohn Gottes. Jetzt aber ist sein Antlitz zur Erde gewandt, seine Augen erstrahlen in göttlichem Mitleid für die wandernden Kinder der Menschheit, seine Geschwister im Fleische. Er kann sie nicht ohne Trost zurücklassen, umherirrend, wie Schafe ohne einen Hirten. Gehüllt in das majestätische Gewand eines gewaltigen Verzichtes, herrlich ausgerüstet mit der Macht vollendeter Weisheit und „der Kraft eines endlosen Lebens“, kehrt Er zur Erde zurück, um die Menschheit zu segnen und zu führen — ein Meister der Weisheit, ein königlicher Lehrer, ein göttlicher Mensch.

So zur Erde zurückgekehrt, weiht sich der Meister dem Dienste der Menschheit mit machtvolleren Kräften als jenen, die ihm zu Gebote standen, während er noch den Pfad der Schülerschaft wandelte. Er hat sich der Aufgabe geweiht, den Menschen zu helfen, und er setzt nun all die erhabenen Kräfte, über die er verfügt, für die Beschleunigung der Entwicklung der Welt ein. Er zahlt denen, die sich dem Pfade nähern, das zurück, was er selbst aus den Tagen seiner eigenen Schülerschaft schuldig geblieben ist, indem er sie ebenso anleitet, unterstützt und belehrt, wie er selbst einmal geleitet, unterstützt und belehrt worden ist.

Das sind die Stufen des Aufstieges der Menschheit, sie führen vom primitiven Wilden bis zur Höhe des Gottmenschentums. Einem solchen Ziel strebt unsere Menschheit zu; dies ist die Herrlichkeit, die unserem Menschengeschlecht einmal beschieden sein wird.

XII. KAPITEL

DIE ENTSTEHUNG EINES KOSMOS

Es ist auf der gegenwärtigen Stufe unserer Entwicklung unmöglich, mehr als ein paar allgemeine Andeutungen über den Plan zu machen, auf dem das kosmische System aufgebaut ist und in welchem unsere Erdkugel ihre bescheidene Rolle spielt. Unter einem „Kosmos" ist hier ein System gemeint, welches, soweit wir es überschauen können, in sich abgeschlossen ist, welches aus einem einzelnen LOGOS hervorgegangen ist und von ihm erhalten wird. Ein solches System ist unser Sonnensystem und die physische Sonne kann als die niederste Offenbarung des LOGOS angesehen werden, während der Zeit, während welcher er als Mittelpunkt seines Kosmos wirkt. Tatsächlich ist jede Form eine seiner konkreten Offenbarungen; die Sonne aber ist seine besondere Manifestation auf der niedersten Ebene, als die lebenspendende, mit Kraft erfüllende, alles durchdringende, alles regelnde und ordnende zentrale Macht.

Ein okkulter Kommentar sagt:

> „Surya (die Sonne) enthüllt in ihrer sichtbaren Spiegelung den ersten oder niedersten Zustand des siebenten oder höchsten Zustandes der universellen Gegenwart, des Reinsten vom Reinen, des ersten geoffenbarten Atems des ewig unoffenbaren SAT (des Seins). Alle zentralen, körperlichen oder objektiven Sonnen sind ihrer Substanz nach der niederste Zustand des ersten Prinzips des ATEMS[1]."

Das heißt, sie stellen, kurz gesagt, den niedersten Zustand des physischen Körpers des LOGOS dar.

Alle physischen Kräfte und Energien sind nichts als Umwandlungen des Lebens, das die Sonne als Herr und Lebensspender des Systems ausgießt. Darum galt auch die Sonne in vielen alten Religionen als Symbol des höchsten Gottes; es war dies jenes Symbol, das am wenigsten dazu angetan war, zu einer falschen Auslegung durch Unwissende zu verleiten.

A. P. Sinnett sagt sehr richtig:

> „Das Sonnensystem ist ein Bereich der Natur, der mehr in sich schließt, als irgend jemand außer den allerhöchsten Wesen, die unsere Menschheit hervorzubringen vermag, erforschen könnte.

---

[1] „Geheimlehre", Band I, Seite 309.

Theoretisch mögen wir feststellen, wenn wir zum nächtlichen Himmel emporblicken, daß das ganze Sonnensystem selbst nur ein Tropfen im großen Ozean des Kosmos ist, aber es ist ein Tropfen, der — vom Gesichtswinkel des Bewußtseins solch halbentwickelter Wesen, wie wir es sind — selbst wiederum ein Ozean ist, und wir können gegenwärtig nur hoffen, sehr unbestimmte, dunkle Vorstellungen von seinem Ursprung und seiner Beschaffenheit zu gewinnen. So schattenhaft diese Vorstellungen aber auch sein mögen, sie befähigen uns doch, die untergeordnete Planetenreihe, in der sich unsere Entwicklung abspielt, in das System, zu dem sie gehört, richtig einzuordnen, jedenfalls aber einen allgemeinen Überblick über die verhältnismäßige Größe des ganzen Systems, unserer Planetenkette und der Erde, auf der wir gegenwärtig wirken, zu gewinnen, sowie über die Dauer der einzelnen Entwicklungsperioden, die uns als menschliche Wesen interessieren[2]."

In der Tat vermögen wir nur dann unsere eigene Lage gedanklich zu verstehen, wenn wir uns eine — wenn auch noch so unzureichende — Vorstellung von unserem Verhältnis zum Ganzen machen können. Während sich manche damit begnügen, innerhalb ihres eigenen Pflichtenkreises zu wirken und sich um die weiteren Bereiche des Lebens nicht kümmern, solange sie nicht dazu berufen werden, in ihnen zu wirken, fühlen andere das Bedürfnis nach einer Erkenntnis des umfassenderen Weltenplanes und der Stelle, die sie darin einnehmen, und es bereitet ihnen ein intellektuelles Entzücken, sich emporzuschwingen, um aus der Vogelschau einen Blick auf das ganze Feld der Entwicklung zu werfen. Dieses Bedürfnis haben die geistigen Hüter der Menschheit erkannt und sie haben ihm dadurch Rechnung getragen, daß sie ihre Schülerin H. P. Blavatsky die „Geheimlehre" schreiben ließen, jenes großartige Werk, in dem der Kosmos vom Standpunkte des Okkultisten aus dargestellt wird. Es ist dies ein Werk, das für den Forscher auf dem Gebiete der Uralten Weisheit um so aufschlußreicher wird, je mehr er die niederen Ebenen unserer sich entwickelnden Welt selbst erkundet und meistert.

Das Erscheinen des LOGOS, so wird uns gelehrt, ist die Verkündigung der Geburtsstunde unseres Kosmos:

„Sobald ER sich offenbart, offenbart sich alles andere nach ihm; durch seine Offenbarung wird das All offenbar[3]."

Er bringt die Früchte eines vergangenen Kosmos mit sich: mächtige geistige Wesenheiten, die in dem neu zu errichtenden Universum seine Mitarbeiter und Gehilfen werden sollen. Die höchsten von diesen sind „die Sieben", die oft selbst als Logoi bezeichnet

---

[2] A. P. Sinnett: „The System to which we belong", Seite 4.
[3] Mundakupanishad II, 11, 10.

werden, weil jeder einzelne an seinem Platze das Zentrum eines bestimmten Gebietes im Kosmos ist, geradeso, wie der LOGOS das Zentrum des Ganzen ist. Der oben angeführte Kommentar sagt:

> „Die sieben Wesen in der Sonne sind die sieben Heiligen, von der dem Schoße der mütterlichen Substanz innewohnenden Kraft selbst hervorgebracht... Die Energie, durch die sie in jeder Sonne ins bewußte Dasein traten, ist das, was manche Vishnu, den Atem des Absoluten nennen. Wir nennen es das Eine geoffenbarte Leben, das selbst eine Spiegelung des Absoluten ist."

Dieses „Eine geoffenbarte Leben" ist der LOGOS, der geoffenbarte Gott.

Von dieser ersten Teilung her erhält unser Kosmos seinen siebenfältigen Charakter, und alle weiteren Unterteilungen wiederholen in ihrer absteigenden Aufeinanderfolge die siebenfältige Tonreihe. Jedem der sieben Logoi zweiter Ordnung unterstehen die absteigenden Hierarchien von Wesen, welche die regierende Körperschaft seines Reiches bilden. Zu diesen gehören die Lipika, welche über das Karma dieses Reiches und aller zu ihm gehörenden Wesen buchführen, ferner die Maharajas oder Devarajas, welche das Wirken des Karmagesetzes überwachen, und dann die weiten Scharen der Bildner, die alle Formen nach den Ideen gestalten, die in der Schatzkammer des LOGOS, im Universellen Bewußtsein, aufbewahrt sind, und die von diesem auf die Sieben übergehen, von denen ein jeder unter dieser höchsten Leitung und durch dieses alles inspirierende Leben sein eigenes Reich gestaltet, dem er dabei seine eigene individuelle Note aufdrückt. H. P. Blavatsky nennt diese sieben das Sonnensystem bildenden Reiche die sieben Laya-Zentren. Sie sagt:

> „Die sieben Laya-Zentren sind die sieben Nullpunkte, wobei der Ausdruck „Null" hier in demselben Sinne gebraucht wird wie in der Physik, nämlich um damit einen Punkt zu bezeichnen, an welchem — in der Esoterik — die Skala der Differentiation beginnt. Von diesen Zentren her — über die hinaus uns die esoterische Philosophie noch undeutlich die metaphysischen Umrisse der „Sieben Söhne" des Lebens und des Lichtes, der sieben Logoi der hermetischen Philosophie und aller anderen Philosophien zu erkennen gestattet — beginnt die Differenzierung der Elemente, aus welchen unser Sonnensystem aufgebaut ist[4]."

In diesem Bereich haben wir eine planetarische Entfaltung von ungeheurem Ausmaß vor uns, das Feld, in dem eine Wesenheit ihre Entwicklungsstufen durchläuft, für die ein Planet wie die Venus nur eine vorübergehende Verkörperung darstellt. Wir wollen den Herrn der Entwicklung, den Beherrscher eines solchen Reiches

---

[4] „Geheimlehre", Band I, Seite 162.

einen planetarischen Logos nennen, um Verwechslungen vorzubeugen. Der planetarische Logos entnimmt der vom zentralen LOGOS selbst ausgestrahlten Materie des Sonnensystems das Rohmaterial, das er nötig hat, und verarbeitet es mit Hilfe seiner eigenen Lebensenergien. Auf diese Weise spezialisiert jeder planetarische Logos die Materie seines Reiches, die er dem gemeinsamen Vorrat[5] entnimmt. Da der atomische Zustand einer jeden der sieben Ebenen seines Reiches mit der Materie einer Unterebene des Sonnensystems identisch ist, bleibt der ununterbrochene Zusammenhang des Ganzen gewahrt. Wie H. P. Blavatsky bemerkt, haben die Atome auf den verschiedenen Planeten verschiedene Wertigkeiten der gegenseitigen Bindung; die Atome selbst sind die gleichen, nur ihre Verbindungen sind anders. Sie sagt:

> „Nicht nur die Elemente unseres Planeten, sondern auch die aller seiner Geschwister im Sonnensystem unterscheiden sich untereinander in ihren Verbindungen ebensosehr, wie sie sich von den kosmischen Elementen jenseits unserer solaren Grenzen unterscheiden. Jedes Atom hat sieben Daseinsformen, so werden wir belehrt[6]."

Es sind dies die Unterebenen, wie wir sie genannt haben, in die jede große Ebene zerfällt.

*

Auf den drei niederen Ebenen seines sich entfaltenden Reiches errichtet der planetarische Logos sieben Globen oder Welten, die wir der Bequemlichkeit halber, der überkommenen Bezeichnungsweise entsprechend, die Globen A, B, C, D, E, F und G nennen wollen.

„Sieben kleine Räder, eines das andere hervorbringend", wie es in der Stanze VI des „Buches Dzyan" heißt:

> „Er baut sie nach dem Vorbild älterer Räder, indem er sie auf die unvergänglichen Zentren stellt."

Sie sind insoferne unvergänglich, als jedes Rad nicht nur das ihm nachfolgende hervorbringt, sondern sich auch selbst auf dem gleichen Mittelpunkt wiederverkörpert, wie später dargetan werden wird.

Diese Globen kann man sich in drei Paaren auf dem Bogen einer Ellipse angeordnet denken; der mittlere Globus steht an dem tiefsten Punkt, der zugleich in der Mitte liegt. Die Globen A und G — der erste und der siebente — stehen auf den Arupa-Stufen der Mentalebene, die Globen B und F — der zweite und sechste — auf

---

[5] Vgl. im Kapitel I „Die physische Ebene" die Angaben über die Entwicklung der Materie.

[6] „Geheimlehre", Band I, Seite 166 und 174.

den Rupa-Stufen dieser Ebene, die Globen C und E — der dritte und fünfte — befinden sich auf der Astralebene; der Globus D — der vierte — ist auf der physischen Ebene. Von diesen Globen sagt H. P. Blavatsky, sie seien „in die vier niederen Ebenen der Welt der Formbildung eingestuft“[7], d. h. in die physische und astrale Ebene und in die beiden Unterabteilungen (Rupa und Arupa) der Mentalebene. Man kann dies in einem Diagramm wie folgt darstellen[8]:

ARUPA	A		G	URBILDLICH
RUPA	B		F	SCHÖPFERISCH, INTELLEKTUELL
ASTRAL	C		E	PLASTISCH, BILDSAM
PHYSISCH		D		PHYSISCH

Dies ist die typische Anordnung, die aber auf gewissen Entwicklungsstufen Änderungen erfährt. Diese sieben Globen bilden einen Planeten-Ring oder eine planetarische Kette; diese Kette — für diesen Zweck als ein Ganzes, sozusagen als eine Wesenheit, als ein planetarisches Lebewesen oder Individuum aufgefaßt — geht im Laufe ihrer Entwicklung durch sieben verschiedene Stufen. Die sieben Globen bilden als ein Ganzes ihren planetarischen Körper, der sich während des planetarischen Lebens siebenmal auflöst und ebensooft wieder erneuert wird. Die planetarische Kette hat sieben Inkarnationen und die in einer Inkarnation erzielten Ergebnisse werden jedesmal an die nächste weitergegeben.

> „Jede derartige Weltenkette ist sozusagen die Nachkommenschaft und Schöpfung einer anderen, niedereren und toten Kette — ihre Wiederverkörperung[9].“

Diese sieben Inkarnationen[10] bilden zusammen die „planetarische Entwicklung“, das Reich eines planetarischen Logos. Da es sieben planetarische Logoi gibt, ist es klar, daß sieben derartige planetarische Entwicklungen, die voneinander unterschieden sind, das

---

[7] „Geheimlehre“, Band I, Seite 176.

[8] Vgl. „Geheimlehre“, Band I, Seite 221. Es ist wichtig, dabei die Anmerkung zu beachten, daß die Welt der Urbilder nicht jene Welt ist, welche im Denken des planetarischen LOGOS selbst bestand, sondern das erste Modell, welches davon hergestellt wurde.

[9] „Geheimlehre“, Band I, Seite 176.

[10] Der Fachausdruck hiefür lautet „Manvantaras“.

Sonnensystem ausmachen[11]. In einem okkulten Kommentar wird dieses Hervortreten der sieben Logoi aus dem Einen und das Erscheinen der sieben aufeinanderfolgenden Ketten, deren jede aus sieben Globen besteht, wie folgt beschrieben:

„Aus einem Lichte sieben Lichter, aus jedem der sieben siebenmal sieben[12]."

Wenn wir die einzelnen Inkarnationen der Kette, die Manvantaras, betrachten, so erfahren wir, daß diese auch wieder in sieben Perioden geteilt werden können: eine vom planetarischen Logos ausgehende Lebenswelle wird um die ganze Kette herumgesandt und sieben solche große Lebenswellen — die mit einem Fachausdruck als „Runden" bezeichnet werden — bilden ein einzelnes Manvantara. Jeder Globus hat somit sieben Tätigkeitsperioden während eines Manvantara, und es wird jeweils ein Globus nach dem anderen zum Entwicklungsfeld des Lebens.

Blicken wir jetzt auf einen einzelnen Globus, so finden wir, daß sich während jeder seiner Tätigkeitsperioden auf ihm sieben Wurzelrassen einer Menschheit entwickeln, gleichzeitig mit sechs anderen Reichen nichtmenschlicher Art, die alle voneinander abhängig sind. Da diese sieben Reiche Formen auf allen Entwicklungsstufen enthalten, und da alle noch höhere Möglichkeiten vor sich haben, so gehen die sich entwickelnden Formen von einem Globus auf den anderen über, um ihr Wachstum fortzusetzen, wenn die Tätigkeitsperiode auf einem Globus zu Ende geht, und wandern so von Globus zu Globus, bis zum Ende der betreffenden Runde. Sie setzen ihren Weg dann Runde auf Runde weiter fort, bis an das Ende der sieben Runden, des Manvantara. Sie steigen weiter aufwärts von Manvantara zu Manvantara, bis das Ende der Reinkarnationen ihrer planetarischen Kette erreicht ist und die Ergebnisse dieser ganzen Entwicklung vom planetarischen Logos eingesammelt werden. Es braucht nicht eigens betont zu werden, daß uns von dieser planetarischen Entwicklung kaum etwas bekannt ist; nur einige der wichtigsten Punkte sind uns von unseren Lehrern mitgeteilt worden.

Selbst wenn wir jene planetarische Entwicklung betrachten, in der unsere Erde eine Stufe bildet, wissen wir nichts über die Entwicklungsvorgänge, die während der ersten beiden Manvantara auf ihren sieben Globen vor sich gegangen sind, und von ihrem dritten Manvantara wissen wir nur, daß jener Weltkörper, der jetzt unser Mond ist, der Globus D dieser planetarischen Kette war.

---

[11] A. P. Sinnett nennt sie die „sieben Entwicklungssysteme".

[12] „Geheimlehre", Band I, Seite 147.

Diese Tatsache kann uns jedoch helfen, klarer zu verstehen, was die aufeinanderfolgenden Reinkarnationen einer planetarischen Kette bedeuten.

Die sieben Globen, welche die Mondkette bildeten, durchliefen während der vorbestimmten Zeit ihre siebenfältige Entwicklung: siebenmal strich die Lebenswelle, der Atem des planetarischen Logos, die Kette entlang, einen Globus nach dem anderen zum Leben erweckend. Es macht den Eindruck, als ob dieser Logos bei der Lenkung seines Reiches seine Aufmerksamkeit zuerst auf den Globus A gelenkt und auf diesem die Formen, die in ihrer Gesamtheit eine Welt ausmachen, nacheinander ins Dasein gerufen hätte. Als die Entwicklung bis zu einem gewissen Punkt vorangetrieben war, richtete er seine Aufmerksamkeit auf den Globus B und der Globus A versank langsam in einen friedlichen Schlummer. Auf diese Weise wurde die Lebenswelle von Globus zu Globus getragen, bis auf Globus G, wo die Entwicklung endet, die erste Runde ihren Abschluß fand. Darauf folgte eine Periode der Ruhe[13], während welcher die äußere Entwicklungstätigkeit ruhte. Am Ende dieser Ruheperiode wurde die äußere Entwicklung wieder aufgenommen und begann auf ihrer zweiten Runde wieder mit Globus A. Dieser Vorgang wiederholte sich sechsmal. Als aber die letzte — die siebente — Runde erreicht war, trat eine Änderung ein. Der Globus A löste sich nach Vollendung seiner siebenten Lebensperiode allmählich auf und ging in den unvergänglichen Laya-Zentrums-Zustand ein. Aus diesem entwickelte sich beim Heraufdämmern des nächsten Manvantara ein neuer Globus A, gewissermaßen ein neuer Körper, in welchem die Prinzipien des vorhergegangenen Planeten A ihren Wohnsitz nahmen. Mit diesem Satz soll nur angedeutet werden, welche Beziehung zwischen dem Globus A des ersten und dem Globus A des zweiten Manvantara besteht. Die Art dieses Zusammenhanges bleibt jedoch ein Geheimnis.

*

Etwas mehr wissen wir über den Zusammenhang zwischen dem Globus D des lunaren Manvantara — unserem Mond — und dem Globus D des irdischen Manvantara — unserer Erde. A. P. Sinnett hat das, was wir darüber wissen, in seinem Essay „The System to which we belong" treffend zusammengefaßt. Er sagt:

„Der neue Erdennebel wurde rund um einen Mittelpunkt entwickelt, der zu dem sterbenden Planeten so ziemlich in dem gleichen Lageverhältnis stand, in dem die Mittelpunkte von Erde und Mond

[13] Diese Periode der Ruhe wird mit dem Sanskritausdruck „Pralaya" bezeichnet.

heute stehen. Aber diese Ansammlung von Materie nahm in ihrem nebularen Zustande einen bedeutend größeren Raum ein, als dies der Stoff der Erde heute tut. Sie erstreckte sich weithin nach allen Richtungen, so daß der alte Planet in ihre feurige Umarmung geriet. Die Temperatur eines solchen neuen Nebels scheint beträchtlich höher zu sein als irgendeine Temperatur, die wir kennen, und so wurde der alte Planet an seiner Oberfläche von neuem erhitzt, wodurch seine Atmosphäre, das Wasser und alle anderen der Verflüchtigung unterliegenden Stoffe in den gasförmigen Zustand gebracht und auf diese Weise dem neuen Anziehungszentrum unterworfen wurden, das im Mittelpunkt des neuen Nebels aufgerichtet worden war. So wurde die Luft und wurden die Meere des alten Planeten in den Bau des neuen herübergezogen, und daher kommt es, daß der Mond heute eine dürre Masse ist, trocken und wolkenlos, nicht mehr bewohnbar und auch nicht mehr benötigt als Wohnstätte für irgendwelche physische Wesen. In der siebenten Runde, wenn das gegenwärtige Manvantara seinem Ende zugeht, wird die Auflösung des Mondes beendet werden und die Materie, die ihn heute noch zusammenhält, wird in meteorischen Staub zerfallen[14]."

Im dritten Band der „Geheimlehre", in dem einige Lehren veröffentlicht wurden, die H. P. Blavatsky ihren vorgeschrittenen Schülern mündlich gegeben hatte, heißt es:

„Zu Beginn der Entwicklung unseres Globus war der Mond unserer Erde viel näher, und er war viel größer, als er heute ist. Er hat sich von uns zurückgezogen und an Größe sehr abgenommen (der Mond hat alle seine Prinzipien an die Erde abgegeben) ... Während der siebenten Runde wird ein neuer Mond erscheinen, und unser alter Mond wird sich schließlich auflösen und verschwinden[15]."

Während des lunaren Manvantara brachte die Entwicklung sieben Klassen von Wesen hervor, die mit einem Sanskritausdruck „Pitris" oder „Väter" genannt werden, weil sie es waren, welche die anderen Wesen des irdischen Manvantara erzeugten. Es sind dies die „Mondpitris" der „Geheimlehre". Höher entwickelt als diese waren zwei andere Klassen, die verschiedene Bezeichnungen führen, wie z. B. Solar-Pitris, Menschen, Niedere Dhyanis; diese waren zu weit vorgeschritten, um in die irdische Entwicklung schon auf ihren Anfangsstufen eintreten zu können, sie bedurften aber der späteren irdischen Zustände für ihr weiteres Wachstum. Die höhere von diesen zwei Klassen bestand aus individualisierten, tierähnlichen Wesen, Geschöpfen mit embryonalen Seelen, d. h., sie hatten schon einen Kausalkörper; die zweite Klasse hingegen war erst im Begriff, diesen Körper zu bilden. Von den Lunar-Pitris stand die erste Klasse gerade am Anfange dieses Bemühens, sie

---

14 A. P. Sinnett, „The System to which we belong", Seite 19.
15 „Geheimlehre", Band III, Seite 562.

zeigte schon etwas Denktätigkeit, während die zweite und dritte Klasse nur das karmische Prinzip entwickelt hatte.

Die sieben Klassen von Mond-Pitris waren das Ergebnis, welches die Mondkette der irdischen Kette, der vierten Inkarnation der planetarischen Kette, zur weiteren Entwicklung übergab. Diese Wesen, bei deren erster Klasse das mentale Prinzip bereits vorhanden war, bei deren zweiter und dritter Klasse das karmische Prinzip entwickelt war, während es in der vierten Klasse nur keimhaft vorhanden und in der unentwickelten fünften Klasse erst im Entstehen, in der sechsten und siebenten Klasse aber nicht einmal in Spuren bemerkbar war, traten als Monaden in die Erdkette ein, um die Elementalessenz und die von den „Bildnern" gestalteten Formen zu beseelen[16].

Die von mir angewandte Bezeichnungsweise ist jene der „Geheimlehre". In den wertvollen Abhandlungen Sinnetts und Scott-Elliots über die Lunar-Pitris werden die „Niederen Dhyanis" H. P Blavatskys, die sich in der dritten und vierten Runde inkarnierten, als erste und zweite Klasse der Mond-Pitris aufgefaßt. Ihre dritte Klasse ist daher H. P. Blavatskys erste Klasse, ihre vierte Klasse die zweite Klasse usw. Es bestehen keine Unterschiede in der Darstellung der Tatsachen, sondern nur in der Bezeichnungsweise, aber diese Unterschiede könnten den Leser irreführen, wenn sie nicht erklärt werden.

„Bildner" ist eine Bezeichnung, welche zahllose Wesenheiten umfaßt, Hierarchien von Wesen auf den verschiedensten Stufen der Bewußtseinshöhe und Macht, die auf den einzelnen Ebenen den tatsächlichen Aufbau der Formen durchführen. Die Höheren unter ihnen leiten und überwachen diese Arbeit, während die Niederen den Stoff nach den ihnen gegebenen Modellen formen. Hier wird nun der Zweck der aufeinanderfolgenden Globen einer Kette erkenntlich. Der Globus A ist die urbildliche Welt, auf der die Modelle der Formen geschaffen werden, die während einer Runde herausgebildet werden sollen. Die höchsten Bildner entnehmen die urbildlichen Ideen dem Denken des planetarischen Logos und leiten die Bildner der Arupa-Regionen bei der Gestaltung der urbildlichen Formen für die betreffende Runde an. Auf Globus B werden diese Formen von Bildnern niedereren Ranges in verschiedenen Gestaltungen aus mentalem Stoff reproduziert und allmählich nach ver-

---

16 H. P. Blavatsky schließt in der „Geheimlehre" die von Sinnett als Pitris der ersten und zweiten Klasse bezeichneten Wesen nicht in die „von der lunaren Kette stammende Hierarchie von Monaden" ein; sie bezeichnet sie gesondert als „Menschen" oder „Dhyan-Chohane" (vgl. Band I, Seite 197, 207 und 211.

schiedenen Richtungen hin weiter entwickelt, bis sie für den Einbau dichterer Materie reif geworden sind. Dann nehmen die Bildner der Astralebene die Arbeit auf und gestalten auf Globus C astrale Formen, in denen die Einzelheiten feiner ausgearbeitet sind. Wenn diese Formen so weit entwickelt sind, als es die astralen Verhältnisse gestatten, nehmen die Bildner des Globus D die Arbeit der Formgebung auf der physischen Ebene auf und es werden nun auch die niedrigsten Stoffarten zu den entsprechenden Typen gestaltet: die Formen erreichen ihre dichteste und vollkommenste Beschaffenheit.

Von diesem mittleren Punkte an verändert sich die Art der Entwicklung etwas. Bis dahin war die Aufmerksamkeit hauptsächlich auf die B i l d u n g der Formen gerichtet; auf dem aufsteigenden Bogen hingegen ist das Augenmerk vor allem auf die B e n ü t z u n g der Formen als Träger und Ausdrucksmittel des sich entfaltenden Lebens gerichtet. Es äußert sich nun das Bewußtsein im zweiten Abschnitt der Entwicklung auf Globus D sowie auf den Globen E und F — zuerst auf der physischen Ebene, dann auf der Astralebene und auf der niederen Mentalebene — durch die Gegenstücke der Formen, die auf dem absteigenden Bogen ausgebildet wurden. Auf dem absteigenden Bogen wirkt die Monade, so gut sie kann, a u f die sich entfaltenden Formen ein, und dies zeigt sich in verschwommenen Eindrücken, Eingebungen u. dgl.; auf dem aufsteigenden Bogen hingegen drückt sich die Monade als innerer Herrscher d u r c h die Formen aus. Auf Globus G ist die Vollendung der Runde erreicht; die Monade nimmt in den urbildlichen Formen des Globus A Wohnung und benützt sie als Ausdrucksmittel.

Durch alle diese Stufen haben die Mondpitris als Seelen der Formen gewirkt, sie behütend und später bewohnend. Den Pitris erster Klasse fällt dabei während der ersten drei Runden die Hauptarbeit zu. Die Pitris der zweiten und der dritten Klasse strömen in die von der ersten aufgebauten Formen ein. Die Pitris der ersten Klasse bereiten die Formen dadurch vor, daß sie sie während einer gewissen Zeit beseelen; dann schreiten sie weiter und überlassen ihre Formen den Pitris der zweiten und dritten Klasse als Behausung.

Am Ende der ersten Runde sind die Formen der Minerale auf die Erde heruntergebracht, um in den folgenden Runden weiter ausgebildet zu werden, bis sie in der Mitte der vierten Runde den Zustand größter Dichte erreichen. F e u e r ist das „Element“ dieser ersten Runde.

In der zweiten Runde setzen die Pitris der ersten Klasse ihre menschliche Entwicklung fort, wobei sie die niederen Stufen nur mehr kurz berühren, so wie der menschliche Fötus die niederen Stufen noch heute kurz durchläuft. Die Pitris der zweiten Klasse erreichen am Ende der Runde die erste menschliche Stufe. Das große Werk dieser Runde besteht darin, die urbildlichen Formen des pflanzlichen Lebens herunterzubringen, die in der fünften Runde ihre Vollendung erreichen werden. L u f t ist das „Element" der zweiten Runde.

In der dritten Runde erlangen die Pitris der ersten Klasse eine erkennbar menschliche Gestalt. Obschon dieser Körper gallertartig und riesenhaft ist, so wird er doch auf Globus D hinreichend fest, um aufrecht stehen zu können. Er ist affenähnlich und mit borstigen Haaren bedeckt. Die Pitris der dritten Klasse erreichen hier die Anfänge des Menschentums. Die Sonnenpitris der zweiten Klasse treten in dieser Runde auf Globus D zum ersten Mal in Erscheinung und übernehmen die Führung der menschlichen Entwicklung. Die urbildlichen Formen der Tiere werden heruntergebracht; sie werden am Ende der sechsten Runde vollkommen ausgearbeitet sein. W a s s e r ist das charakteristische „Element" dieser Runde.

Die vierte Runde, die mittlere innerhalb der sieben, die das irdische Manvantara ausmachen, ist dadurch gekennzeichnet, daß sie dem Globus A die urbildlichen Formen der Menschheit bringt; diese Runde ist ausgesprochen menschlich, so, wie die vorhergehenden jeweils tierischen, pflanzlichen und mineralischen Charakter aufwiesen. Erst in der siebenten Runde werden die urbildlichen Formen durch die Menschheit völlig verwirklicht sein, die Möglichkeiten der menschlichen Form aber sind in ihren Urbildern bereits in der vierten Runde geoffenbart. E r d e ist das „Element" dieser dichtesten und stofflichsten Runde. — Während der ersten Zeit dieser Runde umschweben die Sonnenpitris der ersten Klasse den Globus D sozusagen, doch verkörpern sie sich endgültig nicht vor der dritten großen Ausgießung des Lebens durch den planetarischen Logos in der Mitte der dritten Rasse, und auch dann nur vereinzelt; ihre Zahl wächst allmählich in dem Maße, als die Rasse sich verbessert, bis schließlich am Beginn der vierten Rasse große Massen von ihnen Verkörperung annehmen.

*

Die Entwicklung der Menschheit auf unserer Erde, dem Globus D, zeigt auffällig die sich weiter fortsetzende schon oft erwähnte Siebenfältigkeit. Schon in der dritten Runde waren sieben Menschenrassen erschienen, und in der vierten Runde zeigt sich diese siebenfältige Einteilung klar auf Globus C, wo sieben Rassen mit je sieben Unterrassen entwickelt worden sind. Auf Globus D beginnt die Menschheit mit einer ersten Rasse — oder Wurzelrasse, wie der gebräuchliche Ausdruck lautet — an sieben verschiedenen Stellen; „sieben von ihnen, jede auf dem ihr bestimmten Land“[17]. Diese sieben Typen bilden zusammen nebeneinander, nicht nacheinander, die erste Wurzelrasse, und jede von ihnen entfaltet ihre eigenen sieben Unterrassen. Aus der ersten Wurzelrasse, die aus gallertartigen Geschöpfen ohne feste Gestalt bestand, entwickelte sich die zweite Wurzelrasse mit schon etwas festeren Formen, und aus dieser die dritte — affenartige Geschöpfe, aus denen plumpe, riesenhafte Menschen wurden.

In der Mitte der Entwicklung der dritten Wurzelrasse, welche die lemurische genannt wird, kommen — von einer anderen, in ihrer Entwicklung viel weiter vorgeschrittenen Planetenkette, nämlich jener der Venus — Angehörige ihrer hochentwickelten Menschheit auf die Erde, herrliche Wesen, die oft wegen ihrer strahlenden Erscheinung als „Söhne des Feuers“ bezeichnet werden, eine erhabene Gruppe der Söhne des Intellektes[18]. Sie nehmen ihren Wohnsitz auf Erden als göttliche Lehrer der jungen Menschheit, und einige von ihnen dienen als Stromwege für die dritte Ausgießung, für die Projizierung des monadischen Lebensfunkens in den tierischen Menschen, welche die Bildung des Kausalkörpers bewirkt. Auf diese Weise wird die erste, zweite und dritte Klasse der Lunarpitris individualisiert, und damit die große Masse der Menschheit. Die beiden Klassen der Solarpitris, die bereits individualisiert worden waren — die erste nach dem Verlassen der Mondkette, die zweite später —, bilden zwei niederere Rangstufen der Söhne des Intellektes. Die zweite verkörpert sich in der Mitte der dritten Rasse, die erste später, größtenteils in der vierten Rasse, der atlantischen. Die fünfte oder arische Rasse, die gegenwärtig an der Spitze der menschlichen Entwicklung steht, entwickelte sich aus der fünften Unterrasse der atlantischen Rasse, deren entwicklungsfähigste Familien in Zentralasien abgesondert wurden, wo unter der unmittelbaren Oberaufsicht einer großen Wesenheit, welche mit dem Namen „Manu“ bezeichnet wird, der neue Rassetypus herausgebildet wurde. Aus Zentralasien auswandernd, ließ sich die erste Unterrasse der neuen fünften Rasse südlich des Himalaya, in Indien, nieder und wurde mit ihren vier Kasten der Lehrer, der Krieger, der Kaufleute und der Handarbeiter[19] die herrschende Rasse auf

---

[17] Buch Dzyan, Stanze 13, in der „Geheimlehre“, Band II.

[18] „Manasaputra“; diese gewaltige Hierarchie selbstbewußter geistiger Wesen umfaßt viele Rangordnungen.

[19] Brahmanen, Kshattryas, Vaishyas und Shudras.

der großen indischen Halbinsel, nachdem sie sich die sie damals bewohnenden Völker der dritten und vierten Wurzelrasse unterworfen hatte.

Am Ende der Entwicklung der siebenten Rasse, in der siebenten Runde, d. i. am Ende unseres irdischen Manvantara, wird unsere Kette die Früchte ihres Lebens der nachfolgenden Kette übergeben. Diese Früchte werden vollendete göttliche Menschen sein — Buddhas, Manus, Chohane, Meister — die bereit sind, unter der Führung des planetarischen Logos die Leitung der Entwicklung von zahllosen Scharen weniger entwickelter Wesenheiten aller Bewußtseinsstufen, die noch der Erfahrung im Physischen bedürfen, um ihre göttlichen Möglichkeiten zu entfalten, in ihre Hand zu nehmen.

Das fünfte, sechste und siebente Manvantara unseres Entwicklungssystems liegt hinter dem Ende des vierten noch im Schoße der Zukunft. Danach wird der planetarische Logos alle Früchte der Entwicklung in sich einsammeln und gemeinsam mit seinen Kindern in eine Periode der Ruhe und Seligkeit eingehen. Es ist nicht möglich, über diesen erhabenen Zustand irgend etwas zu sagen. Wie vermöchten wir uns auf unserer gegenwärtigen Entwicklungsstufe von seiner unvorstellbaren Herrlichkeit auch nur eine traumhafte Vorstellung zu machen? Wir wissen nur ganz allgemein, daß unser glücklicher Geist „in die Freude des Herrn eintreten wird", daß er in IHM ruhend, endlose Räume erhabensten Lebens und reinster Liebe vor sich ausgebreitet sehen wird, schrankenlose Höhen und Tiefen von Kraft und Freude, grenzenlos, wie das EINE SEIN selbst, und unerschöpflich, wie das EINE, das IST.

FRIEDE ALLEN WESEN!